定向运动教学训练方法的系统探究

曹 璐 著

吉林科学技术出版社

图书在版编目（CIP）数据

定向运动教学训练方法的系统探究 / 曹璐著. -- 长春：吉林科学技术出版社, 2021.8

ISBN 978-7-5578-8555-7

Ⅰ.①定… Ⅱ.①曹… Ⅲ.①定向运动 - 运动训练 Ⅳ.①G826.2

中国版本图书馆CIP数据核字(2021)第159835号

定向运动教学训练方法的系统探究

著　　　曹　璐
出 版 人　宛　霞
责任编辑　张伟泽
封面设计　刘　芸
制　　版　北京亚吉飞数码科技有限公司
幅面尺寸　185 mm × 260 mm　　1/16
字　　数　320千字
印　　张　14.125
印　　数　1—1500册
版　　次　2021 年 8 月第 1 版
印　　次　2022 年 5 月第 2 次印刷

出　　版　吉林科学技术出版社
发　　行　吉林科学技术出版社
地　　址　长春市净月区福祉大路 5788 号
邮　　编　130118
发行部传真/电话　0431-81629529　81629530　81629531
　　　　　　　　　　81629532　81629533　81629534
储运部电话　0431-86059116
编辑部电话　0431-81629518
印　　刷　保定市铭泰达印刷有限公司

书　　号　ISBN 978-7-5578-8555-7
定　　价　50.00元

前言

定向运动是一项融体育、军事、娱乐于一体的新兴体育运动项目，是对学生进行素质教育、生存教育的重要内容。把定向运动纳入学校体育，符合学生发展的需要，是当代学校体育教育改革的要求。

定向运动是一项非常健康的智能型体育项目，是智力与体力并重的运动。它不仅能强健体魄，而且还能培养人独立思考、独立解决问题的能力，以及在体力和智力受到压力的情况下迅速做出反应、果断抉择的能力。

随着科学技术和经济的迅猛发展，人类物质生活水平从整体上有了很大提高，人类的许多疾病得到了根治，健康状况大为改善。但是，现代生产和生活方式造成的人类体力活动减少和心理压力增大，对人类健康造成了日益严重的威胁。人们逐渐接受了健康不仅是没有疾病和不虚弱，而是在身体、心理和社会适应方面都应保持良好状态，人类比以往任何时候都更加关注自己的健康状况和生活质量。

定向运动是一种智力与体力并重的智慧型运动，参与其中不仅可以强健体魄，还能体验到活跃思维、有效沟通、增强耐力，应变协作的快感。凭借冒险性、趣味性和挑战性等特质，定向运动已然成为都市人群回归自然、有氧锻炼、建立社交网络的重要方式。定向运动以精心设计各项活动，使参与者达到"磨炼意志、陶冶情操、完善人格、熔炼团队"为目的，是培养参与者认知自身潜能、克服心理惰性，启发创造能力、改善人际关系、融洽群体合作的有效措施。

本书在编写过程中，参考了一系列的相关文献和资料，并借鉴了互联网上的一些信息，恕不能一一列明，也得到很多同行的支持，在此一并表示衷心的谢意。

因时间仓促，作者水平有限，在本书编写中难免有疏漏与不妥之处，敬请广大读者批评指正。

Catalog 目录

第一章 定向运动基本知识

第一节 定向运动概述

一、定向运动的起源与发展

（一）定向运动的起源

在 19 世纪末、20 世纪初，欧洲北部斯堪的纳维亚半岛广阔而崎岖不平的土地上覆盖着一望无际的森林，散布着无数的湖泊，城镇、村庄稀疏散落，人们的交通主要是依靠那些隐藏在林中湖畔的弯弯曲曲的小路。在这样的地理环境中生活，理所当然地要比别的地方更需要地图和指北针，否则，要想穿越那茫茫林海十分困难。正因为如此，那些经常在斯堪的纳维亚半岛山林中行动的军人们，便成了开展定向运动的先驱。他们深知，如果不具备在山林地辨别方向、选择道路和越野行进的能力，就不能完成保卫国家的重任。

因这个比赛适应的人群广泛，既能提高运动员野外判别方向的能力，又能促进其学习使用地图；既培养和锻炼人的勇敢顽强精神，又具有娱乐性和实用性，且其场地和器材的花费也不多，因此人们对它的兴趣倍增，此项运动就如星火燎原，迅速传播开了。

从此以后，这个项目得到了迅速的发展，且很快传播到了世界各地。定向运动也由初期单一的一种比赛形式逐步演变为包括各种各样的比赛或娱乐项目在内的综合性群众体育运动。

国际定联还是"国际世界运动会协会"（IWGA）、"国际单项体育联合会总会"（GAISF）的成员。在 2001 年，定向运动成为"世界运动会"（The World Games）的正式比赛项目。

（二）国内外定向运动的发展

定向运动起源于瑞典，目前已风靡全欧洲、澳洲及北美地区，在亚洲的日本、韩国和我国的香港，南美的巴西和智利也已初具规模。由于定向运动是一项非常健康的智慧型体育项目，是智力和体力并重的运动，它不仅能强健体魄，而且还能培养人独立思考问题、解决问题的能力及在体力和智力受到压力时能做出迅速反应并做出果断决定的能力。因此，定向运动吸引了全世界各个阶层、各个年龄段的人们的广泛参与。他们在同一个场地上享受定向运动的快乐，定向运动是适合每个人的运动。

H. 艾赫伯格是对奥林匹克及其文化反思较早的西方学者。艾赫伯格估计面向 21 世纪的奥林匹克可能会出现以下四种选择：

（1）土著的民族性的体育复活

（2）回归自然

（3）回归艺术

（4）回归灵性

阳光、空气、蓝天、碧水、远山、森林，人们在这样一个环境下进行体育活动，是多么美好的一幅画面。定向运动就是这样一个体育项目，它不需要体育场馆，只需一张定向地图和一个指北针，可利用森林、郊外、城市公园和大学校园的自然环境，可节约大量的场馆经费和各种不可再生的自然资源，是每个普通人都消费得起的体育休闲活动，易得到人们的接受与普及。

开展体育活动，我们需要大量的场馆及道路等设施，势必会造成对生态环境的破坏。要解决这些问题，除了场馆的修建应以环保为主题，慎重选择新建场馆的位置，来平衡体育场地需要与自然环境限制之间的矛盾以外，体育场馆的规划和修建也必须使体育运动和自然环境达到一定的协调平衡。此外，还应尽可能选择一些不需要修建专门体育场馆的项目，利用自然界的一切进行活动。定向运动就可以满足人们的这些需求，定向运动组织的理念就是要把一个体育项目很好地融入自然，所以我们在开展定向运动的过程中除了要很好地保护自然界的一草一木之外，还要重视对废旧物品的回收。定向运动组织建立了回收废旧物品体系，主办者和参赛者都必须严格执行。

总之，环境保护是全球自然环境变化的客观要求，也是体育运动促进人与自然和谐平衡发展的反映，它展示了一种新的体育精神，反映国际体育社会在处理环境问题时所担当的角色和采取的态度。今后除了注意体育活动中环境问题的解决之外，体育社会应多选择一些与自然环境紧密相连的体育项目，大力推广。那样的话，我们既尊重了环境，又保持其可持续发展。

二、定向运动的定义、形式与类型

（一）定向运动的定义

定向运动是指运动员借助定向地图和指北针，按组织者规定的顺序和方式，自我选择行进路线并到访地图上所标示的地面检查点，以通过全程检查点，用时较短者或在规定时间找到检查点得分较多者为胜的一种体育运动。

定向运动通常在野外森林进行，也可以在城市的近郊、公园和较大的校园等各种地形进行。其比赛的成败全在于个人的识图用图、野外定向和奔跑能力的强弱，因此适于各种年龄、性别的人参加。为了增加比赛的乐趣，也可以在判定比赛成绩的方法上有所区别。

（二）定向运动的形式

定向运动的主要形式有点对点定向、积分定向、微型定向和团队定向。点对点定向是传统的和最基本的定向形式，积分定向在休闲、娱乐性定向中较常见，微型定向是一种不同于传统形式的点对点定向，团队定向是一种强调团队协作的定向形式。

1. 点对点定向

点对点定向是定向运动的传统形式，也是最基本的定向运动形式，国际大型赛事和世界各国主要赛事基本上都采用点对点的定向形式进行比赛。它包括一个起点（等边三角形），一个终点（两个同心圆）和若干个带有检查点序号的检查点（单圆圈），两个点之间是参与者应导航行进的路段，从起点开始，检查点按序号用连线连起来，直到终点。由此可见，路线实际上是由多个具有方向性的路段组成的。路段的方向性由一对点确定，一个点确定起点，一个点确定目标，结果是路段向参与者提出了一个明确的点对点导航任务：尽快地由起点达到目标。一条路线由一系列点对点导航任务组成，完成一条路线的过程即是一个点对点的导航过程。

2. 积分定向

积分定向路线包括一个起点、一个终点和若干个检查点，但检查点没有序号，而是根据地形的难易、离起终点距离的远近、各点间的位置关系被赋予不同的分值，参赛者每到访一个检查点将获得相应的得分。积分定向以参赛者在规定的时间内得到的积分决定胜负。在规定的时间内，参赛者必须找出满意的检查点的到访顺序并到访尽可能多的检查点，获得尽可能高的积分。如果超时，将按比赛规程扣罚参赛者的积分。积分定向比传统定向需要更高的认知技能，特别是对运用数学知识的能力和逻辑分析能力有较高要求。积分定向目前尚未进入大型赛事，主要被应用于教学、训练和休闲娱乐活动。

3. 微型定向

微型定向的概念最早由挪威定向协会提出，主要有两种实践方式，纳入中距离定向中作为中距离定向的组成部分或作为一个独立的比赛项目。

微型定向要求参赛者按规定的顺序到访检查点，从这一特征来看，它是一种点对点定向。但与传统的点对点定向不同，微型定向的检查点只有序号没有代码，检查点附近有一些假检查点与其一起构成"检查点群"，参赛者错打检查点将按竞赛规则罚时，但不会被取消比赛资格。如果参赛者在一个"检查点群"中打了几个检查点，即使其中包括真检查点，也将被罚时。此外，如果参赛者漏打某个"检查点群"，将被取消比赛资格。

4. 团队定向

团队定向是建立在团队协作基础上的定向形式。团队定向的检查点分为两类：一是要求所有团队成员都到访的必经点，二是只要求有一名成员到访的自由点。团队各成员分工协作到访所有的检查点，以最后一名到达终点成员的成绩为整个团队的成绩。团队赛中，团队各成员通常按分工要求分别到访自己应到访的检查点，但水平高的成员还应尽可能为完成任务有困难的成员提供帮助。团队定向有竞技和休闲娱乐两种实践方式，竞技方式为必经点规定了序号，团队成员必须按规定的顺序到访必经点，而休闲娱乐方式的必经点可以不规定序号按任意顺序到访。目前，除国内赛事外，团队定向尚未进入国际赛事体系和世界各国的主要赛事体系，而主要用于训练活动。近年来，国内定向界将团队定向应用于教学、拓展培训均取得了很好的教育效果。

（三）定向运动的类型

1. 定向运动的分类方法

定向运动形式多样，其分类方法也很多。一般来说，定向运动按运动工具的不同可分为徒步定向（如定向越野、接力定向、积分定向等）和工具定向（如滑雪定向、山地自行车定向等）；按年龄的不同可分为青年组、老年组和少年组；按性别的不同可分为男子组和女子组；按技术水平的不同可分为初级组、高级组和精英组；按参加人数的不同可分为个人单项、个人双项和集体项。

近年来，定向运动的实践已突破了定义和限制，主要分为竞技和休闲娱乐两大类型，定向运动的活动形式、活动要求、活动组织方式，以及作用与价值在不同的类型中有着较大的差别。

从竞技性角度对定向运动进行划分，主要对国际赛事和世界各国大型赛事及国内赛事的常设竞赛项目进行分类，这些项目主要采用点对点的定向形式。

从休闲娱乐角度对定向运动进行划分，其主要是对定向运动实践中存在的定向运动活动项目进行分类。

2. 常见的定向运动形式

（1）定向越野

作为定向运动多元形式当中的一种，定向越野的组织方法简单，开展广泛。在定向越野的竞赛实践中，更多是以参与者的识图用图、野外定向以及奔跑能力的综合性的考量，在年龄和性别方面并未作出明确要求，适合各类人群主动参与。从不完全数据统计结果发现，定向越野的参与群体当中，即包括年幼的孩童，也不包括超过 90 岁的长者。同场竞技中的快感，老少皆宜的特点，赋予定向越野独特性。

（2）接力定向

作为定向运动中的团队定向运动模式，接力定向运动的展开更强调团队的有效协作，是一种最佳的竞赛方式的呈现。接力定向要保持良好的成绩，需要对内每一个队员的努力。从国际比赛的通用规则出发，接力定向的赛事当中通常将接力赛的路线分为四段，选手根据地图指示的内容完成其中的一段，最后成绩相加则成为最后的成绩。

对于观众而言，在每一段路线都可以看到激烈对抗。当然在接力定向的场地中还需要设置"中心"站，方便选手之间的接力，以触手的方式交换。接力定向的观赏性较好。

（3）滑雪定向

滑雪定向是充分利用滑雪的特性展开，强调个人、团体以接力比赛的方式展开。相较于传统的定向运动的开展方式，显然滑雪的定向运动开展要借助滑雪工具，通过专业化的赛道来达成接力目标。同样，滑雪定向本身是开放性的，由于滑雪线路的多样性，选手可以自行选择线路，以达成目标为主。

（4）山地车定向

山地车定向是选手们骑在山地自行车上进行的定向运动。其需要的场地比徒步定向略大，区域内的大小道路要能构成网络，以便选手骑行。由于不便频繁看图，山地车定向的选手比徒步定向的选手需要培养地图默记的能力，同时在崎岖地形上熟练地驾驶山地车的技术也是必不可少的。山地车定向也可以按个人、团体或接力比赛等形式进行。

（5）轮椅定向

定向运动的覆盖人群范围广泛，轮椅定向则是其中之一，该类型的定向运动针对的人群是伤残人士，属于一种特别的运动方式。该运动实践中，是在野外的道路两侧设置若干检查点，选手们按照地图和具体的"检查点"的指示说明，在相关的检查点来完成对点标的筛选，由于每处设置3-6个点标，所以在进行竞赛的过程中要求残疾人群体进行选择，最终筛选出正确点。这种的比赛方法，让定向运动的特殊性得以展现，更多伤残人士有机会融入到定向运动当中来看，形成了一种专项的技能比赛。

（6）夜间定向

在定向运动的诸多类型当中，夜间定向的难度较大。顾名思义夜间定向是在夜间开展的定向运动方式看，由于参与者在该过程中视线会受阻，势必导致参与难度的增加。但也正是因为这一特点，夜间定向吸引了大批追求刺激的人群前来参与。

夜间定向所用的器材、主要是点标本身或其上附有被动式的反光材料，只要有一点光线投射到它上面即有反光。参加人亦需携带用于查看地图的照明设备：它可以很小，如微型手电筒；也可以很大、很专业，如洞穴探险头灯等。也可自制其他方便携带的照明装置。

（7）公园定向

主要在城市公园、小城镇、民居小区或类似地形上举办的徒步定向比赛。

该项目的出现源于近几十年部分定向人（包括我国的爱好者）对定向运动加入国际奥林匹克运动会的渴望。专门举行这个项目比赛的世界性组织叫作"世界公园定向组织（Park World Tour，PWT）"。PWT试图用定向运动在公园、城镇里举办的方式，改变那个年代的传媒技术较难在山林地中宣传定向比赛的现象。通过电视转播等直观、详尽的技术手段，把定向的魅力展现在人们面前，以此来增强定向的影响力和商业价值。

（8）记分定向

记分定向的方式强调分值的重要性，该运动形式以个人方式展开。活动过程中会在比赛区域范围内，预先设置多个检查点，并且结合场地范围内的难易程度、距离远近以及点的位置等等，对这些基础要素进行衡量从而来确定关键性的分值，在参与者达到检查点之后获得分值，经过竞赛实践之后，获得分值最高的个人获胜。

（9）专线定向

通常情况下，定向运动的开放性较强，在经过检查点时，可供选择的方向较多，与其他的定向运动类型不同，专线定向指的是确定好运动的基本方向，在地图当中标注指示点，然后参与者按照专门的路线运动，成绩的衡量标准强调以准确程度和所用时间的长短为核心，从而给出可行的策略与建议。专线定向的运动方式，竞争更激烈。

（10）瑞典五日定向

从命名来看，该定向运动的类型是瑞典独有的运动方式，以别样的比赛形式让定向运动可以释放自身魅力。定向运动的比赛日共设定为 5 天，比赛路线为了支撑 5 天的定向运动的基本需要，分为若干个定向段组成，且每一个路段都单独的进行成绩记录，以个人成绩的记录最终来确定整个定向运动段的成绩情况。由于定向时间较长，路线的长度也有所增加，多是以几十公里到一百公里的多条赛道组成，并安排和设置好检查点和营地，方便远动员在参与中得到及时的补充。这一项运动的独特性，在瑞典吸引了大量的群体主动参与其中，选手的总规模已经超过 15000 人。因此，瑞典的五日定向也被称之为世界上最大规模的定向运动赛事。称其为全世界的"定向旅游节"，绝对是名副其实。

3. 其他形式的定向运动

作为上述定向比赛的补充，目前国际上流行着一些其他形式的定向运动，举列如下：

（1）校园定向

在学校的教室、体育馆或操场上为孩子们设计的各种定向游戏。

（2）扶手定向

通常专为年幼孩子们设计的初级的定向活动形式。在为他们设计的路途中，全途或局部用鲜艳的栏绳、彩旗等标识起来，以便他们安全地熟悉、融入山林地中，同时学习定向运动。

（3）星形定向

起点设在赛场的几何中心，各检查点分布在起点四周。在比赛时，选手每找到一个点就需回到中心（起点）。可用于新手的练习（方便他们保持密切接触并进行交流）以及简单的接力方式比赛。

（4）特里姆定向

在一定的区域内设置许多固定性的检查点，不规定完成时间，以寻找的点数给予记录或纪念品以资鼓励。

（5）百米定向

在大约 100 米 ×100 米的场地内进行比赛。在比赛过程中，观众可以看到运动员比赛的全过程（赛场内还可伴有音乐）。运动员在出发区得到一张地图，并且在赛前分析地形、做路线选择。比赛区、起点和终点是有严格界限的，未出发运动员不能够看到其他运动员的比赛过程。比赛地图采用 1：500 的地图，等高距为 1 米。地图标注非常细致，一般 150 ～ 400 米设置 5 ～ 13 个点。

在有些国家，人们还常常以家庭为单位进行比赛，尝试了使用不同交通工具的定向运动比赛，例如乘坐摩托车、独木舟或骑马等。

定向运动也是国际军体理事会（CISM）的正式比赛项目之一，每次举办的比赛都能吸引众多成员国的军队派队参加。

在保证基本性质不变的情况下，定向运动组织的形式弹性很大。各社会界别、各行各业、各种人群，只要具备了一定的条件（设备、技术和经验），均可依据自身的需要组织起这项活动。

三、定向运动的特点与价值

（一）定向运动的特点

定向运动的特点是多方面的。主要体现在自然性和社会性方面。

1. 自然性方面的特点

（1）运动性

定向运动的核心本质还是一项运动，与其他项目不同，强调身体活动，是以人的运动方式作为主要特征。这里提到的运动性本身是从运动的本质出发，按照特定的规律、规范和标准执行。

（2）智能性

虽然定向运动的操作方式较为简单，不可忽略还运动是一项与智能联系较为紧密的项目，综合运用到地理学、测绘学、军事地形学等相关知识要点，这些知识的能力得到进一步的强化，智能性凸显出来。

（3）环境性

定向运动与传统的运动方式有一定的区别，其他类型的运动项目对于场地方面的要求较高，但定向运动的侧重点主要是集中在环境的优化方面，从定向运动适合开展的空间来看，包括森林、公园、山区以及风景名胜区等等，这些基础性的环境是保证定向运动有效实施的基础。与此同时，也正是环境的优美，既能在定向运动得到定向实践，也可以在优质的环境下获得良好的体育体验和感受。

（4）情趣性

定向运动集中了环境、活动与比赛等多元的内容，更能激活人们对定向运动的感兴趣程度，让这一项运动本身具备较强的趣味性特征，积极的参与和投身到定向运动的实践中，调节心理状态，养成良好的体育锻炼习惯，陶冶情操。

2. 社会性方面的特点

（1）游戏性

定向运动的游戏属性十分鲜明，追溯定向运动的发展历史，是由瑞典童子军"寻宝游戏"开始，由于是从游戏起源，即便是今天定向运动的类型多元，但依旧拥有浓郁的游戏色彩，特征西鲜明，游戏属性是定向运动的基本属性之一。

（2）竞技性

定向运动在今天的发展类型多元，但每一个类型的特性都离不开竞技性的基本特征。定向运动的不同类型的比赛过程，都要以明确的原则来支撑，并且参与者以竞赛的方式来获得定向运动的胜利，竞争的激烈程度可想而知。也正是这种竞争因素的存在，让人们更加向往、追求参与过程中的刺激属性，因高质量的竞赛乐此不疲。

（3）群众性

定向运动是一项群众性较强的项目类型，参与群体并不受限制，男女老幼各个年龄段的群体都可以主动地参与其中，并成为定向运动的爱好者和参与者。根据国外的相关报道显示，参与群体当中最小的8岁，最长者已经达到90岁。由此可见，定向运动是一项群众性的体育项目。

（4）实用性

作为一种独特的运动形式，定向运动在最早期是以军队的训练形式展开，虽然在今天的定向运动已经凸显出群众性的特征，以多元的形式推进，甚至已经进入到学校的场景当中，已经被赋予了多元的属性，教育性、健身性、实践性等等，都表现为定向运动已经深入到各个领域当中，实用性特征鲜明。

（二）定向运动的价值

1. 商业价值

一项运动的商业价值的开发显得至关重要，其是保证项目健康运营的关键要素。从定向运动的视角出发，定向运动本身在开展之前并无明确、固定的比赛场所的支持，且观赏性并不好。主要是定向运动的线路过长，对于观众而言无法全过程的参与到比赛当中来，只有亲身的体验和参与其中，才能够获得更多乐趣。在大自然的环境参与定向运动，既能够达到强身健体的目标，也可以亲身参与，主动体验。该运动的独特性赋予了运动本身独特的商务价值，要积极推进商业化的运作，尝试挖掘良好的商业化运作模式。从何定向运动的发展历史来看，商业价值的可开发空间广阔，如目前以及房地产公司、服装企业都参与到定向运动的商业化的运作当中，并利用定向运动自身的影响力，尝试完成商品的开发。且随着定向运动的影响力的不断攀升，围绕商业化的运作探索在不断推进，据相关资料调查，以国际定向联合会以及世界公园巡回赛的组织为例，一些大型的公司则参与其中，包括山特维特、爱立信等等，每一年在定向运动的赞助费用方面则多达上千万美元，从这一比例中就可以看到，定向运动的商业价值已经突出展现出来，并展现出良好的应用成绩和效果，商业价值的挖掘需要从多方着手，不断扩大定向运动的影响力，则能够让定向运动的商业价值凸显出来。

2. 教育价值

定向运动在进入我国之后便得到积极推动，并快速的融入到学校的教育领域当中，深受学生的喜爱。定向运动不仅仅是一项集合了体育、军事以及娱乐为一体的新兴体育运动项目，也成为学生强化身体素质和生存教育的关键内容之一，具有极高的性价比。定向运动的教育价值的深度挖掘当中，还可以通过定向运动来培养学生各项基本的综合能力，锻炼学生的思想、道德以及文化素养。在目前的体育教育的实践中还，定向运动已经得到实践，成为一项新的内容被融入体育课堂实践，从课程的设置与实施的效果来看，定向运动的自身特点鲜明，该运动本身的开放性，激活了广大学生的体育参与兴趣，营造良好的体育锻炼空间。且通过定向运动的方式，学生在相互配合与相互的写作当中不断走向成长，为学生提供广阔的成长空间。作为新兴体育项目，在未来的体育教育实践中定向运动将持续发挥作用，为体育教育的创新和发展提供明确思路。

3. 生理价值

对定向运动的生理价值的解析，发现该项目属于自然环境中的一项体育运动项目，要求参与者本身拥有良好的持久耐力和体能，主要是定向运动的活动空间大、运动时间长，缺乏良好的体能的支撑则无法坚持运动。但同样，也正是因为定向运动自身的特殊性，使得这一群体在定向运动的实践中来不断地突破自身的耐力极限，穿越丛林、山地、溪流与湖泊，在自然风光中能够不断地探索极限，从而使得耐力素质得到强化，相较于枯燥的训练模式，生理价值显然更需要得到支持。从定向运动的生理价值着手，发现定向运动的特点鲜明，心肺功能得到进一步的强化，人的健康状态得到全面的改善。由此可见，其善于抓住定向运动的独特魅力，让定向运动的有效性凸显出来。

4. 心理价值

定向运动作为新兴体育的运动项目，不单单对参与者的生理指标提出较高要求，更要求参与者本身可以学会灵活的使用地理知识与识别方向的工具，在野外辨别方向，确定路线，并具备良好的心理素质，从而保证任务的完成。定向运动的开展空间的可拓展性，让运动本身的特征西鲜明。从心理价值的角度可以看到，定向运动的参与者心理素质在参与过程中能够得到锻炼与强化。从一项研究结果当中表明，体育运动的方式能够有效地缓解参与者的心理压力，让参与者的心理压力得到有效调节。从这一点来看，定向运动的特色鲜明，值得大面积推广与实践。

5. 军事价值

追溯定向运动的起源，最早源于军事，现如今已拥有自己的世界锦标赛，是一项非常重要的世界军事体育项目。从这一点来看，定向运动的军事价值得以展现。并且定向越野的运动形式，更是成为军队运动中的关键一项，深受军队建设的重视。从国家军队建设的视角出发，定向运动是一项有效的运动项目，特征鲜明，通过参与定向运动搭建一个广阔的平台，使军队之间的活动交流更便捷。

6. 文化价值

（1）礼仪文化

定向运动作为一项竞技运动项目以及一项群众运动项目，无论是专业比赛还是业余比赛，都需要有一个形式来引入，而这种形式在不同的国家和地区是不同的。在我国，除了要升国旗奏国歌之外，还有领导讲话等，而在其他国家及地区，有的授勋章，有的国家元首讲话。另外，开幕式风格迥异的舞蹈表演也是比较常见的形式。定向运动的国际化发展，打破了地域环境与人为壁垒形成的世界文化交融的屏障，各地区、各民族独特的体育文化逐步融入到世界体育文化中来，形成了多元化、互相补充的世界体育文化模式。一个国家的民族风情以及礼仪等方面的文化逐渐走向世界，被世人了解和尊重。

（2）道德文化

竞技体育所体现的体育道德是社会公德的重要组成部分之一。定向运动中体现的竞争、团结、协作、友谊、诚实等道德规范，对人们的社会道德的提高有很重要的意义。特别是运动员身上所显现的这种职业道德规范，对广大定向运动的爱好者．特别是青少年有很深远的影响。随着我国的定向运动的广泛开展，参与到这项运动的人将会越来越多，注重培养和提高他们的社会道德对于他们自身和社会的发展至关重要。

（3）情感文化

定向运动是一个带有很强的对抗性竞争的体育运动。它具有其他运动不具备的特殊性，定向运动是人类与大自然相融合．最大限度的发挥人类自身的潜能，超越自我的生理及心理的极限而追求最终获得胜利的愉快感。这种情感支持着人们挑战大自然的信念。一个民族所具有的情感文化、民族心理及思维是千百年所积淀下来，一个新的运动的良好发展必须去适应这种文化。定向运动在不同国家及民族发展的过程中所表现出的情感，要有各民族自身的情感价值取向以及审美情趣。

第二节　定向地图与指北针

一、定向运动地图

地图一般分为普通地图和专题地图两大类，普通地图是以相对均衡的详细程度表示制图区域内各种自然和社会经济现象的地图，包括平面图、地形图和地理图三种。专题地图是以普通地图为基础，只对专题内容详尽表示，而对其他地理信息则简化或选择相关的内容予以表示。定向地图即为专题地图的一种。

定向运动本身对于地图的要求并不高，任何一张地图从理论上讲都可以开展定向运动。为了定向运动本身的有序推进和展开，还需要依靠专门的地图来提供支撑。定向运动地图保持精准、详细，才能让定向运动的方向更清晰，对符号标记和具体地形的辨别更准确。

总之应用定向运动当中的地图属于一种专门性的地图，并非单纯的简单标识的内容，而是会深入到定向运动实际，将一些更加精准的导航信息在其中明确，最大限度上的消除阻碍因素，保持方向的精准。实际上专门性的地图的提供，核心目的是也是保障定向运动可以持续发挥作用，为参与者提供良好的参与体验，让定向运动的信息更加透明，准确，有效。

定向地图是定向运动必不可少的工具之一。定向运动所用地图是一般由地图比例尺、地物符号、地貌符号、指北方向线和图例注记五大要素组成。

（一）地图比例尺

1. 比例尺的概念

地图上某一线段的长度与相应实地水平距离之比，称为地图比例尺。其算术表达式为：

比例尺分式中的分母越小，地图比例尺就越大，地图上描绘的内容就越详尽；分母越大，地图比例尺就越小，地图上描绘的内容就越简略。比例尺越大，则图上量测的精度就越高；比例尺越小，图上量测的精度就越低。

2. 比例尺的表示形式

地图上的比例尺一般三种表示形式：数字式、文字式、线段式。

第一，数字式：用阿拉伯数字表示，例如：1：10 000 或 1/10 000。

第二，文字式：用文字注解的方式表示，例如"万分之一"。

第三，线段式：在地图上以厘米单位线段表示。例如地图上 1 厘米代表实地 100 米，则在 1 厘米线段上注明 1 厘米等于实地 100 米。

定向地图的比例尺一般用数字式表示，或者数字式和线段式两者同时采用。定向运动一般采用1=15 000比例尺地图，为适应特殊地形的需要，也可以使用其他比例尺地图。目前我国较多采用1：10000比例尺地图，

3. 图上距离的量算

（1）用直尺量读

当利用刻有"直线比例尺"的指北针量读时，可根据刻在尺上的数值在图上直接读出相应实地的距离。

当利用"厘米尺"量读时，要先从图上量取所求两点间的长度，然后乘以该图比例尺分母，即得出相应的水平距离（需将结果换算为米或千米）。

当量算某两点间的弯曲（如公路）距离时，可将曲线切分成若干短直线，然后分段量算并相加。

（2）用手量读

用手量读的方式是一种快速的测量方式，在定向运动的实践过程中可以利用对手指长度、宽度以及厚度的理解，完成快速的度量过程，根据地图进行换算，从而来计算距离。虽然这种方式与真实的度量之间还有一定的差异，由于快捷，在定向运动的竞速实践中被广泛运用，效果明显。

（3）估算法

估算法，也被称之为心算法，该方法是定向运动中被普遍采取的方法，有其自身鲜明属性与价值，但估算的过程要关注两个方面的内容。

第一，能够掌握初步的估算方法，准确的估算距离，学会对地图当中的距离和实地距离的换算。如在真实的地图之上，可以辨别0.5毫米以下尺寸的差异，并且在长度的估算方面误差不应该超过距离总长度的1/10。

第二，熟知图上几种常用的单位尺寸与相应实地水平距离的对应关系，如：在比例尺为1：1.5万的地图上，1毫米相当实地15米，2毫米相当实地30米，1厘米相当实地150米等。

4. 图上量算距离应注意的问题

从图上量得的距离，不论是直线还是曲线，都是两点间的水平距离。如果实地的地形平坦，图上所量距离接近于实地水平距离；如果实地两点间的地形起伏，则两点间的实际距离大于图上量得的水平距离。因此，当需要精确计算图上两点间的距离时，必须根据地形的起伏情况进行具体分析，将图上量得的距离加上适当改正数。

（二）地图符号

地面上的各种地物是用形状不同、大小不一、色彩有别的符号表示的。它们不仅具有确定客观事物的空间位置、分布特点以及数量、质量特征的基本功能，还具有相互联系和共同表达地理环境诸要素总体特征的特殊功能。

地图符号是地图与用图者对话的语言，是人们获取现地地形信息的唯一来源，因此完整、准确地识别符号是正确使用地图的前提。识别符号不能靠机械地记忆，需要

了解它们的制定原则，了解符号的图形、色彩和表意之间的逻辑联系，这样才能根据符号联想出每一种地面物体的外形、特点以及对我们的意义。

1. 地物符号

（1）符号的分类

①面状符号

地面事物呈面状分布，当实际面积较大，按地图比例尺缩小后，仍能表示出其分布范围时，用面状符号表示，如大的湖泊、大片森林、沼泽等。这种符号能表示事物的分布位置、形状和大小。一般又把这种符号称为依比例符号。

②线状符号

地面上呈带状或线状延伸的事物，按地图比例尺缩小后，长度可依比例表示，宽度不能依比例表示时，在图上用线状符号表示，如道路、输电线、河流等。由于这种符号仅能表示事物的分布位置、长度和形状，但不能表示其宽度，所以一般又把这种符号称为半依比例符号。

③点状符号

客观事物在地面上所占的面积较小，在图上不能按比例尺表示其分布范围时，则用点状符号表示，如表示居民点的房屋、小塔形建筑、石块、小树等。由于它只能表示分布位置，不能表示事物的形状和大小，所以又称这种符号为不依比例符号。

（2）符号的构成要素

①符号的图形

符号的图形主要用于表示地理事物性质上的差别。面状符号的图形与事物的实际形状相似；线状符号的图形为不同形式的线划，如双线、单线、实线、虚线和点线等。个体符号的图形多为简单的几何图形或象形图形。

符号图形具有图案化和系统化的特点。所谓图案化是符号图形有些类似于事物本身的形状。图案化的图形既形象又简单、规则，因而便于根据符号图形联想实际事物的形态。符号图形系统化，是指各种符号图形具有内在的联系，通过图形的变化，可以把事物的量和质等特征表现出来。符号图形系统化表现为同类事物符号图形相类似。例如，道路一般分为铁路、公路及其他道路，分别以黑白相间的双线、普通双线及单线、虚线、点线等表示其差异。

②符号的大小

符号的大小主要反映事物的重要程度及数量差异。一般来讲，表示重要的、数量多的事物的符号大些；反之则符号小些。

为了完整而详细地表示出地形，同时又能保证定向图清晰易读，国际定联规定了定向图符号的最小尺寸以及当它们相互靠近时的关系处理原则与最小间隔。

符号的大小、线条的粗细、符号间最小距离的规定，都是以日光条件下的正常视力和当今的印刷技术水平为依据制定的。

（3）认识符号需要注意的问题

在定向地图上，对于一组属性相近的地物，通常只规定一个基本符号，然后根据这些符号的不同分类，分别使用不同的颜色。在识别符号时，注意不要搞混，因此，定向活动应该尽量避免使用单色地图。

为了表示某些同类地物之间的差别，一般只将它们的基本符号做一些局部的改变或方向调整，在认识这些符号的时候应特别仔细，注意符号本身或其与周围地形之间的细微差别。

当若干同类符号以某种有规律的排列方式来表示地物时，它们所反映的只是地物的性质和范围，并不代表地物的个数和精确位置。

某些地物，虽然它们的性质相同，但当它们的长度、宽度或直径不同时，图形特点将会改变——"在一定条件下相互转化"。这就说明，面状地物、线状地物或点状地物，虽然它们的符号在图上的区别是比较明显的，但在现场，除非有足够的经验，否则就不易看出它们的区别。

2. 地貌符号

定向地图是利用等高线来表示山的形态及起伏状态的。利用等高线，不仅可以了解地面上各处的高差、地势起伏的特征，还可以根据地图上等高线的密度和图像分析地貌特征，如山脉的走向、斜坡的坡度和方向，了解哪里是山脊，哪里是谷坑、凹地等，而且还可以进行高程、面积、坡度等的计算。

定向图采用等高线法表示地貌，能够熟练地应用等高线图形理解地貌是非常重要的。这是因为，定向图上的所有要素都是建立在地貌的基础之上，并与地物形成各种关系。比如，地物的分布、比赛路线的方向和距离等，都要受到地表起伏、变化的制约和影响，而且，在地物稀少的地方及森林中，地貌就是主要的甚至是唯一的行进参照物，是参赛人最基本、最稳定、最可靠的向导。

（1）等高线显示地貌的原理

等高线是地面上高程相等的点所连成的闭合曲线。按"平截法"，假设把一座山，从底到顶，按相同的高度，用一层一层的水平面横截，则山的表面与水平面相交得到一组曲线，再将这组曲线垂直投影到地平面上，得到一圈一圈的曲线图形。因为每条线上各点的高度恒等，所以把这些曲线叫作等高线。按另一种"淹迹法"，假设淹没小山的海水按一定的间隔的高度间歇的退落，每次间歇期内海浪击蚀山体都留下一圈闭合的水涯线痕迹，水迹线上各点的高程相等，则此线即为实地可见的等高线。

（2）等高线显示地貌的特点

第一，地图上的每条等高线都是实地等高线的水平投影，它既描绘出地貌的水平轮廓，也表示出地貌的起伏。

第二，等高线是闭合的曲线，同一条等高线上的任何点的高度都相等。

第三，同一地图上，等高线多，山高；等高线少，山低；等高线稀，坡缓；等高线密，坡陡。

第四，同一地图上，等高线间隔大，坡缓；等高线间隔小，坡陡。

第五，图上等高线的弯曲形状与相应的地貌相似。

（3）示坡线

示坡线是指顺着下坡方向绘制并与等高线垂直相交的小短线。其通常绘在等高线特征最明显的弯曲处，如山顶、鞍部或凹地底部。示坡线可以帮助读图者了解山的起伏，即哪里是上坡，哪里是下坡。一般，顺着示坡线的方向为下坡，逆着示坡线的方向为上坡。

（4）等高距

等高距是各相邻等高线的高程差，它的大小在很大程度上决定了地貌表示的详略。同一地形，等高距越小，则等高线越密，地貌显示就越详尽；相反，等高距越大，则等高线越稀，地貌显示就越简略。国际定联规定：定向越野地图的标准比例尺为1：15 000，等高距5米；在大面积的平缓地形，在其他地物不多的情况下，也可以采用2.5米的等高距。

3. 地图符号与颜色

定向运动地图符号是用一些特殊的图形和颜色在地图上表达实地地形特征的视觉语言。它是按一定的规范将地图要表达的对象和事物准确地描述在地图上，是参赛者获取实地地形状况的唯一信息来源。因此，完整准确地理解和识别地图符号与颜色是正确使用定向运动地图的前提。

（1）定向运动地图与颜色

定向运动竞赛地图一般采用彩色地图，其颜色所显示的含义与一般的彩色地图颜色所显示的含义不同。一般彩色地图所显示的含义是表示地形的高低或某种特性的区域划分，而定向运动竞赛采用的颜色地图及其颜色所显示的含义是表示地域的可通行状况，以及显示特性地物的颜色。

定向运动彩色地图上有9种颜色，其颜色含义如下：

①棕色

棕色用于描绘地貌和人工铺设的地标，例如等高线、土崖、堤坝、城市主干道路、硬化地。

②黑色

黑色用于描绘人造地物和天然地物，如建筑物、输电线路、岩石、陡崖、野外大陆等；另外，还包括磁北方向线和套印标记在内的技术符号。

③灰色

灰色用于描绘从底下可以通过的人工地物，如人行长廊、亭台等。

④蓝色

蓝色用于描绘水系。另外，在黑色占较大面积，而蓝色所占面积较小的情况下，也用蓝色表示磁北方向线。

⑤黄色

黄色用于描绘开阔易跑性非常好的空旷地域，如零星树林区域、平缓的荒原、空地等。

⑥绿色

绿色用于描绘地表植被如森林、竹林、草丛等；表示不易通过的林区；绿色越深，表示通过的难度越大。

⑦白色

白色用于描绘开阔易跑，容易通过的林地。

⑧黄绿色

黄绿色用于描绘禁止进入的植被区域和私人住宅区域。

⑨紫色

紫色用于描绘比赛路线。

除了以上介绍的地图颜色描绘的含义外，还有部分面状符号是用两种颜色共同配合使用，构成各种网点花纹和网线花纹的面状图形，用于描绘有某些特征性的实地地物特征。这些颜色所要描绘的具体含义，一般在地图图例注记中都要有色样说明。

（2）定向运动地图的符号和颜色组合

为了使参赛者更容易阅读和理解定向运动地图，定向运动地图要求完整准确清晰地表示地貌和地物的基本形态特征。国际定向运动联合会对地图的符号和颜色组合具体分为以下 7 大类。

地貌符号用棕色表示，岩石与石块符号用黑色表示，地物符号用黑色和灰色表示，水系和湿地符号用蓝色表示，植被符号用白色、黄色和绿色表示，比赛路线用紫色表示，技术性符号用黑色、蓝色和棕色表示。

①地貌符号用棕色表示

地貌是指地球表面高低起伏的各种自然状态如山地谷地、平地、小丘、土崖、冲沟等，地貌符号是在地图上用来描绘这些自然状态的曲线和记号。地貌符号有登高曲线、辅助符号、特殊地貌符号、高程注记、土崖、土墙、冲沟、小丘等，在定向运动地图上用棕色表示。

②岩石和石块符号用黑色表示

岩石和石块是特殊的地貌特征，它既可以更详细地为参赛者提供地面的可跑性和危险性信息，又可以为参赛者快速、准确地确定运动低点和寻找检查点，起到导航的作用，这类符号用黑色表示。

③地物符号用黑色和灰色表示

地物是指由自然形成或人工建造的固定物体如居民点、建筑物、围栏、江河等，地物符号则是这些固定物体在地图上的标志符号。在定向运动竞赛的地图上，地物符号用黑色和灰色表示的。

④水系和湿地符号用蓝色表示

在定向运动地图上，用蓝色表示所有的水域和湿地，这类符号包括表示湖泊、池塘、河流、小溪等的符号。

⑤植被符号用白色、黄色和绿色表示

在定向运动中，由于被植被覆盖的区域会不同程度地影响参赛者的视野范围和奔跑速度，所以在定向运动地图上用白色、黄色和绿色对地表植被覆盖的情况作详细的区分。

⑥比赛路线用紫色表示

比赛路线符号主要包括起点符号、检查点符号、检查点编号、终点符号、定向路线等。此外，危险区、禁止通过的边界、饮水站等，用紫色表示

⑦技术性符号用黑色、蓝色和棕色表示

技术性符号主要包括磁北方向线，地图套印符号由黑色、蓝色和棕色表示。

（三）定向地图方位与磁方位角

定向地图的方位是上北下南、左西右东。图上绘有的若干条相等距离的、平行的、北端带有箭头的红色线条，这就是磁北方向线。磁北线所指的方向是地图的北方，可以利用这条线确定地图的方位、标定地图、量测磁方位角、估算距离等。

磁方位角也是定向运动中的一个重要参数，这一参数对确定方位有很大的帮助。

在应用地图的过程中，往往需要从图上判断两点的相对位置。如果仅有两点之间的水平距离，而没有方位关系，显然无法确定两点的相对位置。而要确定两点之间的方位关系则必须规定起始方向，然后求出两点间的连线与起始方向之间的夹角，以此确定两点的相对位置。这就需要用方位角来表示，它是指从起始方向北端算起，顺时针转至目标方向线间的水平角，角值变化范围为 $0°\sim360°$。起始方向为真子午线，其方位角称为真方位角；起始方向为磁子午线，则其方位角称为磁方位角。定向地图中都以磁北为起始方向，故所用的方位角均为磁方位角。

（四）定向地图上的图例注记

定向地图上的图例注记除了比例尺注记、等高距注记，还有图例说明、检查点说明以及图名和出版单位说明等。

图例说明可以帮助你理解地图所表示的事物。其采用的是国际语言符号，所有符号全球通用。根据国际定向联合会《国际定向图制图规范 XISOM 2000》，定向地图上的语言符号分为地貌、岩石与石块、水系与淤泥地、植被、人工地物、技术符号和线路符号 7 个类别。

在定向地图的一侧，还可看到一个以符号表的形式（有时也附有文字）出现的《检查点说明》。它是根据国际定联颁发的一套"明确的指示检查点特征物、检查点点标与该特征物之间的相对位置关系"的符号和文字说明系统《检查点说明》设计的，用以说明检查点点标在地貌、地物的具体位置。根据这一说明系统，结合地图，可以帮助你迅速找到检查点。

二、指北针

指北针是定向运动中运动员可以使用的合法辅助工具之一。定向运动员使用的指北针一般都是以装有磁针的透明有机玻璃盒为主体，根据选手使用方式上的差异分为基板式和拇指式。部分指北针在有机玻璃盒内装有起稳定作用的特殊液体，增加磁针

的稳定性，特别适宜在奔跑中使用。

（一）指北针的类型

1. 基板式指北针

基板式指北针主要由透明的基板、托架在基板上的充满液体的磁针盒及分度盘组成。在基板上刻有前进方向箭头，指示目标检查点的方位，磁针盒底部刻有磁北标定线，用此标定地图和确定前进方向。

基板式指北针的持握方法是，读图时水平持握指北针于身体前面正中的位置，高与腰或胸齐，前进方向箭头与身体正中线平行指向身体正前方。

2. 拇指式指北针

由于拇指式指北针在使用时，一般将它套在左右拇指上，因此而得名。国际著名的指北针生产厂家，瑞典的 Silva 公司还专门为左撇子选手设计了左手习惯的拇指式指北针。

拇指指北针的持握方法是，读图时用拇指将指北针前端右侧顶角压在自己在地图上目前的位置后面，水平持地图于身体前面正中的位置高于腰或胸齐，前进方向箭头与身体正中线平行指向身体正前方。

（二）指北针的使用方法

在定向运动中，在陌生的野外环境下，需要指北针和地图配合使用，正确指示出一个标定点到另一个标定点前进的正确方向。

1. 用指北针标定地图

标定地图包括在原地标定地图和在行进中标定地图。在原地标定时，转动身体直至指北针磁针与地图磁北线平行且磁针红端（北端）与磁北方向一致时，地图即被标定。

在行进中标定地图时，在沿着选定路线行进过程中，随着前进方向的改变，同时向身体转动方向相反的方向转动地图，当指北针磁针与地图磁北线平行且磁针红端（北端）与磁北方向一致时，地图即被标定。

2. 用指北针确定前进方向

第一，指北针与地图水平放置，使直尺边垂直于站立点至目标点的连线，前进方向箭头朝向目标方向。

第二，水平转动指北针与地图，身体也随之转动，直至指北针上的红端（北端）与地图上表示南北方向的指北线都和北方平行。

第三，这时指北针上的方向箭头所指方向就是行进的正确方向。

3. 测定自己的位置

在初学练习和比赛中，初学者容易忽略自己的位置。遇到这种情况时，应保持冷静，可利用地理环境及指北针找出自己在地图上的位置，再定出前往目标的路线。

三、使用指北针的注意事项

（1）指北针不要与马口铁和磁性物质太近

（2）尽量保持指北针水平放置

（3）不要将磁针的 S 与 N 端混淆，以免造成误判

（4）使用前要检查磁针是否灵敏

其方法是，用一含铁的物体，如小刀，多次扰动磁针，若磁针每次都能摆动并迅速停止于同一处，则表明磁针灵敏；反之则说明磁针不灵敏，该指北针已不能使用。

（5）存放指北针的时候要注意存放的位置

不要放在充满电磁效应的地方，例如音箱喇叭的上面，因喇叭上方的电磁场很强。此外，在阳光下曝晒会减弱磁针的磁性，对指北针也是不利的。

四、使用指北针时的常见错误

第一，将指北针上的"N"对准了地图南北线的南方而不是北方。这样就会朝着与目标相反的方向跑。

第二，当决定了自己的方向之后，看指北针的频率不够高。于是，在沿着指北针所定的方向进行时，就可能朝着偏离目标方向的左边或右边跑。

第三节　定向运动术语

一、基本术语

1. 背向方位（Back bearing）

背向方位是指从一个明显的特征指向站立点的方位。

2. 行进方位（Bearing）

行进方位是借助指北针和地图确定的行进方向或方位。

3. 方位（Bearing）

方位指空间地理位置，包括方向和位置或指方向。

4. 方位作用（Bearing effect）

方位作用指提供参照，帮助定向者确定方位的作用。

5. 基本方位（Cardinal points）

基本方位是指指北针的东、南、西、北 4 个主要方位。

6. "捕捉"性特征（Catching feature, backstop）

"捕捉"性特征是一个超过检查点的明显特征，通常与前往检查点的路线延长线

相交，它能"捕捉"定向者的注意力，并提醒定向者：已经跑过了检查点。有时，"捕捉"性地物被用作攻击点，定向者有意跑过检查点，到达捕捉性特征，从检查点后面向检查点行进。

7. 核查特征（Checkpoint，Check off point）

核查特征指在定向运动中你必须记住的一些在地图上和实地中均存在的明显特征，可以分成三类。一类是在从某个检查点出发之前应该记住的特征，用来帮助定向参与者确定自己是否正行进在选定的路线上的特征。一类也是出发前应该记住的特征，用来帮助判断距离或沿扶手特征前进时，用来帮助变换扶手的特征。还有一类是通过它时应该记住并在大脑中形成这个特征的位置和距离的记录；当迷失后要迅速返回到正确的路线上时，大脑中的这些记录可提供巨大的帮助。

8. 标准距离赛（Classic distance races）

标准距离赛是一种按顺序到达检查点的徒步定向比赛类型。在 2004 版国际定向联合会徒步定向竞赛规则中被更名为长距离赛。

9. 导航特征（Collecting feature，Collecting features）

导航特征指在定向运动中对导航和确定方位具有重要意义的明显、易辨识的特征，如安全特征、"捕捉"性特征、攻击点等。

10. 色级体系（Colour coded，Colour coded system，Colour—coded courses）

色级体系是一种用颜色来表示定向比赛路线难度的体系，每一种颜色对应一个包括一定定向技能和体能要求在内的难度标准。色级体系由白色开始，难度按黄、橙、红、绿、蓝、棕和黑色的顺序依次递增。色级体系的主要目的是提供不同程度的赛事，以满足不同水平的定向爱好者和运动员的需要。

11. 必经路线（Compulsory route）

必经路线指在地图上用紫红色虚线表示出来并在检查点说明表中注明的，参赛者在比赛中必须通过的路段或路段的一部分。必经路线多位于最后一个检查点与终点之间，也可以位于两个检查点之间，在实地用栏杆、栏绳、彩带或彩旗等标示物标志出来，也可以不用标示物。

12. 连线（Connection line）

连线指比赛路线上位于起点和第一个检查点之间、相邻两个检查点之间及最后一个检查点与终点之间将相邻两个点连接起来的紫红色实线。

13. 检查点（Control，control point）

检查点指参赛者比赛时应该到访的点，在地图上用检查点圆圈标出，在实地用点标旗标出。检查点在实地中的精确位置由地图上位于检查点圆圈圆心处的特征来定义，点标旗在实地总是位于该特征上或该特征旁。

14. 检查卡（Control card）

检查卡指参赛者比赛时携带的用来记录自己到访检查点情况的卡片。电子化检查卡又称指卡。

15. 检查点圆圈（Control circle）

检查点圆圈指标绘在地图上用来指明检查点位置的单圆圈。检查点的精确位置位于检查点圆圈圆心处的特征上。

16. 检查点代码（Control code）

检查点代码指标记在点标旗和检查点说明表上，供参赛者核实所发现的检查点是否是自己应寻找的检查点的一个 2 位或 3 位数字，或者由两个字母组成的符号。在积分定向赛中，检查点代码通常用来代替检查点序号标记在检查点圆圈旁，并包含了每个点的积分信息。

17. 检查点说明（Control description）

检查点说明指用 IOF 制定的通用格式和符号构成的对检查点代码和位置的简短的精确说明。在为儿童和初学者设计的比赛中，也可用其他象形符号和文字来代替 IOF 检查点说明符号。

18. 检查点特征（Control feature）

检查点特征指在地图上位于检查点圆圈圆心处用来定义检查点在实地中的位置的特征。

19. 检查点顺畅性（Control flow）

检查点顺畅性指参赛者进入检查点、打卡和按预先确定的方向离开检查点的过程的连贯性和自动化水平。

20. 检查点标志（Control marker，Control flag）

检查点标志是一个由三个正方形围成的用来在实地中标识出检查点的三棱柱形灯笼样标志。每个正方形大小为 30 厘米 ×30 厘米，并沿对角线分为白色和橙色两部分。检查点标志又称点标旗。

21. 检查点序号（Control number）

检查点序号指赋予检查点的紫红色序列号，字头指向北方，标绘在检查点圆圈旁和检查点说明表第一栏上。在按顺序到访检查点的比赛中，检查点序号用来规定检查点到访顺序。在积分定向赛中，检查点序号仅是一个序列号，通常不标示在地图上，而只标记在检查点说明表上。

22. 比赛路线（Course）

比赛路线指标绘在地图上由起点、检查点和终点组成的，定向运动参赛者需要按顺序到访的一系列点。

23. 检查点说明表（Description sheet，Description list）

检查点说明表指用 IOF 制定的通用格式和符号构成的，按检查点序号排列的一条定向比赛路线的简短的精确说明，包括赛事名称、组别、比赛路线代码、直线距离和爬高量、起点、各检查点、必经路线、终点等信息的说明。检查点说明表中，检查点序号是否决定检查点到访的顺序，取决于比赛类型。

24. 赛事（Event，Meet）

赛事指一次有组织的定向竞赛活动，也可指包括竞赛组织等在内的一次定向比赛涉及的所有方面的事宜。

25. 特征（Feature）

特征指地图上和实地中可以作为识别、定位和导航标志的地貌，地物或他们的局部特点。

26. 徒步定向（Foot，orienteering）

徒步定向是一项参赛者借助地图和指北针，在尽可能短的时间内徒步到达若干个被同时标记在地图上和地面上的检查点的运动。

27. 路段（Leg）

路段指两个检查点间的一段比赛路线。由起点到第一个检查点的比赛路线称第一个路段，其他路段依此类推。

28. 赛段（Leg）

赛段指接力定向赛中整个比赛路线被分为数段，每一名队员分别完成的一段比赛路线。

29. 线状特征（Linear feature）

线状特征指栅栏、溪流、小路等狭窄的并延伸一定距离的天然或人造特征，在地图上它们呈线状，在实地可顺着行进。

30. 专线定向（Line event，Line orienteering）

专线定向是一种定向运动类型，其主要用于定向运动教学和训练。专线定向有两种模式，一种是参赛者沿着在地图上规定好的路线在实地行进；另一种是预先在规定路线对应的实地路线或其附近设置若干个检查点，但不在地图上标绘出来，参赛者沿着规定的路线前进，并将沿途发现的检查点位置在地图上精确地标绘出来。

31. 站立点（Location，Position）

站立点指参赛者某一时刻在地图上的精确位置。

32. 长距离定向赛（Long distance orienteering race）

长距离定向赛是一种定向比赛类型，简称为长距离赛。长距离赛难度中等，对技术和体能有较高的要求，主要检验运动员在长时间的技术和体能要求下的读图能力、路线选择能力及距离判断能力等。长距离赛整个赛程都体现了路线选择和概略定向的重要性。长距离赛一般在野外（通常在森林中）举行，比赛地形可提供良好的路线选择可能性。男子和女子长距离赛的比赛胜出时间分别为90～100分钟和70～80分钟。长距离赛曾被称为标准距离赛。

33. 标记路线（Marked route，Taped Route）

标记路线是带有标示物的必经路线，通常称为必经路线。

34. 微型定向（Micro—orienteering，Mini—orienteering）

微型定向是一种新型定向运动类型，由于世界上首场微型定向比赛的场地约为100 米 ×50 米，因此又被称为百米定向。微型定向的竞赛规则还在探讨中，按照目前的设想，微型定向比赛将强调观赏性，技术要求较简单，难度小，整个比赛路线或比赛路线的主要部分设置在一块较小的利于现场和电视观众观赏的较开阔地形内，并将安排许多起干扰作用的假检查点。这样将给参赛者带来额外的压力。因此微型定向主要检验运动员在压力条件下读图和读检查点说明表的能力，并做出正确判断的能力，以及不断地改变跑动速度和方向的能力。

35. 中距离定向赛（Middle distance orienteering race）

中距离定向赛是一种定向比赛类型，简称为中距离赛。中距离赛难度大、技术要求高，主要检验运动员持续集中注意力读图的能力，不间断地改变跑动速度和方向的能力，以及穿越不同地形和植被的能力，整个赛程中都体现了精确定向和路线选择的重要性，甚至一个很小的错误都可能对比赛结果产生决定性的影响。中距离赛一般在野外（通常在森林中）举行且比赛地形复杂。男子和女子中距离赛的比赛胜出时间为30 ～ 35 分钟。

36. 夜间定向（Night—orienteering）

夜间定向是一种在夜间进行的徒步定向运动类型。夜间定向对读图能力、迅速建立和保持图地关联的能力，以及指北针精确导航能力和追循着各种小路前进的能力要求较高。相对于白昼进行的徒步定向，夜间定向比赛的环境通常较安全，地形较平坦，道路网多，密林较少。比赛地图为大比例尺地图，点标旗有被动光源（在学校等灯光较多的环境中可以不用被动光源）。

37. 定向运动（Orienteering）

定向运动是一种参赛者借助地图和指北针，在尽可能短的时间内到达若干个被分别标记在地图上和地面上检查点的运动。根据运动方式，定向运动可分为徒步定向、滑雪定向、山地自行车定向和轮椅定向等类型。通常提到的定向运动一般指徒步定向。

38. 定向地图（Orienteering map）

定向地图是一种彩色专用地图，它强调反映对确定方位和导航有重要意义的特征，以及实地的通行性、易跑性和通视度，强调地图的易读性。比赛用定向地图的比例尺根据比赛类型不同而有所不同，一般在 1：4 000 至 1；15 000 之间。

39. 定向体系（Orienteering system）

定向体系是运用系统方法为定向运动员准备和参加比赛所制定的程序，如检查点"捕获"、再定位、出发、集中注意力和比赛计划等。

40. 永久比赛路线（Permanent course）

永久比赛路线是一种通常用于娱乐、教学和训练的定向比赛路线。这种比赛路线中，永久性的检查点标记被设置在森林或公园中，并被套印在地图上。

41. 定向接力赛（Relay orienteering race）

定向接力赛是一种团体定向比赛类型，简称为接力赛。参赛者按竞赛规程组队（通常 3 人以上）参赛，整个比赛路线按竞赛规程被预先分为数段，每一名队员按预先安排好的顺序分别完成各自的一段比赛路线，整个队的成绩是每一名队员完成各个赛段的有效成绩之和。接力赛对技术和体能的要求类似于中距离赛。接力赛一般在野外（通常在林地中）进行，由于比赛时各队运动员同时出发，要求比赛地形应尽量减少运动员互相看见的机会（比如在浓密的树林、多山地带、山凹等），因此平坦、通视度高的地形不适合接力赛。IOF 赛事中，接力赛由 3 人完成，总比赛胜出时间为女子在 120 分钟左右，男子在 135 分钟左右，各段比赛路线的完成时间可以不同，但必须介于 30 ~ 60 分钟之内。

42. 行进路线（Route）

行进路线指参赛者完成每一路段时的实际运动轨迹。

43. 安全方位（Safety bearing，Safety direction）

安全方位指借助指北针确定的，能引导迷路者到达道路或其他较大的易辨识特征位置的方位。安全方位也指在定向活动前，并由组织者提供的以确保能导引参与者安全返回的方位。

44. 积分定向（Score Event，Score orienteering）

积分定向是一种定向运动类型。积分定向包括一个起点、一个终点和若干个检查点，但检查点没有规定到访顺序，而是根据地形的难易、距离的远近、与其他检查点间的位置关系被赋予不同的分值。参赛者必须自己设计出最优的路线组合，在规定的时间内取得尽可能高的积分。如果超时将按一定的规则扣除积分。

45. 短距离定向比赛（Sprint orienteering race）

短距离定向赛是一种定向比赛类型，简称短距离赛。短距离赛技术要求较简单，难度小，主要检验运动员在复杂环境中的读图和识图能力，以及在高速奔跑条件下分析、选择路线的能力，整个赛程都体现了速度因素的重要性。短距离赛通常在容易跑的公园、街区或野外进行，且允许观众在比赛场地内观赏比赛。男子和女子短距离赛的比赛胜出时间为 12 ~ 15 分钟。

46. 星形定向（Star Event，Star orienteering）

星形定向是一种定向运动类型。星形定向中，参赛者到达一个检查点后必须回到位于每个检查点之间的起点。星形定向可使组织者与学习者之间保持密切的联系，主要用于接力赛和初学者的教学和训练。

47. 进阶体系（Step system）

进阶体系是一种带有激励机制的定向技能教学和训练体系。进阶体系从最初级的了解地图开始到最高水平的精确定向，按学习目标将定向技能分为 5～7 级，一步一步地指导学习者掌握不同水平的定向技能。

48. 直线路线（Straight—line route）

直线路线指两个检查点之间可选取的最短的路线。

49. 扶手定向（Stringcourse，String course orienteering）

扶手定向是一种为儿童设计的定向运动类型。扶手定向比赛路线距离短，并沿着比赛路线的两侧全程用绳子、带子或彩旗标记起来，这样一条路线既可以引导儿童寻找检查点、了解森林，又可以防止儿童在林中迷失。

50. 检查卡副卡（Stub）

检查卡副卡是卡片式检查卡的组成部分之一。检查卡包括主卡和副卡两部分。运动员到达待发区后，从检查卡上将副卡撕下交给裁判员留底。副卡主要用于核查运动员出发和返回的情况，有时也来用公布比赛成绩。

51. 爬高量（Total climb）

爬高量指一条比赛路线各个路段直线路线的爬高量之和。

52.25 人定向接力赛（25 manna）

25 人定向接力赛是一种特殊类型的定向接力赛。每个接力队由来自不同性别和年龄组的 25 名队员组成。25 人定向接力赛的前两个赛段的比赛与普通接力赛没有区别，但从第二名队员回来开始，每名队员同时与 4 名队友进行交接。前 22 名出发的队员中，最后回来的一个队员与第二十三名队友交接，并由此又回到普通定向接力的形式，直到完成整个比赛。

二、地图术语

1. 高差（Altitude difference，Height difference）

高差指起算面相同的两个特征间的高程之差。

2. 高程（Altitude）

高程指一个特征由给定的基准面起算的垂直高度。高程包括绝对高程（absolute altitude）和相对高程（relative altitude）。绝对高程又称真高或海拔，指由国家规定的高程基准面（中国为 1985 年国家高程基准）起算的高程。相对高程又可称假定高程，指由假定的水平面起算的高程。

3. 鞍部（Col，saddle）

鞍部指两座山或山丘之间形如马鞍状的低矮部位。

4. 等高线（Contour，Contour line）

等高线是地面上高程相等的点的连线，投射在平面上（地图上）形成的闭合曲线。

5. 首曲线 (Contour, Contour line)

首曲线指地图上按注明等高距测绘的等高线，为闭合曲线。首曲线又称基本等高线。

6. 等高线特征 (Contour features)

等高线特征指由等高线和其他棕色地貌符号描绘的明显的小地貌特征，如小山顶、丘、洼地、山凸和山凹等。

7. 等高距 (Contour interval)

等高距是地图上相邻基本等高线的高程差。

8. 等高线地图 (Contour—only map)

等高线地图指只有由等高线描述的地貌变化的地图，多用于训练。等高线地图又称地貌图。

9. 洼地 (Depression)

洼地指地表面凹下的部分，无明显陡边，通常无水。洼地又称"凹地"。

10. 难跑灌木林 (Difficult undergrowth to run)

难跑灌木林指通视度较高的下层丛林（荆棘、低矮灌木丛和砍伐下来的树枝等）密集区，在其中能以 20% ～ 60% 正常速度行进。

11. 独立树 (Distinctive tree)

独立树指开阔地或林地中与众不同的、有良好方位作用的单棵树。独立树又称突出树。

12. 易跑林 (Easy running forest)

易跑林指树木稀疏、通视度高，在其中能以 80% ～ 100% 正常跑速奔跑的林地，在定向运动地图上用白色表示。

13. 间曲线 (Form—line)

间曲线指地图上按二分之一等高距测绘的等高线，用以描述局部地域首曲线不能显示的更多的地貌细节。除描绘丘和洼地时各自闭合外，间曲线通常为非闭合长虚线。间曲线又称半距等高线。

14. 冲沟 (Gully)

冲沟指地面受雨水急流冲蚀而形成的大小沟壑，通常没有水。

15. 不能通行植被 (Impassable vegetation)

不能通行植被指由于过于浓密以至无法通行的植被（树林或下层丛林）密集区。或指可能给定向者带来危险的植被密集区。

16. 计曲线 (Index contour)

计曲线指从零米起算，每隔四条首曲线加粗一条的等高线。计曲线又称加粗等高线。

17. 图例（Key，legend）

图例是地图内所用符号和表示方法的释义和说明。

18. 地貌（Land forms）

地貌是地球表面高低起伏的形态特征。

19. 地图（Map）

地图是根据一定的数学法则，运用符号系统，概括地将地球上各种自然和社会经济现象缩小表示在平面上的图形。

20. 地图比例尺（Map scale）

地图比例尺是地图上两点间距离与实地中对应的两点间的水平距离之比。

21. 地图符号（Map symbols）

地图符号指将实际地貌、地物反映在地图上所制定的简明易懂的符号和有关规定。

22. 标准图（Master maps）

标准图指放在起点附近，标绘有比赛路线，供参赛者作为母版在自己的地图上复制比赛路线的地图。参赛者通常在出发后才开始利用标准图复制比赛路线，因此这个过程所用的时间通常被计算在比赛成绩内。

23. 山背（Mountain—back）

山背是从山顶到山脚的凸棱部分。在地图上，山背用一组以山顶为准向外凸出的等高线表示。

24. 坑穴（Pit）

坑穴指地表面突然凹下的部分，有明显的陡边，通常无水。在定向地图中，人造小洼地也用坑穴符号来表示。

25. 地物图（Planimetric map）

地物图指没有等高线．只反映地物特征的地图。地物图又称为平面图。

26. 点状特征（Point feature）

点状特征指石头、坑穴和小丘等狭小的天然或人造特征，并在地图上用点状符号表示。

27. 山凹（Reentrant，re-entrant）

山凹指山谷，或指地面上一块倾斜的凹陷区域。在地图上通常用一条或数条凹入的等高线就可将山凹反映出来。

28. 比高（Relative height）

比高是相对高程的一种特殊形式，多指由特征所在地面起算的高度或高程，如石头的比高，坑穴的比高。

29. 山垄（Rib）

山垄是狭长的山凸。

30. 山脊（ridge）

山脊指是若干个山顶与鞍部连接而成的凸棱部分。

31. 易跑性（Runnability）

易跑性指实地地形通行的难易程度。在定向地图中通过颜色和符号的变化来描述实地的易跑性。

32. 示坡线（Slope line，Tags）

示坡线指地图上与等高线垂直相交，常用于指示斜坡降落方向的棕色短线。示坡线与等高线相交的一端指向斜坡上坡方向，另一端指向斜坡降落方向。

33. 慢跑林（Slow running forest）

慢跑林指由树木和灌木丛构成的林地，通视度中度，在其中能以60%～80%正常跑速行进，在定向运动地图上用浅绿色表示。

34. 山嘴（Spur）

山嘴指山脚突出的尖端。

35. 山凸（Spur）

山凸指地面上的"鼻状"突起部分。山凸又称小山脊。

36. 地物（surface features）

地物是地表面上自然形成和人工建造的固定性物体。

37. 台地（Terrace）

台地是山坡上平的或接近于平的部位。台地又称阶地。

38. 地形（Terrain）

地形是地球表面的形态特征，包括地物特征和地貌特征。

39. 慢跑灌木林（Undergrowth slow running）

慢跑灌木林指通视度高的下层丛林（荆棘、低矮灌木丛和砍伐下来的树枝等），在其中能以60%～80%正常速度行进。

40. 山谷（valley）

山谷是两个山背之间的低凹部分。在地图上山谷用一组以顶、鞍部或高处为准向内凹的等高线表示。

41. 植被（Vegetation）

定向地图中的植被指地表覆盖层的情况。其综合反映了地表的可跑性可通行性及通视度情况。

42. 地类界（Vegetation boundary，Vegetation change）

地类界指地表面易跑性和通视度相似的两类明显不同的植被间的分界线，在定向地图上用点线表示。

43. 难通行植被（Very difficult vegetation to run, Thicket, Fight）

难通行植被是由密集的树林和灌木林构成，通视度低，在其中只能以 1% ～ 20% 正常跑速行进，或指通视度较高的下层丛林密集区，在其中能以 1% ～ 20% 正常速度行进。难通行植被在地图上用深绿色表示（注：在 ISOM2000 中，将植被的易跑性分为 4 级，难通行植是跑速最低的一级，跑速为正常跑速的 1% ～ 20%；而在 ISSOM 中，将植被的易跑性分为 5 级，难通行植被是第 4 级，跑速为正常跑速的 1% ～ 20%，其下还有第 5 级，不能通行植被，跑速为正常跑速的 0）。难通行植被也指林地中一小片由于树木或下层丛林过分浓密，难以通行的区域（国际检查点说明规范）。

44. 通视度（visibility）

通视度指特征对视线的妨碍程度。

45. 难跑林（Walk, Difficult forest, to run）

难跑林指由树木和灌木林构成的林地，通视度低，在其中能以 20% ～ 60% 正常跑速行进，在定向地图上用中绿色表示。

三、定向地图制图术语

1. 制图综合（Cartographic generalization）

制图综合指在地图制图过程中，为确保定向参与者能清晰地阅读地图上的图形，同时又保证这些图形能反映出对导航有意义的地形特征，根据地图的用途和比例尺，对地图内容按照一定的规律和法则进行选取和概括，用以反映制图对象的基本特征和典型特点及其内在联系的过程。制图综合又称地图概括。

2. 制图选取（Cartographic selection, Selective generalization）

制图选取是制图综合方法之一，简称为选取或取舍，它指根据地图的用途和比例尺，选择并保留那些对制图目的有用的信息，舍弃掉不需要的信息的过程。

3. 制图概括（Cartographic simplification, Graphic generalization）

制图概括是制图综合方法之一，简称为概括或简化，其指根据地图的用途和比例尺，对制图对象的形状、数量和质量特征运用删除、合并、分割等方法进行化简的过程。如去掉制图对象的复杂轮廓形状中的某些细碎部分，保留或夸大重要的特征，代之以总的形态轮廓。

4. 三角测量（Triangulation）

三角测量是一种测量技术，将某一地区分成许多三角形，这些三角形以一条已知长度的线为底，由此可通过使用平面直角三角形等计算工具精确地测量距离和方向。

四、定向技能术语

1. 偏向瞄准（Aiming off）

偏向瞄准是一种定向技术。为安全地到达线状特征上或线状特征近旁的检查点或

29

特征，有意地瞄准目标的一侧行进，这样，到达线状特征后，就能确定向某一方位前进方能到达目标，从而避免到达线状特征时迷失行进的方向。

2. 攻击点（Attack point）

攻击点是检查点附近，通常在检查点四周约 100～150 米范围内的一个明显的、运用概略定向即可到达的特征。到达这一点后，应该开始运用精确定向技术向检查点前进。选择路线时，通常先选择一个攻击点，然后再由攻击点出发"捕捉"检查点。

3. 概略定向（Coarse orienteering, Rough orienteering）

概略定向是一种利用大而明显的特征导航，快速前进的定向技术。通常在一个路段的前一段路程中应用这一技术。

4. 记忆特征行进（Collecting features）

记忆特征行进是一种定向技术，指运用地图简化等技术，找出记住选定的通往攻击点的路线上或其附近的一系列导航特征。然后，不用地图，借助这些导航特征引导向攻击点行进的技术。

5. 图地关联（Contact, Contact map）

图地关联，指导航时借助或不借助指北针的帮助，保持实地与地图或地图与实地间的关联，从而明确自己在地图和实地中的位置。

6. 沿等高线行进（Contouring）

沿等高线行进指将等高线作为线状特征，沿着一条等高线，保持在同一高度上沿着坡地行进。它即是一种定向技术．也是一种节约体能的技巧。

7. 检查点扩展（Control extension）

检查点扩展是一种读图技术。通过以检查点特征为中心扩展检查点特征所在的区域，将该区域内其他的特征也作为检查点特征，形成一个更大的易辨识的目标。

8. 检查点"捕捉"（Control Taking）

检查点"捕捉"指比赛中寻找、到达和离开检查点的战术，是合理地安排和应用包括攻击点、检查点说明表、精确定向、下一路段地图预览、打卡、检查点代码核实，以及顺畅地离开检查点等技术、工具或方法的程序。

9. 后方交会（Cross bearings, Resection）

后方交会是确定站立点在地图上的精确位置的技术。实地中取两个可以在地图上确定的，背向方位夹角近似直角（60～120°）的明显特征，将两条背向方位线投射到标定好的地图上，它们的交点就是站立点。

10. 距离判断（Distance judgment）

距离判断指利用遇到的特征、步测技术、时间判断技术、比例尺和目测技术判断实际行进距离的一种定向技术。

11. 精确定向（Fine orienteering, Precision orienteering）

精确定向是一种在错综复杂的实地中，利用小的特征进行精确导航慢速前进的定向技术。精确定向要求通过精确读图，并借助指北针、距离判断等技术时刻保持图地关联。通常在短距离路段或一个路段的后一段路程中，特别是由攻击点向检查点行进时应用这一技术。

12. 折叠地图（Folding the map）

折叠地图指将地图折叠成适当大小，以方便运用拇指辅行技术，并使注意力集中在即将寻找的一两个检查点上的定向技术。通常沿磁北线方向或行进方向折叠地图。

13. 地一图对照（Ground to map navigation）

地一图对照指记住实地的特征，然后在地图上寻找并确认这一特征的导航技术。

14. 扶手（Handrail）

扶手指在选定的路线旁，与选定路线平行的可用来导引运动员沿选定路线行进的线状特征，如栅栏、电力线、山脊及明显的等高线间距变化等。

15. 地图记忆（Map memory）

地图记忆，指定向比赛时系统地记住地图上的信息，以减少定向运动中读图时间的方法。

16. 超前读图（Map read ahead）

超前读图是一种定向技术，指预先通过地图明确什么特征将出现在你的前面，提前做出计划。定向比赛中，如果在向某一方位奔跑时，偶然发现一个特征，你将不得不停下来判断这个特征是地图上的哪一个特征。通过超前读图，而不是"偶然发现"一个特征后再确定站立点，你将能随着地形的变化而"流动"，跑得更快、更顺畅。

17. 拇指辅行（Map reading by thumb, Thumbing, Thumbing the Map）

拇指辅行是一种读图方法和定向技术。运用折叠地图技术，将拇指放在地图上自己能够完全确定的站立点位置后面，当到达下一个在地图上和实地中都明显的特征时，移动拇指在地图上标记出新的站立点位置，保持图地关联。

18. 图一地对照（Map to ground navigation）

图一地对照指根据地图确定导航策略，然后在实地寻找并确认地图上描绘的特征的定向技术。

19. 表象（Mental Image）

表象又称意象，包括记忆表象和想象表象。前者指感知过的事物不在面前时头脑中出现该事物的形象；后者指人脑对已储存的表象进行加工改造形成新形象的心理过程。

20. 导航（Navigation）

导航指定向者从一个地方到达另一个地方的方法和技术，或指导引定向者沿着某条路线向某一目标行进。

标定地图（Orient, Orienting the map, Setting the map, Aligning the map, Orientating a map）

标定地图是一种基本的定向技能。指转动地图使地图的方位与实地一致。标定地图既可通过比较地图上特征的方位及特征间的位置关系与实地对应特征的方位及特征间的位置关系，并通过转动地图使它们的方位一致来进行；也可以借助指北针，通过转动地图使地图的磁北方向线与指北针的磁针平行，方位相同来进行。

21. 步测（Pace counting, Pacing）

步测是通过计算复步数来估计两点间水平距离的技术。

22. 步测尺（Pace scale）

步测尺是粘贴在指北针直尺边缘用于将地图上的直线距离换算成在实地中实际行进的复步数的刻度尺。

23. 平行错误（Paralled error）

平行错误指由于误用与正确的特征相似且平行的特征确定站立点而导致站立点定位错误，或指误用与正确的特征相似且平行的特征确定行进方位而导致的行进方位错误。

24. 指北针精确导航（Precision compass）

指北针精确导航，多指借助指北针精确地与行进方位保持一致行进。这一方法多用于由攻击点向检查点行进时。

25. 精确读图（Precision map reading）

精确读图，是借助拇指辅行技术核对地图上所有特征与实地中的一致性的读图方法。这一方法主要用于由攻击点向检查点行进时。

26. 沿连线行进（Redlining）

沿连线行进是一种定向技术，指为了减少奔跑的距离和时间，在通视度高，较平缓、开阔的地形中，通过指北针直线行进、超前读图等技术，并小心预防平行错误，在实地中沿着地图上的紫红色连接线行进。

27. 重新定位（Relocation）

重新定位，指在迷失站立点后通过标定地图、路线回忆、安全方位和重新定位特征重新确定站立点的技术。

28. 重新定位特征（Relocating feature）

重新定位特征，指一些不容易出错的特征，如大的湖、山顶、路的交会和溪流的交会等，迷路后可利用它们来重新确定站立点。

29. 指北针概略导航（Rough compass）

指北针概略导航，指用指北针确定行进方位，但实际行进时并不强调精确地与行进方位保持一致的定向技术。

30. 概略读图（Rough map reading）

概略读图，是一种在快速行进中忽略细小的特征仅核对地图上大的特征与实地中特征的一致性的读图技术。

31. 概略定向（Rough orienteering）

概略定向，是一种利用大而明显的特征导航快速前进的定向技术。通常指在一个路段的前一段路程中应用这一技术。

32. 路线选择（Route choice）

路线选择，指在两个检查点间选择最优路线的策略。

33. 拇指原则（Rules of thumb）

拇指原则，是读图的基本原则，指读图时要综合运用标定地图、折叠地图、确定站立点和拇指辅助读图等4种相辅相成的基本读图技术。

34. 磁针辅行（Running by needle）

磁针辅行，指行进时不先仔细确定行进方位，而是对目标方位与磁针位置间的关系进行概略比较，通过保持磁针位置基本稳定而向目标行进的定向技术。

35. 简化地图（Simplification）

简化地图，指忽略地图上小的或次要的特征，仅择选出大的或对导航和"捕捉"检查点有实际意义的特征的读图技术。

36. "红绿灯"定向（Traffic light orienteering）

红绿灯定向，指根据路线的复杂程度和导航的难易而改变奔跑速度，以合理地调整体能和智能支出的平衡，由此取得好的比赛成绩的定向技术和战术。例如，当沿着线状特征前进时，不必考虑路线选择，你可以尽可能地快跑——绿灯；当沿途必须不断利用各种导航特征前进，或到达不明显的小路交汇处，必须考虑路线选择时，你应该降低跑的速度——黄灯；当由攻击点到检查点，特别是检查点圆圈范围以内地形复杂时，你必须进一步降低速度，仔细地运用精确定向技术一红灯。

38. 视觉化（visualization）

视觉化，是一种运用各种感官知觉（尤其是视觉）在大脑中对某种经历或将要发生的动作行为形成一种视觉表象，围绕该表象进行一系列加工操作的心理训练方法。视觉化又称为可视化。

五、其他术语

1. 锐角效应（Acute angle effect）

锐角效应，指由于检查点位置设置不当，运动员从检查点离开时为正在寻找该检查点的其他运动员起了导引作用。锐角效应又称尾随效应。

2. 尾随路段（Dog leg）

尾随路段，指由于比赛路线设计不合理而产生锐角效应的路段。尾随路段又称锐角路段。

3. 跟跑（Following）

跟跑，指尾随另一名参赛者前进，完全或部分地利用他人的技能而取得好成绩。这是一种不合法的参赛手段。

第二章 定向运动的器材与场地

第一节 定向运动的器材

定向运动的器材主要包括竞赛地图、检查卡片、检查点标志、点签、指北针和号码布等六种，具体如下：

（一）竞赛地图

定向运动地图是开展定向运动最基本、最重要的器材之一，也是运动员在参加定向比赛中确定方向和寻找检查点的基本依据。它的质量好坏直接影响到运动员比赛的成绩，关系到比赛的结果是否公正。定向运动地图可根据比赛规模的大小进行适当增减。根据国际定向联合会公布的《国际定向运动地图制图规范》，对地图的基本要求如下：

1. 幅面大小

幅面大小根据比赛区域的大小确定，赛区以外的情况可以不表示。

2. 比例尺

地图比例尺一般为1：10000或1：15000；也可根据比赛实际需要更大比例尺，如1：7500或1：5000等。

3. 等高距

等高距一般为5m或2.5m。根据需要也可适当增大或缩小，但在一幅图上不得使用两种等高距。

4. 精度

绘制完成的专业定向竞赛地图，使运动员在跑动中无明显的误差感。如果现有地形变化较大，足以影响竞赛，在地图上加印新的内容或赛前说明。

5. 磁北线

磁北线一般每隔 500m 标志一条。根据地幅大小，也可适当增加和减少。

6. 内容表示的重点

竞赛地图的绘制应以国际定联颁布的《国际定向运动地图制图规范》为依据，将地物、地貌详细标示在地图上。

（二）检查卡片

检查卡片是运动员通过检查点的记录载体，是运动员完成竞赛的成绩证明，主要用于判定运动员的成绩。检查的卡片是用厚纸片制成，分成主卡和副卡两部分。主卡由运动员在比赛中携带，并按顺序将每个检查点点签图案印在空格中，到达终点时交给裁判人员。副卡是在出发前交工作人员留底和公布成绩时使.用。检查卡的尺寸为 10 ×21cm。运动员通过检查点时在卡片的空格内打上清楚的标记。若标记打错位置，可在备用格中打上正确标记，但到终点交还须向终点裁判说明。

随着科学技术在比赛中的应用，当前一些比赛采用了电子打卡系统。在电子打卡时，系统检查卡又称指卡。运动员使用指卡时必须是按顺序触及放置在检查点上的点标打卡器；当指卡插入点标打卡器中，成绩就会自动登录。

（三）检查点标志

检查点标志简称点标。它主要用于运动员寻找和辨别检查点的主要依据，是地图上标绘的检查点在实地的标志。国际定联对检查点标志的尺寸、颜色、设置方法等都做了比较详细的规定。检查点标志由三面标志旗连接成的三棱体，每面标志旗的尺寸为 30×30cm。

标志旗沿对角线分成白色和橙红色。夜间定向检查点同时应有光源。检查点标志应悬挂在图上标明的地点，一般距地面 80 ～ 120cm。实际位置应与检查点说明一致。字母和数字为黑色，笔画粗 5 ～ 10cm。检查点标志的设置应使运动员在寻找时具有一定的难度，但无须隐藏。每个检查点应有电子打卡计时系统，如基层竞赛没有电子打卡计时系统可用打印器。

（四）点签

点签是与检查点配合而起作用的。它提供运动员一个到达点标位置的凭证。点签的样式很多，常见的有钳式和印章式两种。前者是一种电木式塑料所组成的钳架，顶端装有钢针，钢针的不同排列使检查钳可以印出不同的印痕。后者是由组织者刻成不同的图案或不同图案的原子印章。目前多数使用电子打卡系统。电子打卡系统（电子打卡器）是一种先进的点签机，它由运动员手持指卡、检查点上的电子卡座、终点的电脑检查系统和打印机组成。

指卡具有统一的编号，能贮存打卡器与打卡器之间的到访时间，其是运动员获取竞赛成绩的唯一依据。运动员所持指卡在比赛出发前必须清除原有信息。

打卡器包括清除器、核查器、启动器、点标打卡器、终止器以及成绩打印读卡器。当打卡时，运动员得到信息反馈，证明到访时间并贮存，打卡器上必须有明显的符号标志，所有电子打卡器在运动员正确打卡时必须有明显的信息提示。终端管理系统可以输出各种所需成绩。电子打卡系统的特点有以下几方面：

1. 使用方便快捷

手持电子卡是个小巧的塑料小牌子，可以方便地系在手指上，使用时只要对准检查点卡座的正面方向一按就完成打点，不像常规打卡一样要用双手，还常担心打错位置。

2. 检卡快速准确

由于使用计算机检卡，还能将各点之间的使用情况和总耗时很快显示出来，无须终点专门计时员。

3. 能及时将结果打印出来

运动员一到终点便可得到自己各点耗时结果的打印纸条，便于运动员回顾总结各点情况。

4. 塑料和高科技的产物

电子打卡由于是塑料和高科技的产物，所以不用担心
雨水或露水时及丛林等环境导致卡片损坏。

（五）指北针

指北针供运动员指示方位和标定地图时使用。指北针的种类很多，其结构基本相同，只是外形稍有差异。定向运动所用指北针一般采用全透明的有机玻璃制成。定向运动指北针特点如下：

（1）使用方便、轻巧

（2）定向运动指北针配有直尺刻度、放大镜等，便于运动员测算距离，看清地图内容

（3）定向运动指北针指针的灵敏度和稳定性较好

（4）定向运动指北针配有携带绳或紧固带，能很方便地系在手上

（六）号码布

号码布主要方便于组织比赛。运动员的号码布同其他比赛一样，一般为字形端正的长方形布块，其大小为24×20cm，其阿拉伯数字高一般不大于12cm；比赛时，要求运动员胸前、背后各佩戴一块号码布。

定向运动教学、训练和比赛时还需要一些其他的工具如桌椅板凳和一些笔和纸等。但是，地图和指北针是运动员在执行任务中的语言和导向，这里有必要详细介绍一下定向运动的地图和指北针。

一、定向运动地图

定向运动地图是一个描绘地球表面事物和现象的分布状况的平面图形。它是按一定数学法则，也可用规定的符号系统，并采用制图综合原则，概括地将地球表面自然（如

山地，河流等）和社会经济现象（如建筑道路等）测绘在图纸上的图形。

（一）地图的基本特征

1. 地图的数学基础

地球是个球体，要在地图上将地球表面的事物和现象表示准确，必须按照一定的数学法则将地球表面的事物和现象转化为平面图形。因此，地图是按一定数学法则建立的图形。这些数学法则主要包括地图正射投影，地图比例尺和地图定向（地图坐标）三个方面。

地图正射投影是地球球面与地图平面之间点与点的函数关系，地图比例尺反映地图被缩小的程度，地图定向式确定地图图形的地理方向，没有确定的地理方向就无法确定地球表面上的事物和现象的方位。

2. 地图的符号系统

地图所表示的各种复杂的自然社会现象是通过地图特有的符号系统来实现的，这些符号包括点状、线状和面状的符号，颜色文字构成的地图语言。准确地运用地图语言可以表示出地球表面上的特征位置、范围、质量和数量特征。通过地图语言将地面上具有复杂特征的轮廓无论怎样缩小都具有清晰的图形，其是地面上小而重要的特征可以设置单独的符号来表示，可以不受限制地表示出地面上被覆盖物体。所以，阅读地图只需读懂图例，就可以直观的读出事物的名称、性质等特征。

3. 地图的制图综合

地图是以缩小的图形反映客观的世界。由于地图面积的关系，仅仅简单根据地图的数学法则是无法将制图对象主要的、实质的特征和分布规律表达出来的。为了保证地图能反映出其对象的基本特征和典型特点以及内在联系的过程，必须根据地图的用途和比例尺，对地图内容按照一定的规律和法则进行选取和概括，这个过程就是制图综合。

制图综合包括图纸选取和制图概括两个过程。制图选取简称选取和取舍，是根据地图的用途和比例尺，选择并保留那些对制图目的有用的信息，舍弃不需要的信息的过程。制图概括简称为概括和简化，是根据地图的用途和比例尺，对制图对象的形状、数量和质量特征，运用删除、合并、分割等方法进行简化的过程。因实施了制图综合，不论多大的制图区域，都可以按照制图的目的将读者感兴趣的内容一览无遗地呈现出来。因此，地图是经过了制图综合的图形。

（二）地图的分类

地图的分类可以按地图的比例尺、地图所表述的区域范围、地图功能、地图的内容、地图的用途、地图的形式、地图的图形等多方面进行分类。按照地图的内容来进行分类，可分为普通地图和专题地图两大类。

1. 普通地图

普通地图是以相对均衡的详细程度来表示制图区域内各种自然和社会经济现象的

一般概括，即同时表示地貌、水系、居民点、交通网、植被、境界线和各种独立目标等内容的地图，如交通地图、城市地图等。

普通地图包括平面图、地形图和地理图三种。其中与定向地图关系最密切的是国家基本地形图。国家基本地形图是按照国家统一编制的制图规范和图式测绘完成的地图。

目前我们测绘定向地图的底图大多都是用国家基本地形图，许多定向爱好者也常用它来进行训练。

2. 专题地图

专题地图是根据专业需要，突出反映一种或几种主题要素的地图，如军事地图、定向运动地图。专题地图以普通地图为地理基础，特点是只针对专题内容详尽表示，而对其他地理信息则简化或者选择相关的内容予以表示。定向运动地图一般都是以普通地图作为底图测绘制成的。

（三）地图的语言

地图的语言是一种图形语言，它是由各种符号、曲线、颜色所构成的符号系统组成的。地图语言同文字语言一样，也有写和读的功能。写，就是制图者把制图对象用一定的符号描述在地图上；读，就是读者通过对地图符号的识别来认识制图对象。地图语言同文字语言比较，最大的特点就是形象直观、一目了然。地图语言的表示手段主要有地图符号、地图颜色和地图文字。

1. 地图符号

地图符号分为点状符号、线状符号、面状符号三类。

第一，点状符号是用来表示实地具有重要的方位意义或其他意义的一些独立特征，如独立数目、独立房屋、雕像等。

第二，线状符号是用来表示实地的线状特征，如道路、沟渠等。

第三，面状符号是用来表示地面上面积较大的特征，如建筑物、湖泊等。

2. 地图颜色

地图通过颜色和符号组合可以表示各种各样的地图信息要素。定向运动地图通常用黄色表示开阔地，用蓝色表示水体，用绿色表示植被覆盖区，用棕色表示等高线，用黑色表示地物等。

3. 地图文字

地图文字包括地图上的数字、字母和必要的文字。地图文字主要应用地图上的各种名称标注（如河流、平原、沙漠、村庄等地理名称）和地图轮廓内外的说明文字（包括图例说明、图名、比例尺、等高距）相通。

（四）等高线表示地貌的原理及特征

地貌指地球表面高低起伏的各种自然状态，在地图上用于表示地貌高低起伏的方法主要有写景法、晕渲法、等高线法等；其中，等高线法是地图上用来表示地貌的基本方法，也是定向运动地图上用来表示地貌的唯一方法。

1. 等高线法表示地貌的原理

等高线法是以成组的等高线表示地貌的。成组的等高线的形成原理是假设用一组平行且等距的平面将地面上起伏的山体从低到高水平切开，这时在每一个截面上都会出现山体外廓与平面相截形成的一条闭合的截口曲线。因为每一条曲线相加的高度都相等，因此，将这条闭合的曲线称为等高曲线，简称等高线。再将这些等高线垂直投影到同一水平面上，之后按照比例尺将其绘制在图纸上，形成一圈套一圈的等高线，这样就构成了平面地形图。

2. 用等高线表示地貌特征

等高线就是相同海拔高度的点连接成的曲线，它具体有以下基本点：

（1）等高线显示地貌的高度

第一，在一条等高线上的各点高度相等，其所显示的是低的地势高度都相等。

第二，在同一幅地图中，成组等高线的闭合曲线圈内部的等高线比外侧的等高线所显示的实地更高。

第三，在同一幅地图中，有等高线的区域比无等高线的区域所显示的相应实地地势。

第四，在同一幅地图中，等高线的线条越多，实地山体高，反之亦然。

（2）等高线显示山体的高度

等高线的疏密排列可以显示山体的坡度。在同一幅图中，等高线越密，则山体的坡度越陡；等高线越稀疏，则山体的坡度越缓。

（3）等高线显示的地貌坡面

从山顶到山脚之间的倾斜面称为坡面。在地图上以不同间距排列的等凹线显示不同山体坡面。山体坡面按其外部形态可分为等齐坡面、凸形坡面、凹形坡面、波状坡面等。

第一，等齐坡面是指坡度基本一致的斜面，等齐坡面的等高线之间的间隔基本相等。

第二，凸形坡面是指坡度成上缓下陡得凸形斜面，凸形坡面的等高线间隔内疏外密。

第三，凹形坡面是指坡度成上陡下缓的凹形斜面，凹形坡面的等高线间隔内密外疏。

第四，波状坡面是指坡度成陡缓交错的波状斜面，波状坡面的等高线间隔疏密不均。

3. 等高距的特点

等高距是指相邻两等高线间的垂直距离。

第一，等高距表示相邻两等高线间的实际的垂直距离，单位为 m。

第二，等高距的大小取之决定表示地貌的详细程度。在同一地域中，等高距越大，则等高线条数越少，表示的地貌越简略；等高距小，则等高线条数多，其表示地貌则比较详细。

第三，等高距的大小要受到地图比例尺的制约。地图比例尺小，等高距的取值就大；地图比例尺大，则等高距的取值就小。

4. 等高线的种类及其作用

等高线可分为首曲线、计曲线、见曲线、助曲线，其作用如下。

（1）首曲线

首曲线是按照地图上注明的等高距绘制的细实线，也称为基本等高线；其作用是用以表示地貌形态的基本特征。

（2）计曲线

计曲线是地图上规定的高程起算面开始，每隔 4 条等高线将一条基本等高线加粗绘制而成的粗实线，也称加粗等高线；其作用是简化计算过程。

（3）见曲线

见曲线是在相邻两条基本等高线之间按 1/2 等高距绘制的细长虚线，称半距等高线；其作用是用以显示基本等高线之间重要的而不能显示的局部地貌形态特征。

（4）助曲线

助曲线是在相邻两个基本等高线之间按 1/4 等高距绘制的细短虚线，也称 1/4 距等高线；其作用是显示见曲线仍不能显示的更小的局部地貌形态特征。

5. 示坡线的特点及其作用

示坡线是一种与等高线垂直相交用来表示地势坡度方向的短线，它必须与等高线配合使用。短线与等高线相连的一段指向上坡方向，另一端指向下坡方向。若等高线所形成的闭线和小环圈外侧与示坡线相交，则表示凸出的山包或山头；若等高线所形成德尔闭合小环圈内测与示坡线相交，表示凹形的山头。单个小环圈内有示坡线，也表示无水的低洼地面。

（五）地图比例尺

比例尺是地图上最重要的参数之一，是决定地图内容详细程度和地图精确度的重要因素。想要准确识别和使用定向运动比赛地图，首先必须读懂地图比例尺。

地图比例尺是指地图上某两点之间的距离与实地相应两点之间水平距离之比，计算公式如下：

地图比例尺 = 图上距离 / 实地距离 =1/S

在此式中，S 表示缩小倍数，S 越大比例尺越小；S 越小比例尺越大。为了便于计算，比例尺通常取整数。

地图比例尺的长度单位一般为 cm。例如，某幅地图上长 1cm 的距离，相当于实地5000cm 的距离，则此幅比例尺为 1：5000 或 1/5000。

1. 地图比例尺的表示形式

地图比例尺通常有三种形式：数字式、线段式和文字式。

（1）数字比例尺

在地图以数字比例尺表示，如地图上 1cm 表示 50m，则在地图上写成 1：5000 或1/5000。

（2）线段比例式

将地图上的长与实地长的比例关系用线段表示。

（3）文字比例式

在地图上以文字直接表示，如地图上 1cm 代表实地 100m 则写成 1/10000。

定向运动竞赛地图的比例尺标注一般采用数字形式，或数字式和线段式两者同时采用。

2. 地图比例尺的特点

根据使用地图的目的要求不同，地图比例尺大小有所不同，一般是以地图比例尺大小来衡量地图的详细程度。

图幅面积相等的地图，比例尺越大，其图幅所包括的实地面积就越小，地图上所显示的实地的地形内容就比较详细；比例尺越小，其图幅所包括的实地面积就越大，地图上所显示的实地的地形内容就比较简略。例如，同样图幅面积的两幅地图，如地图比例为 1：5000 的地图与地图比例尺为 1：10000 的地图比较，则 1：5000 的大于 1：10000 的，所以，地图比例尺 1：5000 的地图要比 1：10000 的地图所显示的内容更详细。

3. 定向运动地图比例尺的规定

定向运动竞赛地图比例尺通常在 1：500 至 1：15000 之间。为适合当地的地形表示的需要，以及比赛类型和参赛者的年龄、运动水平高低特点，可采用适当的比例尺。例如，百米定向运动地图的比例尺在 1：2500 至 1：7500 之间，中距离定向运动地图的比例尺主要在 1：7500 至 1：10000 之间，长距离定向运动地图主要在 1：10000 至 1：15000 之间。对于年龄在 45 岁以上和 16 岁以下的参赛者以及业余选手，比例尺应在 1：15000 以内选择。

4. 定向运动地图上估量实地距离

根据地图上两点之间的长度和该地图的比例尺，可以估量出实地相应两点之间的水平距离。在定向运动中有如下几种方法估量实地距离。

（1）利用比例尺刻度估量

一些定向运动指北针的底板上可有几种不同比例的比例尺刻度。当我们所使用的定向地图的比例尺正好与指北针上刻的比例尺刻度相一致，那么，我们就可以根据指北针上比例尺刻度的数值在地图上直接读出图上某两点之间的相应实地之间的距离。

（2）利用厘米刻度尺估量

定向运动指北针的底板上都刻有厘米刻度尺。当使用厘米刻度尺计算时，要先从地图上量出所求两点间的长度，然后根据地图比例尺计算出实地相应两地之间的水平距离。根据需要再将结果换算为 m 或 km，计算公式如下：

实地距离＝图上长度／比例尺＝图上长度×比例尺分母量算某一段弯曲的路线时，可将弯曲的路线切割分成若干段直线，然后分段量算并相加，再计算出实地的路线长度。

（3）利用手指估量

利用手指量算，就是用自己的手指骨节、指甲的宽度、长度来代替厘米刻度尺，量算图上某两点之间相应的实地之间的水平距离。在比赛中采用此方法虽然不够精确，但是使用方便快捷，对于经验丰富的运动员可以使用。

在运用此方法计算时你必须提前测量好并熟悉自己的手指骨节、指甲的宽度、长度。

（4）利用目测估量

目测就是用眼睛估计，测算出距离。可以利用平时自己比较熟悉的某些物体的距离，如靶距、球场距等进行比较。如果要测得距离较长，可以分段比较，推算全长。

在定向运动比赛中利用目测估量两点间的距离是非常实用的一种方法，要熟练掌握这种方法。

首先，必须做到精确地目估图上两点之间和实地两地之间的距离，在目估时能辨别地图上0.5cm以下尺寸的差异，还能把握实地目估距离的误差不超过该距离的1/10。

其次，必须熟知定向地图上一些常用比例尺的单位尺寸与相应实地水平距离的对应关系。

（5）定向运动地图上估量应该注意的问题。

在实地估量中，从地图上量得的距离，无论是直线还是曲线，都是两点之间的水平距离。若实地地形起伏较小，在地图上估量算出的实地水平距离就比较接近实地距离；若实地起伏较大，则在地图上估量算出的实地水平距离就远小于实地起伏的曲线距离。因此，当需要精确计算地图上两点之间的距离时，必须结合地形起伏的程度进行具体分析，加以适当修正。这样可根据地形的起伏程度估量出的实地距离，就比较接近实地的实际运动距离。

（六）地图上的磁北方向线

普通地图用地理坐标定向，大比例尺的地图用平面直角坐标定向，而定向运动的地图是用磁北方向线定向。

磁北方向线是定向运动地图上表示地磁的方向线，上为磁北方向，下为磁南方向，左为磁西方向，右为磁东方向。磁北方向线北段带有箭头，箭头所指的方向为磁北方向。磁北方向线不仅可以用来标定地图的方向，测量磁方位角，还可以判断比赛路线的方向和距离。

定向运动地图上磁北方向线是用黑色或蓝色等间距的平行线表示的，一般根据不同的比例尺在地图上磁北方向线是每隔2～4cm绘制一条磁北方向线。在定向运动地图上，磁北方向线除非遇到重要特征物会被遮盖或需要断开，否则呈南北方向地贯通整个赛区。

（七）地图符号与颜色

定向运动地图符号是用一些特殊的图形和颜色在地图上表达实地地形特征的视觉语言。它是按一定的规范将地图要表达的对象和事物准确地描述在地图上，是参赛者获取实地地形状况的唯一信息来源。因此，完整准确地理解和识别地图符号与颜色是正确使用定向运动地图的前提。针对一个参赛者，在识别定向运动符号与颜色时，是绝对不能死记硬背的，这样才能正确地判定地面事物的形态特征。

下面，我们根据国际定向运动联合会制定的《国际定向运动地图规范》对定向运动地图颜色与符号进行全面的学习。

1. 定向运动地图与颜色

定向运动竞赛地图一般采用彩色地图，其颜色所显示的含义与一般的彩色地图颜色所显示的含义不同。一般彩色地图所显示的含义是表示地形的高低或某种特性的区域划分，而定向运动竞赛采用的颜色地图及其颜色所显示的含义是表示地域的可通行状况，以及显示特性地物的颜色。

定向运动彩色地图上有9种颜色，其颜色含义如下：

（1）棕色

棕色用于描绘地貌和人工铺设的地标，例如等高线、土崖、堤坝、城市主干道路、硬化地。

（2）黑色

黑色用于描绘人造地物和天然地物，如建筑物、输电线路、岩石、陡崖、野外大陆等；另外，还包括磁北方向线和套印标记在内的技术符号。

（3）灰色

灰色用于描绘从底下可以通过的人工地物，如人行长廊、亭台。

（4）蓝色

蓝色用于描绘水系。另外，在黑色占较大面积，而蓝色所占面积较小的情况下，也用蓝色表示磁北方向线。

（5）黄色

黄色用于描绘开阔易跑性非常好的空旷地域，如零星树林区域、平缓的荒原、空地等。

（6）绿色

绿色用于描绘地表植被如森林、竹林、草丛等；表示不易通过的林区；绿色越深，表示通过的难度越大。

（7）白色

白色用于描绘开阔易跑，容易通过的林地。

（8）黄绿色

黄绿色用于描绘禁止进入的植被区域和私人住宅区域。

（9）紫色

紫色用于描绘比赛路线。

除了以上介绍的地图颜色描绘的含义外，还有一些面状符号是用两种颜色共同配合使用，构成各种网点花纹和网线花纹的面状图形，用于描绘有某些特征性的实地地物特征。这些颜色所要描绘的具体含义，一般在地图图例注记中都要有色样说明。参赛者要仔细阅读其图例说明，了解地图颜色的具体标注含义。

2. 定向运动地图的符号和颜色组合

为了使参赛者更容易阅读和理解定向运动地图，定向运动地图要求完整准确清晰地表示地貌和地物的基本形态特征。国际定向运动联合会对地图的符号和颜色组合具体分为以下 7 大类：

地貌符号用棕色表示，岩石与石块符号用黑色表示，地物符号用黑色和灰色表示，水系和湿地符号用蓝色表示，植被符号用白色、黄色和绿色表示，比赛路线用紫色表示，技术性符号用黑色、蓝色和棕色表示。

（1）地貌符号用棕色表示

地貌是指地球表面高低起伏的各种自然状态如山地谷地、平地、小丘、土崖、冲沟等，地貌符号是在地图上用来描绘这些自然状态的曲线和记号。地貌符号有登高曲线、辅助符号、特殊地貌符号、高程注记、土崖、土墙、冲沟、小丘等，在定向运动地图上用棕色表示。

（2）岩石和石块符号用黑色表示

岩石和石块是特殊的地貌特征，它既可以更详细地为参考者提供地面的可跑性和危险性信息，又可以为参赛者快速、准确地确定运动低点和寻找检查点，起到导航的作用，这类符号用黑色表示。

（3）地物符号用黑色和灰色表示

地物是指由自然形成或人工建造的固定物体如居民点、建筑物、围栏、江河等，地物符号则是这些固定物体在地图上的标志符号。在定向运动竞赛的地图上，地物符号是用黑色和灰色表示的。

（4）水系和湿地符号用蓝色表示

在定向运动地图上，可用蓝色表示所有的水域和湿地，这类符号包括表示湖泊、池塘、河流、小溪等的符号。

（5）植被符号用白色、黄色和绿色表示

在定向运动中，由于被植被覆盖的区域会不同程度地影响参赛者的视野范围和奔跑速度，所以在定向运动地图上用白色、黄色和绿色对地表植被覆盖的情况作详细的区分。

（6）比赛路线用紫色表示

比赛路线符号主要包括起点符号、检查点符号、检查点编号、终点符号、定向路线等。此外，危险区、禁止通过的边界、饮水站等，用紫色表示。

（7）技术性符号用黑色、蓝色和棕色表示

技术性符号主要包括磁北方向线，地图套印符号由黑色、蓝色和棕色表示。

3. 定向运动地图符号的特点

定向运动地图上的地貌符号主要是用等高曲线法表示地貌的起伏形态，等高线依比例尺准确地描绘出地貌的起伏形态。而地物符号的种类却很多，各类地物都是以其相应的地物符号表示，且形象地表示出实地地物的形态特征。

从地物符号的图形与比例尺的关系分析，定向运动地图符号具有以下三个方面特点。

（1）面状符号，依比例尺表示

在地图上，面状符号的图形形状是按比例尺描述实地面状地物特征的外部轮廓，我们可以测量面状符号图形的长、宽、面积。依照比例尺可以计算出实地地物的外形长度、宽度和实际面积。因此，面状符号又称为比例尺表示的符号。

在定向运动中，面状地物外部轮廓的转折点可供组织者设置检查点，也可以为参赛者提供用来确定运动方向和运动路线的参照点。

（2）线状符号，半依比例尺表示

在地图上，线状符号图形的长度是按比例缩绘实物的长度，而宽度则不是按比例绘制的。所以，线状符号可以用来描述线状地物特征的具体长度，但不能描述线状地物特征的具体宽度，而宽度只能形象地表示地物特征的分类和等级。因此，线状符号又称半依比例尺表示的符号。

在定向运动中，线状地物的转折点也可供组织者设置检查点，以及作为运动员在运动途中确定方向和运动路线的参照点。

（3）点状符号，不依比例尺表示

点状符号的长度和宽度都不是按比例绘制的，主要用来表示实地地物特征的性质、准确位置和分类等级。例如，小石头、大石头，不能表示地物特征的具体数量和大小。因此，点状符号又称不依比例尺表示的符号。

在定向运动中，因点状符号在地图上标注的位置准确，相应的实物在实地独立、明显，所以具有重要的导航意义，就更有利于参赛者在运动途中进行图地对照，确定站立点、目标点，判定运动方向和运动路线。

4. 识别各类符号应该注意的问题

形象表意是地物符号的一大特点，识别各类地物必须熟悉其相应符号表示的形态和形象表意；同时，还要掌握部分地物符号的相似之处和细微差别。

（1）图形相同，颜色定性

在定向运动地图上，有一些属性相近的地物，通常只规定了一个图形相同的基本符号，但是根据这些符号的不同类型，分别使用不同的颜色表示。例如，表示坑的符号为 V，若符号的颜色是棕色，则表示实地地物为土坑；若符号的颜色是黑色，则表示实地地物为岩坑；若符号的颜色是蓝色，则表示实地地物为水坑。在识别这些符号时，一定要认清符号的颜色与对应地物的特征。

（2）符号相似表意不同

在定向运动地图上，为表示某些同类型地物之间的差别，一般只将它们的基本符号做一些局部的改变或方向的调整。在认识这些符号的时候应特别仔细，注意符号本身与周围地形间的细微差别。

（3）同类地物，综合取舍

在定向运动地图上，为了只表示同类地物的性质和范围，并不需要表示同类型地物的个数和准确位置，就将同类型地物通过综合取舍的办法在地图上排列起来，表示这类地物的特征。例如，一块由石头覆盖的区域，因石头太多而无法在图上逐个表示，只能用两个以上表示石头的符号（实心三角形）随机排列在地图上对应的区域。在识别这类符号时一定要注意符号分布的疏密程度，因符号分布的密度表示易跑性降低的程度。

（4）条件转化，符号有别

在定向运动地图上，某些地物虽然它们的性质相同，但是当它们的长度、宽度或直径不同时，图形特点在一定条件下相互转化。面状地物、线状地物或点状地物，虽然它们的符号在地图上的区别是比较明显的，但在实地如果没有足够的经验，就不容易看出它们的区别。一条河流，当它在实地的宽度较大时，在地图上按面状符号表示；当实地的宽度较小时，在地图上则按线状符号表示。

（八）地图图例注记

地图的图例注记是绘制地图的基本素材符号，其描绘了湿地地貌的起伏、地物的分布状况、地质状况以及与某种实际需要有关的地表说明。所以地图图例注记对于识图、用图都有着重要的作用。

定向运动地图的图例注记一般包括比例尺注记、等高距注记、图例说明、赛事名称、地图名称、主办单位、制图人、版权所有者以及其他说明等。

（九）检查点说明表

检查点说明表就是运用固定的符号，将一条比赛路线的每一个检查的具体位置准确地描述在表格上。为了使世界各国的参赛者都能够正确理解检查点的说明表，国际定向运动联合会制定了《国际定向运动检查点说明符号规范》，用以说明检查点的具体位置。

1. 检查表说明标示图

定向运动地图上，是以表格的形式用国际定联制定的通用符号体系对检查点进行说明。

2. 检查点说明表的结构与内容

检查点说明表主要包括以下内容：

（1）表头

表头说明比赛名称、组别、直线距离、爬高量。

（2）起点

起点说明起点的具体位置。

（3）检查点说明

检查点说明对一次检查点进行说明。

（4）终点说明

终点说明从最后一个检查到终点的距离及是否有标示路段。

3. 检查点说明表符号释义

（1）C栏

C栏主要填写检查点的所在地貌或地物的方位符号。

（2）D栏

D 栏主要填写检查点的所在地貌或地物的名称符号。

（3）E 栏

E 栏主要填写检查点所在地貌或地物的外观特征符号。

（4）F 柱

F 栏主要填写检查点所在地貌或地物的尺寸。

（5）G 栏

G 栏主要填写检查点标志在具体地貌或地物上的位置。

（6）H 栏

H 栏主要填写其他说明。

（7）特殊说明

①从指定的路线离开检查点或到下一检查点

②规定通过两个检查点之间的必须通过点或路标

③交换地图，从检查点到交换地图有引导标志，应在第一部分比赛线路最后的检查说明后面给出

④从最后一个检查点到终点的路线

二、定向运动的指北针

（一）定向运动指北针的类型

常见的定向运动指北针包括 3 种类型：刻度盘指北针、拇指指北针、拇指刻度盘指北针。其中，每类指北针又分专业型和适合初学者使用的简易型物种。

（二）定向运动指北针的结构

以刻度盘指北针为例。指北针主要由透明的基板、托架在基板上的充液磁针盒及刻度盘组成。在基板上刻有前进方向箭头，指示目标检查点的方位，磁针盒底部刻有磁北标定线，用此标定地图和确定前进方向。

（三）指北针的持握方法

1. 刻度盘指北针的持握方法

刻度盘指北针的持握方法是，读图时水平持握应指北针于身体前面正中的位置，高与腰或与胸齐，前进方向箭头与身体正中线平行指向身体正前方。

2. 拇指指北针持握方法

拇指指北针的持握方法是，读图时用拇指将指北针前端右侧顶角压在自己在地图上目前的位置后面，水平持地图于身体前面正中的位置高与腰或与胸齐，前进方向箭头与身体正中线平行指向身体正前方。

（四）定向运动中指北针的作用

在定向运动中，指北针的主要用途是标定地图和确定前进方向。

1. 标定地图

标定地图包括原地标定地图和在行进中标定地图。

在原地标定地图时，转动身体直至指北针磁针与地图磁北线平行且磁针红端（北端）与磁北方向一致，此时地图即被标定。

在行进中标定地图时，在沿着选定路线行进过程中，随着前进方向的改变，同时向身体转动相反的方向转动地图；当指北针磁针与地图磁北线平行且磁针红端（北端）与磁北方向一致时，地图即标定。

2. 确定前进方向

确定前进方向，指北针（以拇指指北针为例）确定方向可分两步进行。

第一步：将拇指指北针的右侧顶角放在地图上自己当前站立点上，使基板上的前进方向线与目前站立点与目标点间的连线平行，使前进方向箭头指向目标点。

第二步：水平持握指北针于身体前面正中的位置高与腰或者与胸齐。转动身体直到指北针磁针与磁北线平行，磁针的北端（红端）与磁北标定线的北端一致，箭头所指的方向即前进方向或目标所在方位。

第二节　定向运动的场地

定向运动场地是定向运动教学、训练组织定向运动竞赛和开展群众体育活动必不可少的物质条件。从事定向运动的工作者要掌握定向运动场地的设计、测绘、定位及有关范本知识，会运用基础理论和应用计算机进行实际操作是很有必要。

一、适合定向运动比赛要求场地的选择

定向运动的场地没有硬性的要求，它可以依据适合参赛人数的多少而随意地选择场地；可以是公园、校园、工厂、农村、会所、餐厅甚至是自己家。所以说，不同场地的定向比赛各自在读图、路线选择、纯奔跑等方面的安排区别都比较明显，但它们都有一个相同的基本思想，就是如何让这些有益的因素得到充分的发挥并找到一个恰到好处的平衡。万变不离其宗的，必须做到、坚持做到维护定向运动本质特征。

二、定向运动比赛路线的选择

（一）定向运动比赛路线的基本因素

无论场地大小，一条完整的比赛路线必须由起点、若干个检查点及终点构成。

定向比赛的各检查点都是随意的，可根据比赛规模的大小、比赛水平高低来设计不同检查点各点之间的连线就是路线。路段是随意由参赛运动员根据比赛中的要求自己选定的；除比赛要求必需的路段外，其他路段由参赛者自行选择，但经过的区域必

须符合比赛的要求。

（二）定向比赛起点及第一路段

路线设计人确定的起点，必须保证后出发的参赛者看不到先出发人的路线选择。参赛人开始定向奔跑的地方，即第一路段的起始处，必须在图上与现地都同时明确的。另外，要求每个参赛人或参赛队之间的出发间隔要等同和合理；同时要求，为了让参赛人或参赛队能逐渐迅速地熟悉地图与地形的情况，第一路段对参赛人的体力和技术要求不应太高。

三、定向教学训练、比赛场地各路段上的检查点

（一）检查点的放置

检查点应该放置在现地地物及其特征上，或者其周边（指在特征延伸范围内）能作出清楚地解释的地方。就某一个检查点来看，若能设计得可以是参赛人都能采用相似的定向技术接近打卡，这就能避免参赛人凭偶然的运气侥幸取胜或因此而无故地浪费时间。要想达到这一目的，需努力做到以下两点：

第一，在地图上仔细挑选放置检查点的位置。必须保证靠近检查点附近的地形在图上是准确而正确地表示的，它周围可能被用于进攻点的特征物至检查点的距离都必须正确无误。

第二，如果没有其他特征物的参照作用，检查点则不能放在只从近距离上才能看见的细小特征物上。

（二）检查点的位置及图解说明

列入检查点说明中的内容应该源于地图上的特征物表示，有时要多于地图上的表示，这样更能充分地明示检查点位置的作用。标绘在图上和放置在现在的检查点位置，必须是确切无疑的、没有争论的，尽量避免设置不清楚、简语的运用 IOF 的检查点，说明符号做进一步说明的。

（三）检查点的放置要求

检查点的放置构成从开始到结束都符合定向运动教学训练，比赛的技能、体能要求的各路段，然后组合成一条最优的比赛线路。为显示其公平，安置检查点时应该达到以下要求。

1. 尽量减少或仅只有锐角的路线的检查点放置

如果图上设计的检查点所处的位置造成其间边的路段之间的夹角太小；或者因为现地地形的限制，使得每个接近检查点的参赛人与离开该点的参赛人在途中相遇，他们之间就会有意无意地形成互助的关系。

2. 造成锐角路线的点应该尽量设法避免

另一种情况是，当其他组别参赛人从相反的方向跑同一路线时，锐角路线由于空

间的缘故也会无意中起到引助的效果。由此可见，在条件许可的前提下，造成锐角路线的点应该尽量设法避免。

3. 采用增设附加点即过滤点的方法加以改善

通过设置一个过滤点即可消除锐角路线，以体现比赛的公平性。

（四）检查点上点标放置要求

检查点点标的设置必须符合 IOF 规则。摆放点标的最基本要求是参赛人在到达检查点位置后能在第一时间看到它。那些为了所谓增大比赛难度或者提高比赛趣味性而把点标藏匿或掩埋甚至悬于高物上的做法都是错误的。但是，如果让参赛人在看见检查点特征物之前就能看到点标，这也违背了定向比赛要求的。因此，应做到以下几点：

第一，参赛人到达检查点位置后，不应让其再苦苦地寻找、搜索点标。

第二，要尽量避免由于点标放置的具体位置、高度等不合适带来的不公平，如因树枝等物体的遮掩使参赛人从不同方向靠近时，视野有的太好，而有的太差。

第三，尽量避免把检查点放在较空旷和便于远处观望的地点。

（五）定向教学训练比赛中，各路段选择的要求

路段是决定整条定向越野路线质量的最重要的因素，好的路线可以使参赛人专注于读图，使自己在现地运动的过程中完全依靠这一方式选择出一条有个性的行进路线。因此，要求路段设计应遵循以下几条规则。

1. 考验参赛人的决策能力

选择的路段能考验参赛人的决策能力，让参赛者根据自己的技能选择出不同的行进路线。

2. 要具有挑战性

选择的路线要具有挑战性，在同一比赛路线的不同路段应具有不同的挑战，有的考验奔跑的能力强些，有的考验读图能力强些。

3. 真正反映参赛者的能力和水平

选择的路段能真正反映参赛者的真实能力和水平。设计出不同路段的难度，使参赛者运用不同的定向技术和体能展示其各自的经验、技术和体能，但路段的选择必须保证其安全性。

（六）定向运动训练比赛路线分段的选择要求

当参赛者抵达最后一个检查点后，参赛者无论从体能和精神都属极度疲劳状态。因此，设置最后一个检查点的路段距离应比其他点要简单容易些，从这里到终点的路段距离应尽量长一些。终点区应当空旷，并能保证所有的参赛者从不同方向跑进终点。如果自然的环境不能做到这一点，可用彩带、小彩旗等方法做出部分或整条的路线。

第三章　定向运动基本技能

第一节　定位与定向

定向运动的实质是用最短的时间到达规定的目标点。要想尽快地到达目标点，首先要会辨明方向、判定方位，即了解自己实地所在的位置，并能够在地图上找到站立点位置，在此基础上确定目标点的方向和位置，迅速找到目标点。

一、实地判定方位

实地判定方位是指在实地辨明方向。了解实地的方位是使用地图的前提。在野外，可帮助我们辨明方向的工具很多，白天可利用太阳和手表来辨别方向，晚上可利用星体来辨别方向，还可用地物特征、建筑物、风向等来判定方位。

1. 利用指北针判定方位

方法：将指北针放平，待磁针完全静止后，磁针的红色一端即 N 端代表北面，蓝色一端即 S 端代表南面。如果测定方位的人面向北，则他的左为西、右为东、背后为南。

如果想测某一点的方位，可将罗盘上的零刻度对准目标，待罗盘水平静止后，N端所指的刻度便是测量点至目标的方位。如磁针 N 端指向 36°，其表示目标在测量位置的北偏东 36°。

2. 利用地物判定方位

在有地物和植物生长的野外，可以根据日常生活习惯和自然客观规律进行方位判定。如在北半球，人们居住的房屋或用于朝拜的庙宇大门通常都朝南开设；树木一般朝南的一侧枝叶茂盛，色泽鲜艳树皮光滑，向北的一侧则相反；长在石头上的青苔喜阴湿，以北面为多旺；积雪多半是朝南的一面先融化。

3. 利用太阳和手表判定方位

在晴朗的日子，上午9时至下午4时之间，用时针对准太阳，此时手表上的时针与12时刻度夹角平分线所指的方向为南方，相反为北方。但一是要注意将手表平置，二是在南、北纬20°30′之间的地区中午前后不宜使用，三是要把标准时间换算为当地时间。

二、标定地图

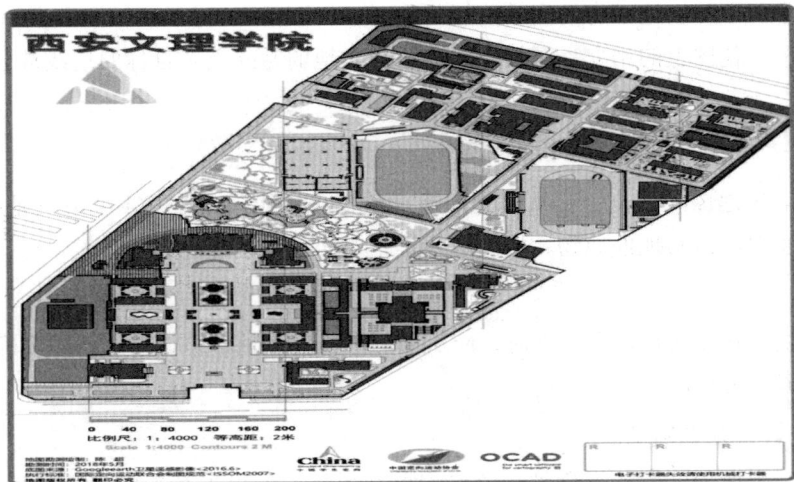

给地图定向就是标定地图，即使地图的方位与实地的方位一致。通过标定地图，就可以将地图上的地物地貌符号与实地的地物地貌一一对应，这不仅可以帮助我们迅速查看地图，了解实地地物的分布和地貌的起伏以及它们之间的关系，还可以帮助我们根据地图上的路线选择具体的实地运动路线，同时这一技能将贯穿整个运动过程。

1. 概略标定地图

地图上的方位是：上北、下南、左西、右东。当在实地正确地辨别了方向之后，只要将越野图的上方对向实地的北方，地图即已标定。这种方法简单、易学，是定向越野比赛中最常用的方法。

2. 利用指北针标定地图

在上一章中已介绍过定向地图上标有磁北线，用红色粗线条标出，箭头指向地图的上方。利用指北针标定地图时，通过转动地图，使指北针上的红色指针与磁北线的方向吻合或平行。由于指北针上的指针和地图上的磁北线都是红色的，也称此方法为"红对红"或"北对北"。

3. 利用地物标定地图

（1）利用直长地物标定地图

直长地物是指较长的线状地物，如铁路、公路、土垣、沟渠和高压线等。

方法：

①首先应在图上找到这段直长地物

②转动地图，使图上的直长地物与实地的直长地物方向一致

③对照两侧地形，使图与实地各地形点的关系位置相符

（2）利用明显地形点标定地图

在实地找出一个与地图上地物符号对应的明显地物，如小桥、亭子、独立的建筑等，然后转动地图使图上的站立点至目标的连线与实地的站立点至目标的连线重合。

方法：

①选择一个图上与实地都有的明显的地物

②转动地图，使图上的站立点至目标的连线与实地的站立点至目标的连线重合

三、确定站立点在地图上的位置

确定站立点在地图上的位置是从事定向运动的一项基本技能。其主要方法是：通过标定地图，将地图与实地的地物、地貌进行逐一对照，以确定自己的方位。

1. 直接确定

当自己所处位置在明显地形点上时，应从地图上找出该地形点，站立点即可确定。这是最常用的确定方位的方法。

2. 利用位置关系来确定

为了有效辨别所处位置的准确性，该过程要利用相对位置关系来确定。位置关系确定方法的使用需要保证两个要素：一是参与者的站立点与明显点的方向；二是站立点至明显点的距离。准确辨别这两个方面的因素，方能够结合高差完成对位置的准确判定。

3. 利用"交会法"确定

站立点的判定需要与明显地形相对，当处于无明显地形的状态时，则需要使用"交会法"完成对位置的准确判定，通常不同的实际情况，选择的方法也各有差异，如90°法、截线法、连线法、后方交会法和磁方位角交会法。这些基础位置辨别方法的有效判定，能够达成快速定位的目标。对于初学者而言，要巩固使用定向图是很有意义的。下面介绍几种常用的方法。

当站在线状地物上时，可以利用90°法、截线法、连线法来确定站立点位置。

第一，90°法：当运动在线状地物如道路、沟渠、山脊线上时，在与运动方向相垂直的方向线能够找到明显的标志物，就可以用90°法来确定。

第二，连线法：当在线状地物上运动，待测的位置恰好是在某两个明显地形点的连线上时，可以利用这种方法确定站立点位置。

第三，后方交会法：在待测点上无线状地物可利用，地图与实地相应地都有两个以上的明显地形点，且地形较开阔、视线良好的情况下，可以采用这种方法确定站立点。

标定地图后：

①在地图上取一个山顶为标志，与实地相应山顶在地图上作一直线
②地图上的树丛与实地相应的树丛在地图上作一连线
③两条直线的交会点就是站立点

第二节　快速行进

一、依地图行进

（一）用拇指辅行法行进

在定向运动的实践过程中，需要根据自身的所处位置，在保持快速行进的基础之上来完成位置的辨别，始终保持方向与地图当中的指示点保持高度的一致性。可以尝试使用拇指辅助行进的方式展开，做好精准辨别方向，达到快速行进的目标。

第一，行进中明确自身所处位置，快速定位站立点，确定比赛路线和目标点。

第二，调整地图所指示的基本方向，保证地图的方向与行进间的前进方向保持一致，方便快速的辨别。将左手拇指压住站立点，以大路路线为主要选择。

第三，在进入到主路之后，需要转动地图，移动拇指，精准定位之后快速的行进。

第四，再一次的转动地图，并通过移动拇指的方式来辅助方向的辨别，在确定方向之后快速到达目标点。

（二）沿地形地貌行进

定向运动的活动空间广阔，可选择范围较广。初学者需要掌握沿地形地貌行进的基本技能，如果在地图当中出现河流、小路、围墙、房屋以及石碑等更容易被辨别的参照物，则可以沿着目标物快速的行进，获得最快捷的路线。方法本身是按照跑路线的顺序展开，从而在不断的前进中达到目标点，参与者只有保证心中有地图，才能够达到快速行进的目标。

（三）行进技巧

1. 借线法行进

在行进的过程中，可以跟随真实场景当中的线路图来快速的行进，以此来作为引导，完成方向的快速识别。

2. 借点法行进

借点法指的是在确定基本的行进路线之后，按照路线当中的各个表示点来完成定位，减少对地图的依赖度，按照标志物达到快速行进的目标。当然，该方法主要适用于目标点较多的路线。

3. 水平位移法行进

水平位移法的行进方式，有相对严苛的条件进行制约，让站立点与检查点保持在同一高度之上，并且要保持站立点和检查点之间可以通行，按照等高线保持行进。

4. 提前绕行法行进

在快速行进的过程中，在遇到的障碍之后则需要提前做出调整，从而筛选出最佳路线。

（1）直线跑：上山过山顶，下山找目标。缺点是要艰难地翻过山顶

（2）提前绕

①沿着山向前跑，虽然路线较长，但不必爬山

②沿着山脊向前跑，虽然路线比直线长些，不需要太多的攀爬

二、沿磁方位角方向行进

磁方位角是指从某点的磁北方向线起，依顺时针方向到目标方向线间的水平夹角。利用指北针确定磁方位角，并沿磁方位角方向行进，便是确定目标点方向、快速到达目标点的捷径。

沿磁方位角行进的技术关键在于对自己跑过的距离的正确判断和行进方向的确立与保持，目标 = 方向 + 距离。

（一）确定行进方向

利用指北针确定行进方向是一种最简易、最快速的方法，其特别适合初学者在特征物少、植被密度低、地形起伏不大的树林中使用。具体方法是：

第一，将指北针直尺边切于目标方向线，指北针上的方向尖头指向所要到达的位置。

第二，把指北针和地图作为一个整体，水平放置于面前，然后转动身体，使指北针上红色指针的指向与地图所示的磁北线方向一致。

第三，指北针上方向尖头所指的方向即为行进的方向。

（二）正确估算距离

确立了行进的方向，还必须结合地图上对目标点的距离进行判断和对已跑过的实际距离进行估算，才能快速而准确地到达目的地。

1. 利用比例尺换算图上距离和实际距离

利用比例尺换算图上距离和实地距离的方法。但在实际比赛中，临场进行换算就要耽误时间，因此，必须熟悉几种常用的长度单位与相应实地水平距离的对应关系。如在比例尺为 1：10 000 的地图上，1 毫米相当于 10 米，而在 1：15 000 的地图上，1 毫米相当于 15 米。

从地图上量得的距离，无论是直线的还是曲线的，都为两点间的水平距离。但在实地，并不都是平坦的地形，在地形起伏较大的情况下，还必须根据地形起伏情况加

上修正数。

2. 步测法计算已跑过的距离

步测法是根据自己步伐的大小计算距离。它是实地估算距离的有效方法，但这一技能需要经过反复训练才能掌握。

采用这种方法测量距离，关键要了解自己的单步步长。不同的人，身高、腿长不同，其步长大小不同；跑步速度的快慢、柔韧性的好坏不同，表现出的步长大小也不同；即使同一个人，在不同的地形上跑，其步长也不尽相同。因此，最好通过平时的练习、测算，确定自己步长的大小。

测量步长的方法：

选择一块地势起伏不大的树林，从地图上算出两点间的距离后，到实地练习，计算出你一个单位长度（如50米或100米）所跑的步数。在此基础上再到其他地形上去练习，算出相应单位长度上的步数。

3. 目估法测算实际距离

目估法就是用眼睛估计、测算出距离。用眼睛虽然不能测量出精确的距离数值，但是只要经过勤学苦练，还是可以测得比较准确的。在高速奔跑中，这一技术很实用。

我们可以运用"物体的距离近，视觉清楚；物体的距离远，视觉就模糊"的规律对距离进行目测。在练习阶段，需要特别留意观察、体会各种物体在不同距离上的清晰程度，观察得多了，印象深了，就可以根据所观察到的物体形态（清晰或模糊程度），大体上目测出它们的距离来。

若觉得根据目标的清晰程度判断距离误差太大，可以利用平时自己较熟悉的某些事物的距离，如靶距、球场距离等进行比较判断。还可用50米、100米、200米、500米等基本距离，经过回忆比较后做出判断。如果要测的距离较长，可以分段比较，然后推算全长。

值得注意的是，眼睛的分辨力常会受到天气、光线照射角度、物体自身颜色、观察的位置角度等条件的影响，目测距离常常会因为这些因素而产生相当大的误差。

第三节　判读地貌

等高线是目前世界上公认的、最好的地貌表示法，定向地图也不例外。通过地图上的等高线以及相关的注记，可以了解很多地貌的信息。例如，通过等高线可以了解山坡的陡缓，通过高程注记可以了解山体的高度，通过等高线图形还可以判断出地貌的主要形态和特征。

一、山的各部形态

地貌千姿百态、千差万别，但都是由某些基本形态组成的。这些基本形态包括山顶、凹地、山脊、山谷、鞍部和斜面等。不管地貌多么复杂，均可将其分解成基本形态加以认识。

1. 山顶与凹地

比周围地面突高隆起的部分叫作山，山的最高部位叫作山顶。山顶依其形状可分为尖顶、圆顶和平顶三种。

比周围地面凹陷，且经常无水的低地叫作凹地。大面积的凹地称为盆地。

2. 山脊与山谷

山脊是从山顶到山脚的凸起部分，很像动物的脊背。下雨时雨水落在山脊上向两边分流，所以最高凸起的棱线又叫作分水线。

山谷是相邻山脊或山脊之间的低凹部分。由于山谷是聚水的地方，所以地势最低的凹入部分的底线叫作合水线。

3. 鞍部

鞍部是相连两山顶间的凹下部分，其形如马鞍。鞍部由一对表示山脊和一对表示山谷的等高线显示。

4. 山坡

山坡是山体的倾斜部分，近看似一个斜面，根据外形可分为等齐坡、凸形坡、凹形坡和阶状坡。

5. 小丘

小丘是体积较小、只能以一条等高线表示的小山包。

二、地貌起伏的判断

1. 根据等高线图形的形状来判断山体的坡向

山脊、山垄等地貌隆起部分的等高线图形，其突出部分总是朝着下坡；而山谷、凹地的等高线图形相反，总是朝着上坡。

等高线图形由疏变密为上坡，等高线图形由密变疏为下坡。

2. 根据等高线的示坡线来判断斜坡的坡向，顺示坡线方向为下坡，逆示坡线方向为上坡

3. 根据等高线的注记来判断斜坡的坡向

4. 坡度和形态的判断

（1）坡度：根据等高线的疏密来判断山体斜坡的陡缓。

（2）形态：根据等高线的疏密变化来判断山体斜坡的形态。

三、高程和高差的判定

根据高程注记和等高线来判定高程和高差，由此了解山体之间的高低关系。

1. 高程的判定

高程是地面上某点的海拔高度。判定高程的步骤是：

第一，先查明地图的等高距，并在判定点附近找出高程点的注记或等高线的高程注记。

第二，根据判定点与高程点或有高程注记的等高线的关系位置，判断上、下坡方向，即高程增减方向。

第三，根据判定点与等高线位置关系，判定该点高程。

查看独立房高程时，先弄清本地图的等高距为 10 米，在独立房附近找到计曲线差三个等高距，且知计曲线至小房是下坡方向，由此独立房高程为 270 米。

高程计算的方法：

第一，如果判定点在等高线上，查出所在等高线的高程，即为该点高程。

第二，如果判定点在某两等高线之间，应判明该点上下两等高线的高程，再按该点所在等高线间的部位进行估计。

第三，如判定点在两等高线之间约 1/2 处，它的高程就等于下面那条等高线的高程加上半个等高距，该方法可以推算出两等高线之间约 1/3、1/5 或其他位置上任意点的高程。

第四，若判定点在山顶，则先判定表示山顶的等高线的高程，然后加上余高。

第五，如果判定点在凹地里，可先判定凹地等高线的高程，然后再减去余高。

2. 高差的判定

高差是指地面上某两个点的海拔高度之差，其计算方法是：

第一，当两个点位于同一斜坡上时，只要数一下等高线的间隔数量，乘上等高距并加上余高，就可以算出两点间的高差。

第二，当两个点不在同一个斜坡上时，先要分别算出它们的高程，然后相减，才能算出它们的高差。

第四节　选择路线

定向地图上各检查点的连线是提供方位的直线，然而，沿这条方位直线一般是不可能直接到达的，必须依照地图上各种符号和色彩的提示，进行路线选择。不同的人技术水平不同、体能状况不同，所选择的路线也不尽相同。

一、选择路线的标准

省体力、省时间、最稳妥、最能发挥自己的特长、尽量不失误或减少失误和顺利完成赛程并最终夺取胜利，是选择路线的基本标准。

第一，充分利用道路，坚持"有路不越野"的原则。

起点到第一个点，直线跑需艰难地翻越一座山峰，沿着小路行进到一岔口左转弯至小路的交会处，寻找点标。沿着小路行进，路线虽长一点，但不需翻山，省力。

第二，地形起伏不大，树林稀疏可跑的地段，坚持"选近不选远"的原则

第三，地形起伏较大，树林密集，障碍大的地段，坚持"统观全局，提前"绕"的原则。

第四，坚持"依线又依点"的原则。

第五节　捕捉检查点

捕捉检查点是参加定向越野比赛决定胜负的一项关键性的技能。每一条比赛线路的设计，都会体现出不同的交替出现的难题，它们有时考验体能，有时考验技能。当接近检查点时，应对检查点的实地准确位置做出分析和判断，并考虑采用何种方法去捕捉它。一般来说，常用的方法有定点攻击法、偏向瞄准法、距离定点法和地貌分析法等。

当检查点设在明显、较大的地物、地貌点上或附近时，可采用这种方法。

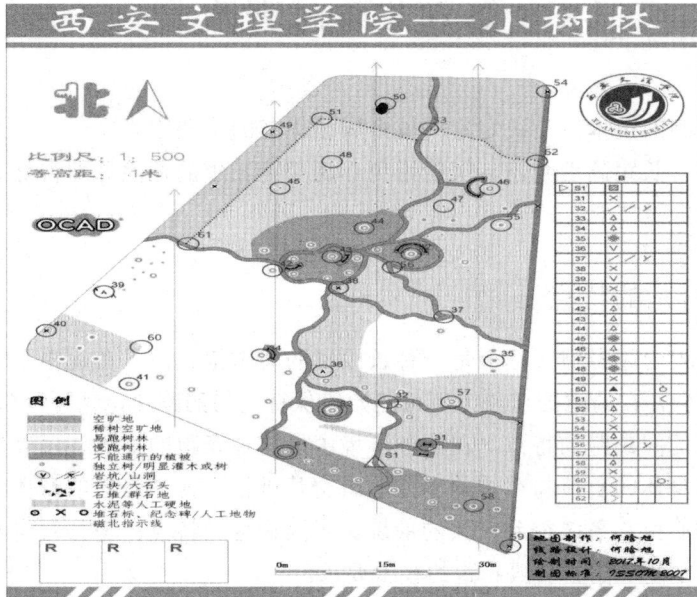

首先将这些明显的地物、地貌设为攻击点，然后根据这一攻击点与检查点的相对方位、距离关系寻找检查点。

二、提前偏差法

当检查点处于地势较平坦、无路、植被较多等以细碎为特征的地貌中时，可以采用距离定点法。

首先要以周围的地物、地貌特征为攻击点，利用指北针瞄准目标点方向，然后结合步测、目测等方法测算距离，逐步地接近检查点。

三、距离定点法

（1）择小路交会处作为攻击点

（2）沿小路到达攻击点，图上量出至检查点的距离（换算成复步）

（3）用指北针仔细地测定检查点的方向，沿此方向步测前往

（4）必要时，途中还需要仔细地查看地图

四、地貌分析法

在地貌有一定起伏的地域内，检查点设在低小地物附近时，采用此方法。

采用这种方法时，首先应根据地图上检查点与地貌的关系位置，分析出实地相对应的关系位置，再依据这种关系位置来寻找到检查点。

第六节 越野跑

掌握越野跑的技术也是决定定向越野成绩优劣的重要因素之一。要想在比赛中既能保持高速度、长距离地奔跑，又能避免一切可能发生的危险并取得好成绩，还需要掌握一定的越野跑技能。

一、越野跑的特点

定向越野中的越野跑实际上是一种长距离的间歇跑。由于在途中常常需要停下来看图和辨别方向，在崎岖的道路上不可能始终保持均匀的跑速，越野跑总是体现出走、跑、停相交替的间歇跑的特点。在野外环境中，这种奔跑的形式，可以使身体肌肉的紧张与放松、身体的负荷与精神的专注不断交替进行，使参赛者的身体各个部分特别是呼吸系统与心血管系统得到较大的锻炼。正因为这一特点，使得对定向越野中的越野跑技术要求不能等同于一般长跑的技术要求。

二、越野跑的基本要求

1. 基本跑步姿势

上体保持正直或微向前倾，使身体各部分（包括头、颈、躯干、臂、臀、腿和足等）的动作协调配合。善于利用跑步中产生的支撑反作用力和惯性，这一点在山地和丘陵地带尤其重要。时刻注意调整上体的姿势，使身体保持平稳，以此来提高奔跑的速度。

2. 呼吸

最好利用鼻子与半张开的嘴共同呼吸。在野外，风大、尘土多，要学会用舌尖顶住上颚呼吸。呼吸要保持自然、平稳、有节奏。当出现生理"极点"现象时，应及时调整呼吸的频率与深度。

3. 体力分配

可以按选择路段、比赛阶段、自身体能状况的不同确定体力分配。通过运动阶段（运动肌肉紧张）和休息阶段（运动肌肉放松）适时交替的方法，达到既快又节省体力的目的。

4. 行进速度

一般来讲，越野跑的速度不宜过快。过快或在途中加速太猛不仅会影响体力的正常发挥，而且会严重影响判断力。当地形有利（如参照物多，道路平坦）时，则可适当加速。

5. 行进节奏

行进的节奏要平稳、适宜。节奏过快会降低对周围环境的感知能力，过慢则会影响运动成绩。有节奏的动作可以减少体能的消耗。

6. 距离感

在越野跑中保持一定的距离感是必要的。它不仅可以帮助提高找点的速度，也有利于体力的计划与分配。可以通过测量自己的步长，或参考有关数据进行距离感的训练。

7. 间歇时采取的正确方式

一般来说，在间歇时采用放松性的慢跑比走好，走比停下来好，没有特殊情况不要坐。当然迷路、迷向时就另当别论了。

三、不同地形越野跑的技术

越野跑时，由于跑的地点和环境在不断地变化，由此跑的技术也要随之变化。下面介绍几种在常见地形上的越野跑的技术。

第一，沿着路道跑时，采用与中、长距离跑基本相同的技术，并尽量注意在路面平坦的地方可采用加速奔跑。

第二，过草地时，用全脚掌着地，看清地面，以免陷入坑洼或碰在石头上。

第三，上坡时，上体应前倾，大腿应高抬，并用前脚掌着地，小步跑上去。遇到较陡的斜坡时，可改用走步的方法或用"之"字形跑（走）法，必要时还可用单手或双手辅助攀登。

第四，下坡时，上体应稍后倾，以全脚掌或脚跟着地的方法行进。遇到较陡的下坡或地面很滑的斜坡时，可改用侧脚掌着地，甚至采用蹲状并用手在体后牵拉草、树、撑地等方法行进。到达下坡的末端时，可顺坡势疾跑至平地。

第五，从稍高的地方（1.50 米以下）往下跳时，可用跨步跳的方法。踏在高处的腿（支撑腿）必须弯曲并用力蹬地，另一条腿则向前下方伸出，跳下；两脚着地，并屈膝来缓和冲击的力量。在落地时，两脚应稍微前后分开，以便继续前跑。从很高的地方往下跳时，应设法降低下跳的高差，并根据情况采用屈膝深蹲或坐地双手撑跳下或侧身单手撑跳下的方法。落地时要两腿用力，屈膝深蹲。

第六，穿树林奔跑时，要注意避免被树枝、树叶、藤蔓等刮伤，特别要防止眼睛被树枝戳伤。此时，一般都随时用手护住脸部。

第七，过障碍物遇到小的沟渠、土坑、矮的灌木丛或倒伏树木时，要增加奔跑速度，大步跨跳而过，落地的同时上体稍向前倾，以保护腰部，且便于继续前跑；在通过较宽的沟渠时，可加速跑，采用大跨步跳和跳远的方法越过，落地时，要防止后倒；遇到大的倒伏树木或其他矮障碍物，可以用踏过它们的方法越过；遇到较高的障碍物如矮围栏、土墙等，可用正面助跑蹬跳和单手或双手支撑的方法翻越。

第八，通过独木桥等狭窄悬空的障碍物时，应采取使脚掌外转成"八"字形的方法。如果这类障碍物很长，就不应跑，应平稳地走过。

第四章　定向运动教学

第一节　定向运动教学目标与教学重点

一、教学目标

（一）培养终身体育观念

培养终身体育观念，确保学生从教育、竞技、娱乐休闲、健身及文化特征等方面充分了解定向运动，理解定向运动对人的生活和工作的价值，认识定向运动在学校体育和社会体育中的地位和作用，树立正确的学习态度，培养终身体育观念。

（二）提高体能、陶冶情操

提高体能，陶冶情操，全面发展学生在自然环境中的走、跑，及走跑中动脑思考等基本能力，提高学生的体能和陶冶情操。

（三）掌握定向运动的基本理论和基本技术

使学生掌握定向运动的基本理论知识和基本技术，及增强体质、提高思维能力的手段和科学方法，达到一定的竞技水平。

（四）具备定向运动课程的四种能力

具备定向运动课程的四种能力，即具备定向运动课程的基本教学能力、业余训练能力、竞赛组织与裁判的工作能力和定向运动健身的指导与管理能力。

（五）促进身心全面发展

培养学生良好的意志品质、创新能力、独立思考能力、独立处事能力、合作精神和开拓进取的精神，促进学生身心全面发展，以便适应社会发展的需要。

二、教学要点

为了实现以上教学目标，在体育专业定向运动课程教学中应该把握以下要点。

（一）教学要突出基本理论、基本技术和基本方法

教学要突出基本理论、基本技术和基本方法，使学生达到一定的运动技能水平。定向运动是一种体能与智能相结合的运动。在定向运动中动作技术并不多，除了在复杂多变的环境中的越野跑技术，定向运动只有辅助读图技术中的运动标定地图、折叠地图和拇指辅行技术是一种体验性项目，打卡技术中含有较高的动作技能部分，大多数定向技术更多的是以认知成分为主。定向运动认知技能的掌握要建立在不同的场地中反复实践的基础上。36 个课时的定向运动只有突出基本理论、基本技术和基本方法的教学，使学生达到一定的运动技能水平，才能为学生进一步的实践打下坚实的基础，达到定向运动课程的教学目标。

（二）突出教学内容的系统性

在突出基本理论、基本技术和基本方法的教学过程中，要注意教学内容的系统性，让学生了解定向运动的知识和技术体系，并了解定向运动知识和技术体系的层次结构及互相关系，系统掌握定向运动知识和技术体系中基本曾记得的知识和技术内容。只有这样，才能为学生在定向运动方向上的进一步发展奠定基础。

（三）培养定向运动的教学能力或社会体育指导能力

体育专业定向运动课程设置是为培养未来的体育教师、社会体育指导员、教练员服务的。在定向运动课程的教学中，应突出定向运动教学能力和社会体育指导能力的培养。

（四）培养定向运动创新能力

创新能力的培养是当代社会对人才培养的基本要求，在《课程方案》和《专业规范》中有关培养规格的要求中都强调培养体育专业学生的创新能力。在定向运动教学中培养定向运动创新能力是指以培养学生围绕定向运动的独特特征对定向运动的形式、内容和实际应用的创新能力。

（五）小组学习

定向运动教学中的很多活动都要以小组的形式组织，如课前场地布置，裁判工作联系后的交流讨论会，教学安全、团队赛和接力赛及团队素质拓展等，以及定向运动的教学安全要求都特别适合组织小组学习。如果让单位组织交流讨论，在开始公园特别是森林公园定向时，以小组为单位进行将更加安全有效。另外，地图测绘和路线设计如果以小组学习的形式进行，教学效果和效率会有明显的提

第二节　定向运动的教学文件

定向运动的教学文件是组织安排定向运动教学工作的重要依据，主要包括定向运动教学大纲、教学进度，以及定向运动教学的理论指导和实践体验。

一、定向运动的教学大纲

在我国，由于定向运动的普及程度还没有达到进入基础教学行列的程度，所以定向运动的教学大纲是根据各院校教学计划所定制的培养目标、教学任务、课程时数等具体要求，由教研室制订实验方案，经有关领导批准后贯彻执行，具有一定的随意性和地方性。其主要包括以下几个部分：

（一）前言

前言是对定向运动教学大纲的具体说明，明确说明教学大纲的依据及培养目标，具体列出教学任务和要求。教研室和任课教师必须以大纲为准，全面地完成教学大纲所规定的内容和要求；未经教学研究室允许，任课教师不准随意更改。

定向运动教学的首要任务是以培养学生的兴趣爱好，正确掌握其技能为重点，使学生全面掌握定向运动的理论知识、基本技能和战术意识，能够组织竞赛、掌握裁判工作，能够独立完成地点勘测和绘制，并能够进行科学的研究和探讨。

定向运动教学是一项系统的教学过程。在这一过程中，无论是教学大纲的制定与组织实施，还是课时安排、课程组织教学、基本技战术的运用掌握，都应从系统的观点出发，把整个定向教学组成为一个完整的系统的教学过程，并加以精心的组织规划，选择和制订出整体最优化的教学方案和教学方法。

（二）教材的课时分配

教材分为定向理论知识掌握和运动技能两部分，其教学时数应以教学计划中规定的定向教学的总时数为依据，根据项目的培养目标和项目教学特点，按一定的比重分配到理论知识的掌握和技能训练两大部分之中。在具体安排教材内容和课时时数时，教师应注意以下几点：

1. 确定理论和技能课的比重

在每学期的定向课程中应根据培养目标的具体要求，恰当地确定理论和技能课的比重，一般按 1：5 或 1：4 来安排。

2. 基础理论和技能理论指导的合理安排

理论课的安排应考虑其系统性和各单元的先后顺序，还应注意基础理论和技能理论指导的合理安排。

3. 技能练习应从易开始

当学生对理论知识和整体技能都能充分掌握时，可安排大运动量的技能练习。

4. 注意练习的环境

基础教学应该注意练习的环境，不得影响其他正常的教学秩序，还应该注意人身安全。

5. 练习可交替进行

团队练习和个人练习可交替进行，以活跃课堂气氛。

6. 考试、考察的要点

要明确说明每学期考试、考察的要点。

（三）教材内容

理论部分应列出所教授的教材内容。要求教师在教材基础内容和技术技能教学上，吸纳国内外科研发展的动态、新成就以及不同的学术观点，提高教材的深度，启发学生求得新的知识，并能运用学到的理论知识指导实践。

基本技能部分，应明确说明各内容的教学目标、特点和作用、发展趋势，技术动作规格，技能教学的方法、步骤，产生错误的原因和纠正方法，场地器材的认知和使用，比赛的规则，裁判的方法及安全措施等。

（四）课外作业

为加深学生对课堂学习内容的认识和理解，培养学生独立思考、善于动脑分析和解决学习中出现的实际问题的能力，在教学过程中应安排部分理论课和技能课的试题，并明确规定其内容、要求和评分方法。

（五）课堂练习

根据教学大纲要求，为了进一步培养学生对技能的掌握能力和教师的教学能力，应安排学生在课堂上进行理论课和技能课的练习，并提出具体的要求和评价方法。

（六）考试考核

成绩考核是检查教学效果的主要方法，也是根据教学计划所规定的各学期考查、考试要求进行的。考核的内容包括理论考试和技能达标两大部分。

二、教学进度

教学进度是教师根据教学大纲的规定对该项目的教材内容所制订的教学方案，其中包括理论课和技能实践课的课时分配、课程安排及课堂任务。制定好教学进度是每位任课教师进行学期教学工作的主要依据。

制定教学进度时，由教研室指定某位教师定教学进度，经讨论研究后再由教研室批准执行。教学进度是教研室的教学总课程表。因此，教研室应对各年级的教学内容的先后顺序、场地器材进行合理的调配和布局，以避免在教学过程中各个年级之间互相干扰。制定好的教学进度应填写学期表和教学进度表，以整理备案。

三、理论课讲稿和技能课教案

理论课的讲稿和技能课的教案是任课教师根据教学大纲所规定的教材内容、要求和教学进度的课次、时间安排

来编写的。在理论课讲稿中，教师应重点讲授教材的基本内容；另外，还应增添本学科新知识、新发展、新趋势，结合教师个人的观点来论述技术发展的动向。技能课教案应遵循技能教学阶段的特点；课后要在教案上总结本次教学效果、存在问题，在以后教学时加以改进。

第三节　定向运动的教学原则

教学原则是教师进行教学工作必需的基本原则，它既能客观地反映定向教学的一般规律，也是对系统教学过程中积累教学经验的概括和总结。加深理解和在教学中正确地贯彻运用教学原则对培养学生学习的积极性，提高学生分析问题和解决问题的能力，促使教学质量的不断提高都具有重要的意义。

定向教学原则是在体育教学论的基础上，对定向运动教学客观规律的反映，并在教学实践的发展过程中不断地得到补充和完善。目前在教学中提出的教学原则主要有自觉积极性原则、直观性原则、从实际出发原则、循序渐进原则、身体全面发展原则、合理地运动负荷原则和巩固提高原则。

一、自觉积极性原则

（一）加强对定向运动的理解，端正学习态度

定向运动是一项集智能、体能于一体的运动，它是一项个人体验项目，只有亲自参与才能体验其乐趣和价值；同时，它又是一项团队协作项目，参与者分工协作完成任务，体验团队能力和价值，是一项融团队协作和个人体验为一体的项目。

因此学习时，应先从基本理论和技能着手，让学生在实践中学习它、认识它，并不断在体验中感到快感和乐趣。另外定向即生活，人生都是在定向，每个人的每时每刻都要对自己、对团队所处环境予以评估，作出决策并执行。由此可见，定向运动是最贴近生活的一项集智能练习、体能锻炼为一体的很有趣的体育项目，需要每个人一生能自觉地参与和体验。

（二）提高学生的学习兴趣

兴趣在学生的学习中具有一定的动力作用，创造性思维的发展又会促进学生更快地掌握各种复杂的技术环节，促使教学效果得以进一步提高。定向教学本身就是一项很有趣的体育运动项目，它不受场地、器材、环境等客观因素的影响，是随时随地都可以进行的体育游戏性项目，让参与者在大脑的支配下按自己设计路线进行搜索查找。

如果在教学过程中，制定出更合理的、合乎规则要求的竞赛方法去执行，则更能激发学生学习的兴趣和爱好，并能加深参与者对该项目的理解和调动参与者创新的积极性。

兴趣对定向运动教学活动中的创造性思维具有良好的促进作用，创造性思维的发展又会促进学生更快地掌握各种复杂的技能要求，促使教学效果得以进一步提高。定向教学中有很多教学方法、措施，均可培养和激发学生的学习兴趣。教师应根据教学的实际情况，针对学生学习中存在的问题，选用适当的方法、手段，收到良好的教学效果。

（三）通过教师的引导作用来

培养学生学习的自觉积极性，在定向教学的互动活动中，必须发挥教师的引导作用，这是每一位教师教学艺术水平的体现。教师必须把课堂教学组织得生动活泼、紧凑严密，课前做好针对性备课，课上讲解简明扼要。教师要根据课程的特点，充分调动学生的主动参与性，让学生在安排检查点及选择路线时也充分体验整个教学过程中的乐趣，以此来促进学生学习的自觉性，主动地去完成课堂上的学习任务。

二、直观性原则

直观性原则是指教师在定向教学过程中采用直观的方式，使学生通过自身的感知形成的影响，对教学、训练、比赛中的某个技能环节或整个过程获得感性认识。定向运动的直观性教学要有利用地图的讲解、对教学和比赛录像的感知，及技能仪器的使用等，它们在教学中起着互相补充的作用，是人的思维和体能在运动中的充分展示。因此，定向运动教学需要全身心的投入，既要有聪慧的头脑来进行快速的思维和判断，又要有充分的体能储备。

教学中运用直观性原则的方法，手段是多样化的。具体到课堂练习时，教师可边做边讲。特别是对地图和指北针的使用及点标和点标卡的使用，应让学生很直观地学会学懂。

在学生练习中出现的错误动作和对技术动作掌握不熟练时，教师讲解示范解决学生疑难问题，使他们掌握正确技术和纠正错误动作都会收到良好的效果。这就要求教师的讲解提示要有启发性，语言生动形象，示范准确逼真，注重将生动的直观、抽象的思维和具体的练习结合起来，使学生获得正确的技术表象，准确地感知技术动作全貌和各技术环节之间的结构，加深对整体技术的理解，教学结合反复练习，最终达到准确地掌握定向运动各项技术的目的。

三、从实际出发原则

从实际出发原则是指教师在定向教学中确定的教学任务、内容，采用的组织教法和运动负荷安排，都要符合学生的年龄、运动基础、身体发展水平等实际状况。

（一）从现有的实际状况出发组织好课堂教学

课前，教师应全面掌握学生对定向运动的认识、兴趣、爱好、身体发展水平、接受能力等方面的情况。只有熟悉以上这些情况，只有熟悉了以上这些情况，才能有的放矢地组织教学，选择合适的教学方法，合理地安排运动负荷。

教学中教师要根据学生的接受能力，确定教材内容的深度；根据学生身体素质与掌握技术的能力，在课堂练习中降低或提高对某一技能环节的要求标准。

总之，要根据不同的教学对象，采用不同的练习方法，以达到准确地掌握技术、完成教学任务的目的。

（二）区别对待，组织好课堂教学

每一次课都是根据进度和上一次课学生学习情况编写教案实现的，要根据学生之间的差异，一采用区别对待的方法组织好课堂教学。例如在一个班级里，大部分学生的智能水平和运动基础是相近的，但有少部分学生存在着一定的差距，表现为少数较好和较差两类。学生中出现的这种差异是客观存在的。为了取得良好的教学效果，在课时任务、内容、组织教法和运动负荷等方面，就必须在一般要求的基础上做到区别对待。

对有一定定向基础、接受能力较强、掌握技能较快的学生，可适当提高要求；对另外一部分智能水平较差、掌握技能较慢的学生，则应采取减少动作难度和负荷强度及加强辅导等措施，以利于学生在力所能及的条件下顺利地完成学习任务。

四、循序渐进原则

循序渐进原则在定向教学中是指教学内容、方法、顺序和运动负荷的安排要严格地遵循技能教学的规律，由易到难、由简到繁、由未知到已知逐渐深化，才能使学生顺利地掌握定向运动的知识和技能。

（一）教学大纲、教学进度的安排应贯彻循序渐进的原则

定向运动是新兴项目，目前在我国的普及程度还不高，学生对该项目的需要是从不知到感知。另外，它又是一项智力和体力共同参与的有趣的体育活动。因此，需要充分的理论课的指导，才能让参与者对该项目得以充分的认识。理论课的安排，不仅要考虑各单元理论的先后顺序，还应考虑与技能课之间的关系。

例如，定向概述应安排在定向课的开始，使学生对定向运动有一个概括的了解；对地图和指北针的使用以及点标卡的使用也应安排在教学进度的前面，是为了让学生首先懂得怎样在运动中去认识地图，选择最合适路线，运用指北针指引着去完成打点。

定向运动的教学训练、理论课安排在实践课的中间完成，并让学生对该项目有了初步了解后才能真正地理解它、认识它，进而转化为自己的东西去教给别人。

定向运动的竞赛、组织、裁判方法及场地的设计和绘图等应安排在定向课程的后期，可以让学生在充分掌握理论、技能的前提下，自己去组织教学、训练和小型的比赛。这样，既充实了教材的内容，又提高了学生学习的积极性。

（二）教学内容、方法要循序渐进的适合学生现有的接受能力

在课程教学中，选用教材内容的难度和要求要适合学生的理解能力和接受能力，在技能课的教法步骤与方法选择上，应先从简单易懂的地理环境开始。随着技能水平的提高，可逐渐加大环境的难度和增加跑动的距离，使学生循序渐进地加深理解和认识，学习和掌握更高水准的理论知识和技术技能。

五、身体全面发展原则

定向运动的特点是智能和体能全面发展和提高，使参与者的身心得到全面锻炼和提高，而身体全面发展体现在身体各部位、各器官系统的机能上。

（一）定向运动对参与者体能要素提出了更高的要求

定向运动中的中程耐力和长程耐力，是关系学生体能的因素，包括力量、协调性、灵敏性和平衡能力等，也是定向运动的重要体能要素。

例如，短距离定向需要的是无氧能力，长距离定向需要的主要是有氧能力，中距离定向比赛则需要的是有氧和无氧能力的结合。

另外，定向运动在奔跑中还要进行读图、选择路线等认知活动。奔跑时路线和地表状况的临时性、多变性，学生无法准确预测，使这种奔跑明显不同于田径场上的奔跑，因此对参与者的力量、协调性和平衡能力等体能要素提出更高的要求。

（二）定向运动又是一项休闲娱乐性项目

定向运动又是一项休闲娱乐性项目，它可在教室、操场、校园、公园、小树林等环境中进行。在自然地形中奔跑是一种十分有效的发展心肺功能，锻炼肌肉的协调性、灵敏性、柔韧性和平衡能力的很好方法。此外，概括一般的跑步活动，定向运动的乐趣增加了活动的吸引力，应对智力挑战转移了对身体运动的注意力。参与者的主动性和积极性更高，运动时间和距离更长，对全身心的发展十分有益。

（三）定向运动还能在运动中增长知识和技能

定向运动涉及地理学、环境地理学、数学、地图学和指北针应用等多方面的知识和技能。

地图是现代社会符号体系的重要组成部分，认识和理解现社会符号的能力是基本的生活能力。地图和指北针是开展野外工作和活动的重要工具，应用它们的能力是基本的野外生存的能力。

通过定向运动可以在休闲娱乐和健身中学习和掌握地图和指北针的使用方法。提高适应野外生存、生活和工作能力。

通过定向运动还能学习和应用自然地理学和环境学方面的知识，从而使有关知识得以拓展，更加丰富对世界的感知，以此使身心得以全方位的提升和满足。

六、合理的运动负荷原则

合理的运动负荷原则是指在定向运动中，根据教学任务、教材特点、教学条件和学生的实际水平，合理安排每学期、每次教学的运动负荷。影响运动负荷的因素是负荷量和负荷强度。负荷量是指完成练习的次数、数量、时间、距离和重量等。负荷强度指在单位时间内完成练习所用力量的大小和集体的紧张程度，包括练习时的密度、完成练习作用的时间和跑动的速度。

负荷量和负荷强度在定向教学中应是相互配合的。教学过程中，为熟悉地图的阅读和器材的利用，负荷量和负荷强度都会相对小些。在逐步适应和掌握上述技能后，应逐步增加负荷的强度。在要求增加跑动速度时应尽量减少跑动的距离和次数，反之亦然。这样在负荷量和负荷强度交替增加和减少的过程中，使学生的兴趣、爱好得以更好的激发，并能起到强身健体的功效，以利于该项目的进一步开展。

七、巩固提高原则

巩固提高原则主要是要求学生能牢固地掌握定向教学内容中的基本理论和基本技能，并在此基础上得以不断地提高，为将来更艰苦的定向越野和野外生存打下良好基础，为挑战自我、挑战大自然、挑战极限创造良好的条件。

总之，在定向课的教学中，教师要充分利用有限的时间，组织学生进行反复、经常的练习，讲解应简明扼要、生动具体。精讲多练习可以有较多的时间让学生进行实践。练习的次数增多，就能促进对技能的掌握、巩固和提高；在课堂重复练习中，才能建立正确的思维方式和跑动节奏，方能更加巩固和提高所学的技术、技能。应防止单纯追求教学进度而忽视运动技能的掌握和提高的倾向。

第四节　定向运动技术教学方法

定向运动技术教学方法主要有完整教学法、分解教学法。另外，定向运动的认知特征决定了其特别适宜采用自主学习法、探究式学习法和合作学习法等现代体育教学方法的教学。

一、完整教学法与分解教学法

定向运动教学通常先采用完整教学法，让教学对象在体验定向乐趣的过程中首先熟悉地图符号、地图持握技术、利用特征标定地图及拇指辅行技术，然后再采用分解教学法学习指北针技术、路线选择执行技术。

（一）完整教学法

定向运动技术完整教学法，是让初学者在适宜的地形中以走或跑的形式完成定向路线，体验定向运动。在进行初次定向运动体验之前，应该安排学生持图走练习，向初学者介绍定向地图图例、正确的地图持握法、利用实地特征标定地图的方法，以及拇指辅行法等基本的定向运动技术。

1. 持图走路线的选择

持图走应选择便于用实例说明主要图例的路线，应能让初学者方便地学习标定地图和拇指辅行技术。在实际应用时，通常首先选择线状特征作为持图走路线。

2. 路线设计

路线设计的目的是让初学者在体验定向的乐趣中掌握定向地图图例的具体意义。因此，为初学者设计的路线应该是只需要初学者沿着道路、小径、各种植被特征边缘及其他熟悉的地物特征寻找检查点的路线；应该能让初学者在没有指北针的情况下，也能够通过地图与地形的对照找到检查点；应该避免设置比较难的检查点。所有检查点的特征都应该非常鲜明，能反映地图图例定义的典型特征。

3. 按顺序寻找检查点

初学者初次体验定向运动时往往会忘记按顺序寻找检查点的练习规则。在初学者出发前应该反复强调按顺序寻找检查点的规则，还应通过路线设计引导他们按顺序寻找检查点。

（二）分解教学法

分解教学法是定向运动技术教学中最常用的方法。在尝试野外定向之前，应该通过分解教学法让教学对象在教室、会议室、体育馆、办公楼、校园或城市公园等环境中，学习读图技术、指北针技术，掌握读图技术与指北针技术的配合运用技术，掌握路线选择及路线执行的基本技术。在进行野外定向练习时，可通过分解教学法的应用，可以使教学对象全面细致地掌握各种高级定向技术。

二、现代体育教学方法在定向运动中的应用

（一）自主学习法

定向运动中路线选择的过程实际上是一个决策的过程。学习和掌握路线选择技能的过程是一个学习和掌握路线决策原则和灵活运用原则进行决策的过程。路线选择是适合采用自主学习法学习的。

采用自主学习法学习路线选择时，可以先安排学生查阅路线选择的相关资料，然后观摩其他运动员的路线选择资料，最后按老师提供的路线进行用不同行进路线完成一个个路段的练习并对练习结果进行比较分析，最终形成富有自己个性特点的路线选择原则方式。

（二）探究式教学法

路线选择适合采用探究式教学方法进行教学。采用探究式教学法时，可以由教师首先提出"路线选择的基本原则"，经由学生分组讨论，提出各种路线选择原则的假设。

接着，由教师提出一条实际的路线，并估计完成时间。然后，让同组的学生分别按不同的行进路线完成一个个路段，每完成一个路段都应进行讨论，验证选择的路线。最后，可按照体能分组组织学生进行路线选择比赛，看谁的路线选择得最好、最合适。

（三）合作学习

当学生已掌握了基本的定向知识以后，在进一步的教学中可以团队为组织形式进行合作学习。使用合作学习法进行教学时，教师一般采用异质分组，将学生分为若干个团体进行团队赛练习。在出发前，教师给学生安排一定的时间进行讨论和分工，并要求同队学生应在比赛中相互提供帮助；比赛完成之后，教师要安排学生进行讨论；最后，安排每个团队派出一名成员代表团队做总结性发言。

第五节　读图技术教学法

对于定向运动技术学习来说，读图是最基础的、最重要的技术。迅速、准确地读图是提高定向运动水平的关键。

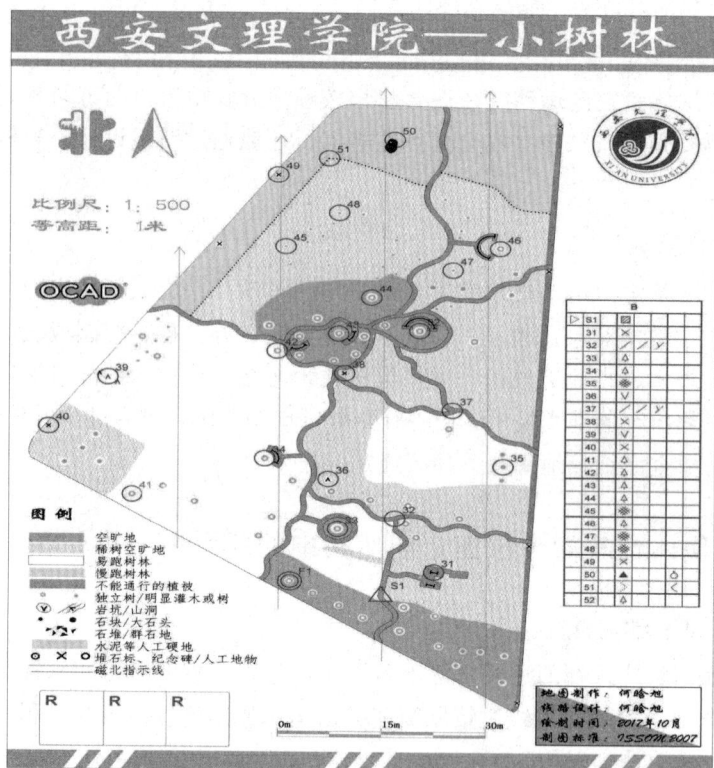

一、引导没有经验的学生掌握地图的基本知识

对于没有经验的学生，读图技术的教学主要是让学生掌握地图的基本知识，了解地图颜色和地物符号所标示的特征，掌握图一地对照、折叠地图、拇指辅行、利用线状特征标定地图等技术，教学场地以校园为主。

二、引导有一定基础的学生进行分解教学

对于有一定基础的学生，读图技术的教学主要是在确保安全的情况下，把学生带到公园或树林去学习，通过分解教学等方法强化学生图一地对照、折叠地图、拇指辅行和标定地图等技术动作，要求学生初步掌握简化识图、记忆读图、提前读图、概略读图和精确读图等综合技术。

第五节　定向运动教学中常见的错误及其纠正方法

了解定向运动教学中已出现的常见错误及其纠正方法，不但有利于指导学生更快更好地掌握定向运动技能，也能有效地避免运动伤害。

在定向运动教学中出现错误的主要原因可能是以下三点。

第一，教师动作技术概念讲解不清，导致学生出现理解错误，无法明确关键技术环节。

第二，教师安排的教学内容和指导方法与学生的接受能力有差距，导致出现错误的动作。

第三，学生的身体素质和认知能力不均衡，导致体能好、识图差的学生跑过头，体能差、识图好的学生在对体能要求高的复杂地形中出现认知错误。

另外，在疲劳的情况下学习和练习也会导致一些错误动作的出现。学生原有的一些错误技能及学生的心理素质也会对学习和练习的效果产生较大的影响。

一、迷失方向

（一）常见的原因

迷失方向最常见的原因是行进速度过快，注意力不集中且没有标定好地图。

（二）纠正方法

纠正方法是控制行进速度，强调在练习中集中注意力，标定好地图再前进。

二、指北针使用上常见的错误

（一）指北针标定地图不准确

1. 错误原因

对用指北针标定地图的原理不准确，对指北针的操作不熟练，指北针与地图磁北线没有完全平行，地图没拿平，指北针持握位置不当，导致在观察指北针与地图磁北线的位置关系时出现偏差。

2. 纠正方法

理解指北针标定地图的原理，在进行指北针技术练习时注意技术细节，培养规范的指北针使用习惯。

（二）180 度错误

180 度错误是指在用指北针确定行进方向时，确定的行进方向与实际行进方向正好相反。

1. 错误原因

对指北针磁针的判断错误，指北针磁针与地图磁北线平行，但磁针的指向与地图的磁北线正好相反。

2. 纠正方法

在确定前进方向时，在使磁针与磁北线平行的同时，注意使磁北针方向与地图磁北线方向保持一致，时刻注意"红对红"。

三、读图中常见的错误及其纠正方法

（一）提前停下来

提前停下来的情况主要有：站立点错误、没有提前读图、距离判断有误、导航特征与导航能力不匹配、没有注意地图比例尺等，其主要原因是拇指辅行和提前读图技能不过关。

（二）纠正方法

加强拇指辅行、提前读图、判断距离、简化地图等练习，养成拿图先读图比例尺的习惯。

四、精确读图中常见的错误及其纠正方法

（一）精确读图时迷失位置

1. 错误原因

简化地图不够好，受相似特征的干扰，不可根据地形调整速度。

2. 纠正方法

加强提前读图，简化地图练习和速度调节机能的培养。

（二）平行错误

1. 错误原因

读图太粗心或速度太快，导致混淆相似地形因疲劳导致读图错误。

2. 纠正方法

认真读图，提前预防前进方向上出现的平行错误。控制体能与认知能力的均衡，在疲劳的情况下降低速度，保持头脑清醒，保证读图质量。

第六节　定向运动技术基本练习手段

定向运动技术基本练习手段是指在定向运动技术教学中，教师为使教学对象尽快地学习和掌握技术所采用的一些与技术密切相关的具体练习手段。定向运动技术教学中主要的基本练习手段有安全方位练习，有约束的定向练习，专线定向练习，星形定向练习，盲区定向练习和教学路线等。

一、安全方位练习

安全方位练习是指可借助指北针定位，引领迷路者到这大而易辨识特征的方位；或在定向活动前，由活动组织者提供给参赛者，以确保参与者能安全返回的方位。

安全方位练习是定向运动技术指导中重要的练习手段，它既是最基本的指北针技能练习手段，又是最基本的运动安全措施和保护手段。在定向运动技术指导中，服务对象进入野外森林中进行定向练习之前，应进行安全方位练习。

（一）方法 1

在室内或操场，利用指北针走方形路线。

（二）方法 2

（1）在一块具有明显边界（道路）的树林中，给每一个练习者发一张地图和指北针

（2）确定最后的集合地

（3）确定安全方位，如北方

（4）练习者自己在林中确定起点，之后由起点出发向北行进到公路，再沿着公路向东到达建筑物

（三）方法 3

第一，在每个交叉路口设置一个点标旗作为集合点，以林地的中心地带作为出发点。

第二，教师则任意指定一个集合点，练习者两人一组在林地中任选一位置作为起点，后由起点确定安全方位，沿安全方位到达集合点。

二、有约束的定向练习

有约束的定向练习是指进行定向练习时，通过设置标志物、障碍物将练习者限制在一定区域内进行练习的训练手段，是一类保护和帮助性练习方式。有约束的定向练习常用于学生刚刚开始进入森林中进行定向练习的阶段，或由有保护的定向向完全独立的定向过渡的阶段，能够加快学生适应森林中定向的过程。

（一）方法1

第一，在简明地图上标出一条简单的路线。沿着简单明显的线状特征，通过森林、越过小溪，甚至穿过灌木林。

第二，用绳索或彩旗沿着路线将沿途的特征连起来，在实地布置出一条定向路线。

第三，将检查点设置在非常明显的特征上，最好是在独有的特征上，点标旗挂在绳索上。

第四，让练习者沿着绳索，尽可能快地完成每个检查点，练习者每完成一个检查点，在检查卡上留下记录的同时，同时在地图上标出检查点的位置。

（二）方法2

第一，在地图上标出一条沿着线状特征的路线，线状特征及应包括明显的线状特征如道路，也应包括不明显的线状特征如不同植被区域的边界。

第二，用路线为中心线，在路线两侧一定距离范围内，沿着路线以绳索或彩旗为安全线，隔离出一活动区域。

第三，将大部分检查点沿路线设置在明显特征上，将少量检查点设置在离路线一定距离的明显特征上。

第四，让练习者在安全范围内进行路线选择，尽快地完成每个检查点。

（三）方法3

这是一种将有约束的定向练习与普通路线结合起来，并将有约束的路线作为普通路线的一部分进行练习的方法。有约束路线通常设置在普通路线中难度比较大的部分，如穿越林地部分。

三、专线定向练习

专线定向练习是指练习者沿着规定的路线行走，并在地图上标出练习者站立点的练习手段。专线定向是最常用的定向基本技能练习手段，是理解地图符号间的关系，发展标定地图、拇指辅行技能的有效方法。在技术指导中常用的专线定向练习有持图走练习、跟随领头人走练习和经典的专线定向练习。

（一）持图走练习

持图走练习是指在地图上标出行进路线，检查点设置在沿着行进路线的特征上，练习者沿着行进路线在实地行走，并在行走中将看到的检查点在地图上准确标出的一种练习手段。

持图走是一种适用于初学者的练习手段，能有效地让初学者迅速理解地图符号、理解和掌握标定地图和拇指辅行技术。在持图走练习中，持图走实质上是一种保护与帮助的指导手段，通常与服务对象一起持图行进，在行进中适时的启发并提供服务。

（二）跟随领头人走练习

跟随领头人走练习是持图走的变化形式或高级形式，既适用于初学者，又适用于有一定基础的练习者，是一种练习标定地图、拇指辅行、确立站立点、记忆地图的有效手段。练习中，教师指定的练习者作为领头人持图沿着自己选择的路线领跑，间隔一定距离（约20m），其他练习者（2～5人）持图在后面跟随。每跑约500～1000m，领头人停下来，让其他练习者指出目前的站立点，从上一个站立点到达目前站立点的实际路线。

（三）经典专线定向练习

专线定向是指让练习者在实地沿着标绘在地图上规定路线行进。专线定向有三种类型：

1. 入门的练习模式

地图上和实地中无检查点，练习者沿规定的路线前进。这种专线定向较简单，是一种入门的练习模式。

2. 正确的执行路线

地图上和实地中有检查点，练习者沿规定路线前进，通过检查点来检验练习者是否正确的执行了路线。

3. 发现检查点的位置准确的标绘在地图上

地图上无检查点，而实地中，在规定路线上或规定路线两侧的一些特征上设有检查点；指练习者在沿规定路线的行进过程中，将发现检查点的位置准确的标绘在地图上。这种练习包括两种情况：

（1）实时将检查点位置标绘在地图上

（2）在完成整个专线后，凭记忆将检查点位置标绘在地图上

专线定向练习适合所有水平的练习者，是提高路线执行能力特别是标定地图、拇指辅行、等高线认知能力的重要练习手段，同时也可以作为提高地图记忆能力的重要练习手段。专线定向的难度可随着练习者的水平变化。

第一，由室内到室外、由校园到公园、再由公园到野外。

第二，由没有检查点到有检查点、由检查点在专线上到检查点在专线附近、由检查点在明显大特征上到检查点在小特征。

第三，由发生检查点后在地图上实时标出检查点位置到完成整个路线后标出检查点位置。改变可提高专线的难度：由室内到室外，专线由短到长，由没有点到有检查点，由检查点在专线上的特征到专线附近的特征上。

四、星形定向练习

星形定向练习是指以星形定向为组织形式进行的一系列练习。在星形定向中，将练习的起点和终点放在一起，设置在练习场地的中心，教师在场地中心指导。参加练习者同时由起点出发，各自完成一个检查点或一条路线返回终点。回到终点后的练习者，可以就练习中遇到的问题与教师进行交流。之后，练习者间交换任务，继续练习，直至完成所有的检查点或路线。

星形定向是一种高效定向练习组织形式。采用星形定向组织练习，多名练习者同时出发，完成任务后回到场地中心，可以及时得到教师指导，并且能立即将教师的提示应用到练习中，依次循环，直到完成所有任务。这种练习，练习时间的利用率高，练习质量高，练习效果好。

五、盲区定向练习

盲区定向练习是指利用练习路线上带有盲区的地图进行定向技能练习的一类练习手段。所谓盲区是指练习路线上被黑色或白色遮盖，而不能提供任何导航信息的地图区域。盲区定向练习是练习指北针技能，培养方向感、距离感的常用方式。常用盲区定向练习包括经典盲区定向、廊式定向、窗式定向、空白图定向等形式。

六、教学路线

教学路线是指在地图上标出各种保护与帮助信息，并在实地设有各种保护与帮助标志，指导初学者安全、顺利完成第一次或最初的几次定向体验的一种练习手段。教学路线是定向运动技术指导的"速成"路线，适用于不能系统参加定向运动锻炼，也不要求熟练掌握定向运动技能，只是能体验定向运动乐趣的参与对象。

第七节　定向运动教学的评价

教学评价是教学工作的重要组成部分，是检查学生学习情况和教师教学质量的有效方法。通过教学评价，其有助于调动学生的学习自觉性和积极性，激发学生努力学习、刻苦锻炼的积极性，达到巩固提高定向运动技术和增强学生体质的目的；同时，也为教师总结和改进定向运动教学工作提供可靠的依据。

一、对教学评价的目的

第一，了解学生的学习情况与表现，以达到学习目的。

第二，检验学生的学习效果和教师的教学效果，分析并找到原因，改进教与学的方法。

第三，给学生展现自己的机会和平台，增强学生自我认识、自我教育的能力。

二、教学评价的内容、方法和形式

《体育与健康课程标准》规定：教学评价的内容主要包括四个方面：体能、理论知识、技能和学习态度。这样，才能更好地促进学生全面发展，真正体现评价的公平性。教学评价的方法不仅要注重对学习结果的评价，还要注重对学习过程的评价；不仅要注重定性评价，还要注重定量评价；不仅要注重绝对性评价，还要注重相对性评价。教师评价的形式既要有教师对学生的评价，还要有学生的自评和学生之间的互相评价。

（一）评价内容

定向运动课程教学或学生学习效果的评价应从在以下五个方面进行：

1. 传承定向运动文化方面

（1）对定向运动的文化特点的了解与掌握程度

（2）对定向运动竞赛规则、场地、器材和装备的了解与掌握程度

2. 奔跑的能力

身体基本运动能力和身体素质方面的奔跑能力。

3. 教学基本技能方面

（1）定向运动教学基本理论知识和基本技能的掌握程度

（2）定向运动主要项目（校园和公园）的运动技术水平

（3）定向课程教学组织的基本能力

（4）定向健身锻炼的指导与管理能力和竞赛活动的组织与裁判能力

4. 社会适应能力方面

（1）定向运动课程对促进心理健康、提高社会适应能力积极作用的理解程度

（2）学习过程中意志品质、创新能力、独立思考能力、独立处事能力、合作精神和开拓进取精神的表现

5. 定向运动相关理论与技能方面

（1）简单校园地图的简易测绘的定向地图测绘理论与实践

（2）教学路线设计、休闲娱乐路线设计的定向路线设计理论与实践

（3）路线设计和地图绘画的 OCAD 软件基本操作技能

（二）评价方式

1. 理论考试（25%）

笔试，卷面成绩为 100 分。

2. 体能测试和实践考核（45%）

测试内容：体能测试主要是测试奔跑能力。实践考核主要检验学生综合运动基本技术和战术的能力。在本评分标准中，体能测试与技能达标可以合并进行。

路线规格和评分标准：

路线规格：校园定向或公园定向，检查点数目 15 ～ 20 个，直线距离：2800 ～ 3000m（男），2500 ～ 2700m（女）。检查点数目与地形难度相关，地形难度越大，检查点数目越少。

评分标准：在规定的时间内完成校园定向或公园校园

定向，成绩有效的，第一名记 100 分，第二名记 99 分，依次类推。成绩无效者排在所有成绩有效的同学后面，有两个点无效的同学排在只有 1 个点无效的同学后面，依次类推。

3. 课外作业（10%）

4. 平时考核（10%）

5. 小组考核（10%）

小组考核包括两部分，一是教师对小组的总体评价，一是小组对组内个成员的考核。另外，对表现突出的小组，可给予一定的加分奖励。

第一，教师对小组的总体评价（5%），主要包括小组的团队协作精神和学习态度、开展探究式学习和合作学习的情况，完成以小组为单位的任务情况，以小组为单位进行发言的情况，小组总结。

第二，小组对成员的评价（5%），主要包括成员的团队精神、学习态度、创新精神、为小组作出的贡献等。

第八节　定向运动课程探索与实践

一、创建"三层六面"逐层递进定向人才培养教学模式

坚持"以激发兴趣为先导、以普及推广为基础、以达成课程目标为宗旨、以培养精英人才为动力"的主导思想，定位培养全面发展地方性、应用型的合格体育人才；

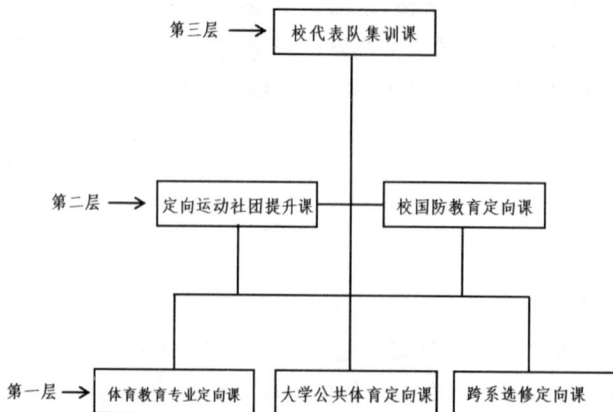

为普通大学生开设新兴运动项目，为终身体育锻炼奠定基础；满足部分有特长和继续提高专项技术学生的需要。以实践为主，将课堂教学、第二课堂活动开展、校代表队训练及运动竞赛相结合，推动体育教学改革，培育特色体育项目，凸显阳光体育工作亮点。

通过系统地将大学生定向运动教学工作分层分类（如上图），即"三层六面"：三层中第一层指定向运动专业课、公共定向课及跨系选修课（户外运动）；第二层指定向社团提高课、国防教育定向课；第三层指代表队集训课堂，六面指这三层中具体的六门定向课程。

通过实践，实现大学生定向运动的普及与提高相贯通，健身与竞技相贯通，课内与课外相贯通，教学与科研相贯通，应用与推广相贯通。经过多年的探索和完善，定向人才"三层六面"的培养模式逐步形成与完善，使我校的定向运动代表队水平逐步提高。自2006年起，组队参加全国及陕西省大学生定向比赛8次，共获得金牌3枚、银牌5枚、铜牌17枚。在我校培养的毕业生中，有部分定向人才已成为定向运动事业的职业参与者、推广者。

二、"互联网＋定向运动"教学手段的引入

"互联网＋教育"模式是教育发展的趋势，"互联网＋"课程模式在高校教学中受到了师生的广泛青睐，在教学实践中给教师、学生都带来很多方便，解决了传统教学中的许多问题。建立"定向运动＋APP"的课程模式也有助于定向运动课程自身发展和改革与创新。

（一）教学实时监控模式：通过"定向运动＋微信位置共享"，解决学生离开教师视野的情况下，仍能监督学生学习情况，并及时反馈与指导。

实施流程：建立师生微信平台；实施位置共享；无盲点的了解到学生参与实践的情况；发现教学中存在的问题，从而有效的解决。

（二）定向教学简化模式：可通过"跑向APP＋高德地图"解决定向地图制作的繁琐，简化教学过程，丰富教学内容，提高学生兴趣。

实施流程：通过"跑向APP＋高德地图"来优化定向教学的简化流程。教师在课前备课时对后台进行设置和管理，在后台高德地图上设置检查点，形成定向地图，每个检查点生成二维码，并把打印的二维码按顺序张贴到每个检查点位上；教师适时利用网络把定向地图发布到学生手机APP上，便于学生找到检查点后用"跑向软件"APP扫码；扫码成功后APP自动生成到点时间和用时；教师在后台对学生成绩进行管理和评定。

（三）师生互联机制：通过"定向运动＋微信平台"实现教师与学生的联系机制，建立全天候联系，随时为学生释疑解惑。

（四）形成线上线下的教学模式：通过"定向运动＋超星学习平台"，解决线上线下学习的系统性，丰富学习内容，健全考核机制、作业机制，预习和复习机制。

（五）监控身体运动指标：通过"定向运动＋步道乐跑"，利用手机步道乐跑软

件中心的计步器、平均时速、能量消耗、心率等功能，及时了解学生的运动情况，调整运动量和运动强度，使学生达到最佳的运动状态。

经四年实践，这五种教学手段已逐步解决了很多传统教学手段难以解决的问题，使学生所带手机为定向课堂而用，消除了学生刻意禁止使用手机而产生的抵触情绪，提高了学生学习效率。同时，为总结凝练实践成果，对定向运动训练进行理论的思考和分析，2014年公开发表了《GPS在定向运动训练找点过程中的应用分析》。

三、"定向运动 + 翻转课堂"在定向教学中的实践

为了解决学生被动的学习定向运动课程，引入了"定向运动 + 翻转课堂"的教学方法，将定向运动课学习的主动权从教师转移给学生，使其专注于学习，并且对知识的获取有更深层次的理解。

实施流程：

第一步：定向运动课的学习内容、任务、目标的确立（教师主导）；

第二步：学生在教师的指导下完成课内准备部分（学生实施，教师监督）；

第三步：基本部分的组织、实施（学生实施，教师监督）；

第四步：结束部分的分析、归纳、总结、提升（教师、学生共同完成）。

通过六年的实践证明：依照以上的四步教学法，学生的学习兴趣由被动变为主动，课堂实施灵活性高，学生的的动手能力得到提升，培养了团队配合意识及独立思考问题的能力，激发创新思维。

第五章　定向运动教学指导

第一节　教学方案设计

一、教学目标

第一，学习和掌握识图、定向、辨向、选择路线等定向运动的基本技能，能够根据地图，利用指北针，以较快的速度较为准确地找出多个目标点。

第二，了解定向运动的起源、发展、项目特点，理解定向越野对培养学生基本生存生活能力、发展体能、提高基本运动能力的价值和作用，能够掌握 3～5 种定向运动的练习方法指导学生进行锻炼。

第三，了解定向运动的竞赛组织和比赛规则，能够组织小型的定向运动比赛或游戏。

第四，了解定向运动地图绘制的方法，借助绘图软件自制简单的定向越野教学、训练地图。

二、教学内容的选择

（一）理论部分

1. 定向运动概述

（1）什么是定向运动

（2）定向运动的特点和益处

（3）定向运动的起源与发展

2. 定向运动的基本知识

（1）阅读地图

（2）使用地图和指北针

3．定向地图的绘制

（1）了解制作定向地图的基本步骤

（2）简单教学、训练地图的制作

4．组织竞赛

（1）小型定向运动比赛的设计与组织

（2）定向运动竞赛规则和裁判方法介绍

（二）实践部分

1．校园定向

（1）学习实地对照地图，确定目标点和站立点的位置

（2）按地图行进，寻找目标点

（3）用校园定向地图进行实地练习

2．公园、野外定向

（1）学习利用指北针定向、辨向

（2）分析地图，选择路线

（3）利用地图、指北针寻找目标点

（4）用公园地图、野外地图进行实地练习

3．体能训练

（1）综合练习

（2）越野跑、登山

4．教学比赛

三、考核与评价

1．考核内容

（1）理论考核：讲授的内容

（2）实践能力考核：技术评定

（3）平时考核：课外作业

2．考核方法与形式

（1）理论考核：笔试

（2）实践能力考核：以技评为主，可通过记录在规定的时间内，便能正确地寻找目标点的数量来确定技术水平

（3）平时考核：课外作业、学习态度

第二节　实用教学手段与方法介绍

一、读图练习

（一）沿线行进寻找检查点

1. 练习目的

培养和提高学生认真细致地阅读地图的能力。

2. 练习准备

第一，准备两张地图：一张为学生用图，图上标有要求学生走的有线状物特征的路线地图）；另一张为放点者用的副图，图上标有线状物特征的路线和检查点。

第二，图上路线设计不宜太长，一般为 1 000～2 000 米。

第三，课前把检查点放好，布置好路线。

3. 练习方法

第一，每间隔 1～2 分钟出发一个人，要求他们精确地沿着所要求的路线行进。

第二，当他们沿线找着检查点点标时，要求取回检查点标记卡，并把检查点标记在地图上相应的位置。

第三，错过或标错检查点，让学生再找一次发生错误的检查点。

注意：这个练习，因为需要细致读图，所以时间上可以不作硬性规定，但以后可以提出一些要求，以加强读图能力。

（二）切割蛋糕（悬挂点标）练习

1. 练习目的

通过辨别和确定检查点位置，增强学生精确读图的能力。

2. 练习准备

（1）准备一张主要的地图，以起点为中心，在四周设置一些检查点

（2）准备具有各个部分的地图，每一个部分要有检查点说明

3. 练习方法

第一，把学生两人一组分成若干组，他们可以一起放点或各放一个点。设置好检查点后挂上点标，立刻回到起点。

第二，全部回到起点后，其可以交换地图（如 B 拿 A 的图，C 拿 B 的图……依次下去），读图寻找其他部分的点（可以成对也可以单独去找）。

二、图地对照练习

1. 练习目的

（1）让学生把实际的地形、地面的特征与地图联系起来

（2）让学生能够测量、估测地面上的特征物在图上的相对位置

2. 练习准备

（1）准备一张有主要特征和边界的地图

（2）向学生介绍有关地面特征物在地图上的标识和颜色

（3）每个学生准备一个夹板和水彩笔

3. 练习方法

第一，首先让学生到实际地形中走一圈，让他们记下一些大而明显的特征物，如草地、空旷地、池塘等的颜色和形状，回到起点让他们为所记下的特征物定位着色。

第二，再让学生走一圈，让他们记下一些较为明显的特征物，例如围墙和篱笆等，回到起点让他们画下所记特征物的位置和颜色。

第三，让学生走最后一圈，记下树木、灌木丛、坐椅等一些特征物，回到起点让他们画下所记特征物的位置和颜色。

第四，若在野外，标示出陡崖峭壁的倾斜度和等高线。

三、地图记忆练习

1. 练习目的

让学生记住在地图上检查点周围路段上的主要特征物。

2. 练习准备

第一，准备一张主要的地图，以起点为中心设置 10 ～ 15 个检查点。

第二，准备一张点标核对单，列出每一个学生需要跑哪几个点。

3. 练习方法

第一，给每个学生编号。

第二，将所有学生集合到起点处，让每个学生看一下地图，找到自己所要找寻的第一个点，记住路径和检查点附近主要的特征物。

第三，听到出发命令后，开始寻找自己的检查点。在每一个检查点处都会有一个点签单或点签箱，拿到相应点签回到起点，再接着跑下一点。

第四，在起点处要有两个负责人维持秩序和提供帮助。

第五，直到取回所有规定的点标才算完成任务。

注：对能力较差的学生要关照他们正置地图、面向正确的方向，在他们离开起点时帮助核对。

四、距离的估算练习

（一）计数练习

1. 练习目的

通过练习使学生能够精确地测量距离。

2. 练习准备

（1）沿一条小路或一小径测量 100 米

（2）设置 200 ～ 400 米路段用线绕成一圈

（3）找一块有小路、上坡、空旷森林、草地等各种地形的区域，各种地形量 100 米

（4）每个学生准备一张记录卡片

3. 练习方法

（1）个人在 100 米的小路上走或跑并记录步数

（2）个人走 200-400 米的圆圈记录步数，之后再计算 100 米的步数，得出的是较为准确的平均数

（3）学生把数据记录在记录卡上

（4）让学生进行 100 米不同地形的步数计算

（二）距离的估测

1. 练习目的

掌握地图上的比例尺与地面的实际距离的相互关系，以增强距离感。

2. 练习准备

（1）设计一条 6 ～ 10 个检查点的路线，要求路线上点与点间能相互看见，各个路段的长度都在 15。米以下且互不相同。针对每个检查点处放一张卡片，卡片背后标出实际的距离。

（2）为每个学生准备一张记录卡片

3. 练习方法

让学生在去找检查点之前先目测距离，然后走过去并计算步数，在每个检查点的卡片背后找到实际答案，将这些数据填写在卡片上。

五、指北针导向练习

1. 练习目的

掌握用指北针定向的方法。

2. 练习准备

在一张地图上标出所有的点标，设置三条距离相等的线路（距离在 400 ～ 800 米）。每一条线路用不同的颜色标出，终点和起点都要清晰可见，设在道路的交叉处。每个

学生记住自己的路线并画下来。

3. 练习方法

（1）折叠地图，用指北针给地图定向

（2）在每一个检查点上确定将要行进的方向

（3）沿着指北针的指向箭头前进

六、利用等高线进行的练习

（一）轮廓的绘制

1. 练习目的

通过练习使学生能更深入地理解等高线及了解等高线的走势。

2. 练习准备

在地图上画一条线路，地图要选择等高线较多的、变化形式较复杂的。

3. 练习方法

第一，准备一张条状的纸，把纸的一个边缘沿着两个检查点圆圈的连线放好。

第二，每遇一条等高线就在纸上做标记，标明是在上升还是在下降。

第三，在另一条纸上画出一条基本线，将这张纸沿着这条基本线放好，标出每一条等高线的位置并把他们连成连线。

（二）发展学生高度感的练习

1. 练习目的

发展高度感是为更好地解读地图和选择路线。

2. 练习准备

第一，准备一张山形较多等高线变化较复杂且标有等高线的地图。

第二，设置 10～12 个检查点，检查点的设置要求为：相邻检查点有在同一等高线上的，有距离较近的、距离中等的和距离较远的几种。

3. 练习方法

第一，让学生去找同一等高线上的几个点。

第二，让学生去找距离较近的几个检查点。这可以训练他们把图记在头脑中，不看图从进攻点（检查点附近的明显特征物）去找检查点的能力，如检查点 2～4、5～7。

第三，500 米以下的线状路线，训练学生在能经常读图的同时记一些前方主要的特征物，以保持运动的持续性，如检查点 4～6、7～8。

第四，长距离路段，教学生用一些明显的等高线上的特征物定向，而不是直接跑，如检查点 8～9。长距离且较简单的检查点，可以用等高线上一些大型的特征物进行辅助定向，适当加快速度，检查点 11～12。

七、定向小游戏

（一）记忆力游戏（室内室外皆可）

1. 练习目的

通过练习，帮助学生提高对地图和路线的记忆能力。

2. 练习准备

准备一些地图、纸和笔。

3. 练习方法

（1）游戏1

给每个人分配一个检查点，按检查点编号。第一轮先看检查点特征，练习者跑过去写下检查点处的特征物，再跑回来，换下一个人做同样的工作，直到所有的点写完；第二轮看检查点圆圈的部分，练习者跑过去把检查点圆圈里面的特征画下来，再跑回来，直到所有的点画完。两轮连续进行，全部完成才算完成任务，可以分组进行比赛。

（2）游戏2

给每个学生发一张画有线路的地图，给学生一定的时间去读地图，然后收回，并发给他们一张画有这个区域的空白地图，要求学生把自己所看到的路线画在这张空白地图上。

（二）趣味定向

1. 练习目的

增强学生在对照、辨别和确定特征物时的自信心。

2. 练习准备

在地图上选择 4～6 个区域，每个区域至少有三处以上的特征，例如第一个区域为凹地，第二个区域为慢跑区域，第三个区域为有山顶的区域，第四个区域为悬崖峭壁区域。这些区域最大要跨过 300 米。把它们画在地图上，不需要标上检查点。

3. 练习方法

第一，分发地图并解释游戏。

第二，一组中的一个人有 3 分钟的时间出去寻找藏身之处。按照事先议定的地物特征处和区域，剩下的人去找这个人的藏身之处。第一个找到的人要提前出发藏身于第二个区域处，其他人找到藏身之处后，在原地等待，直到每个人都到达。如果 10 分钟后人还没到齐，可以通过站起身或呼喊的方式提醒迷失的伙伴，再向下一个区域出发。

第三节　组织教学建议

定向运动作为新兴体育项目，在全面推进体育教学改革的进程中，新兴体育项目与教育领域的融合显得尤为重要。从近年来定向运动在体育教学实践中的应用情况分析，发现该项目的引入，让学校环境得到革新，得到学生的广泛认可。目前，虽然定向运动融入到体育教学实践中，但还不够成熟，为了持续放大定向运动的压力，对组织教学提出建议。

一、关于技术部分的教学

参与定向运动实践，识图的基础性的要素，学会用图更为重要。在定向运动的教学实践中依旧是以地图为核心，科学使用地图尤为重要。

（一）识图教法指导

1. 对定向地图上地物、地貌的识别

在定向地图之上涉及到的要素较多，针对不同要素的准确识别显得尤为关键。为此在开展教学实践的过程中，需要识别的要素要得到具体明确。

方法 1：定向地图的识别与精准记忆。打破传统僵化的记忆方法，"死记硬背"的模式并不可取，要根据定向运动的地图要素，对地形地貌的基本特征结合符号与色彩联想，深刻记忆。

方法 2：图上作业法。让学生可以根据地图当中标注的线路，将具体内容生动再现，以图上作业的方式来还原具体方法，并对距离、方位、高量等进行明确，准确判定具体要素。

方法 3：记图练习。在开展教学实践的过程中，可在地图当中标记目标点，让学生熟记之后通过练习的方式展开。

2. 对检查点说明符号的识别

在定向运动的地图当中，为了方便参与者更快速地识别地图上的内容，通常会附有《检查点说明》。主要是利用和文字说明的方式来诠释特征点，更方便识别方向。在开展教学实践时，要求学生对《检查点说明》有充分的了解，并且熟悉当中的符号说明，在日常的使用过程中有主动、积极。在开展检查点说明符号的识别过程中，要有明确流程来作为支撑。

第一，在完成对检查点内容的浏览之后，可按照同类型的要素进行归纳，找到规律以便于学生记忆。

第二，根据相似性较强的符号信息，可以通过抽象对比和抽检的方式展开。

第三，开展积极地检查点说明练习，通过大量的模拟训练的方式来增强学生的记忆，帮助这一群体独立的完成内容目标。

3. 利用堆积简易沙盘进行地图的立体化教学

为了保证可以精准识图，可以借助堆积建议沙盘的方式展开。沙盘本身有其自身鲜明特征，内容的呈现方式更具体、形象，是开展形象化训练中有效的方法，更方便学生加深理解与掌握。可以借助操场沙坑来模拟建议的沙盘，然后按照地图来进行模拟，由教练员进行讲评，从简单的沙盘逐渐过渡到复杂的沙盘，使得学生可以通过训练的方式来把握地形特征，增强识图和读图的能力。

（二）用图教法指导

在完成识图之后，则进入到用图的教学过程中，与识图不同，用图强调的是一种综合性的技能。在开展教学实践中，学生要学会图地对照，确定基本的方位和目标点。在用图的教学指导方面，主要方法如下：

其一，标图练习法。可以在开展定向运动的实践过程中，在教师的带领下一起进入到定向运动的场地当中，并向每一位学生发放并未进行标识的地图，让学生可以在实践和体验中完成对地图的标记，明确自身所处位置，并进行核查、检验与交流。

其二，记图训练法。在开展记图训练的过程中，要充分考虑到学生的基本情况。可以向学生展示地图，但地图的内容只是起点到第一个目标点的地图信息，只有按照记忆准确找到第二个目标点才能够获得下一个阶段的地图，以此类推，达到记图训练的目标。

其三，描绘地形训练。在学生拿到地图之后，教师可以随意选定一个目标点，然后对周边的地形进行描绘，让引导学生快速的定位地图当中的目标点。除了地形信息之外，还可以是一些标志物的描述，锻炼学生的综合能力。

其四，学生自主放置检查点。让学生进行自主操作，由其他小组的学生对其操作情况进行判定。

（三）提高学生方向感的教法指导

学生具备良好的方向感，是保证定向运动开展的基础性的条件。对于学生而言，在陌生的环境中极容易失去方向感，容易迷失方向。在这种情况下，则需要开展围绕方向感的强化策略，根本目的是保证学生在野外环境中可以准确辨别方向，学会利用指北针等基础性的工具，从而主动地参与到定向运动的具体实践中。

第一，指北针的导向练习，要求学生按照指北针的指示方向快速的行进，并读准方向，选定参照物。

第二，在确定检查点时，避免直线方向，可以选择绕过池塘、水库等障碍物的地方，就从而快速的到达检查点。

（四）技术教学中应注意的问题

在开展技术教学的过程中，需注意以下几个方面的问题：

第一，要结合学校现有的场地和资源的基本情况，合理的安排教学内容，并在开展教学实践的过程中，按照从难到易的基本原则，让初学者对定向运动的认知更加充分，以此来把握关键点，适应学生的基本需要。

第二，在进行路线选择的过程中，要保持灵活性，从简单地形朝着复杂的地形过度，最终找准目标点，获得成功体验。

第三，在开展练习的过程中，需要关注学生的体验情况，在不同的地点需要做出灵活的选择，找到具体目标，在讨论和讲解的过程中把握教学要点。

第四，在开展定向运动的教学实践过程中，用到的地图多是以比赛用图为主，但由于场地情况可能随时变化，在使用地图时可引导学生发现不同之处，以此来提高学生地图的使用能力。

二、关于场地与设备

1. 教学场地

定向运动不像足球、游泳等项目需要专门的场地，它可以利用校园自然地形。一般的校园，地形有一定的起伏，有山有水，大部分有植被覆盖，明显的地物较多，是比较理想的定向教学场地。有条件的学校，还可以利用周边的公园、丘陵地带作为教学场地进行教学。但事先要和公园管理部门联系妥当，在教学中要求学生爱护自然环境。

2. 教学用图

教学用图对于新开设定向运动课程的学校来说是一个急需解决的问题。由于国内目前专用定向地图使用还不普遍，制作专业定向地图周期较长，成本较高，教学中对图的需求量又大，建议充分利用校园规划图、公园游览图进行改造，制作黑白的教学用图。

3. 检查点点标和点签

检查点点标是学生寻找和辨别检查点的主要依据。在正式比赛中，国际定联对点标的尺寸、颜色和设置方法都有明确的规定。在教学中，由于要频繁使用检查点点标，因此检查点点标可以用小红旗、彩色硬纸版，编上号码来代替。同样，点签也可以用印上图案、号码的标贴来代替，以证明已到达该检查点。

三、关于教学中的安全问题

在定向运动的教学中，由于项目的特点，经常需要带学生到校外和野外进行练习，安全问题是教师必须加以重视的。

首先，教师对进行野外教学、训练的地形，预先应有充分的了解，一些不安全、有危险的区域要在地图上注明，在进行路线设计和检查点设置之前，教师必须先做实地考察，排除不安全的因素。

其次，加强学生组织纪律性的教育。把学生带到校外，强调学生要一切行动听指挥，要有组织观念、集体观念和时间观念，同学之间要互相关心和帮助。在教学初始阶段，野外练习最好以组为单位进行。

最后，教师应掌握一些必要的野外防范措施和急救知识。如在野外常常会遇到狗，有很多同学怕狗，教师在设计路线时应尽量避开狗多的地方，同时也要告诉学生万一遇到狗该如何处理；又如，在野外学生常常会被蚊虫叮咬、蜂蜇伤、蛇咬伤、天热中暑等，教师应掌握一些急救措施和处理的方法。

第六章　定向运动训练的基本理论

第一节　定向运动训练的基本原则

　　运动训练原则是运动训练活动客观规律的反映，是运动训练普遍经验的概括和科学研究成果的结晶，同时也是运动训练必须遵循的准则。

　　运动训练活动的客观规律是不以人们的主观意志而转移的，是对若干竞技项目训练实践具有普遍意义的经验的概括和科学研究成果的提炼。

　　但由于人们是从不同的角度去总结、研究和认识运动训练活动的客观规律的，在概括、提炼时，就有了许多不同的训练原则。目前被广泛认同的运动训练原则主要有专项竞技需要训练原则、周期安排训练原则、适宜负荷训练原则、系统训练原则、区别对待训练原则、自觉积极性训练原则等。

　　运动训练过程同时也是培养人的教育和教学过程，也必须遵循教育、教学过程的客观规律。因此在运动训练过程中也广泛应用某些教育和教学的原则，如全面发展原则、直观性原则、巩固性原则等。

　　随着运动训练实践的发展，科学技术的进步，以及人们对运动训练活动客观规律认识的逐步深化，对运动训练原则的概述与阐释也在发展和变化。运动训练原则的确定是一个动态的、发展的过程，而非停滞的、固化的。

　　运动训练原则是组织运动训练所必须遵循的基本准则。运动训练原则具有普遍性，但在将它们运用到具体项目时还应考虑项目的特殊性。另外，各项目因其特殊性还具有相应的特殊或专门训练原则。组织定向运动训练应遵循的基本原则包括：竞技需要与定向发展原则、动机激励原则与有效控制原则、身体训练与认知训练相结合原则、一般训练与专项训练相结合的原则、系统训练与周期安排原则、集群组训与区别对待原则、适应负荷和适时恢复原则。

一、竞技需要与定向发展原则

定向运动的竞技性特征鲜明，同时定向运动本身也处于不断的发展状态，要从实战的角度出发，尝试对训练内容、方法、手段以及符合等多因素进行训练。定向运动要始终贯彻这一基本原则，既要根据定向运动的整体特征出发，又要根据定向运动各项目的特征确定决定定向运动员竞技能力的主导因素，根据这些主导因素帮助运动员确定重点发展内容，组织训练。

二、动机激励与有效控制原则

定向活动和体能训练心理感觉间的巨大反差常常会使运动员不重视体能训练或不愿意进行体能训练。因此在体能训练中一方面要通过合理的训练设计使训练变得生动有趣，另一方面要让运动员充分认识体能在定向运动竞技能力中的重要意义，提高他们进行体能训练的积极性。另外，运动员可能也会对定向运动本身失去兴趣或信心，教练员应该时刻关注运动员在这些方面的心理变化，与运动员一起设置合理的训练目标，让运动员不断享受到成功的快乐和幸福。

运动员竞技能力受多方面因素的影响，而且这些因素本身也处在不断变化之中，要保证训练效果，必须有效地把握这些因素的变化情况和它们对竞技能力的影响，实施有效控制并及时根据实际情况调整训练计划，保证预定目标的实现。另外，还必须对运动训练过程本身实施有效控制、保证训练过程按质按量、按技术要求进行。对定向运动更是应重视对训练过程的有效控制。定向运动由于其训练环境的特殊性，教练员很难全面把握运动员的实际训练情况。因此，在设计训练方案时教练员应着重考虑训练监控的问题，训练监控计划应成为训练计划的重要组成部分。如在路线设计中设计几个检查区或交流区，使教练员可以利用这些区域对运动员实施监控或指导。

三、体能训练与认知能力训练相结合的原则

体能训练与认知能力训练相结合的原则是指在进行体能训练的同时进行认知能力训练的训练原则。定向运动的实践中，充分考虑体能与认知的基本要求，在开展运动的过程中要始终保持和具备良好的读图能力和决策能力，以此来达成竞技的基本目标和要求。定向运动在环境中，运动员要保持较高的适应性，始终在良好的认知活动中获得成就感，始终保持自身对于身体方面的有效控制。因此在保证技术训练、体能训练的基础之上，充分适应目标的同时要不断的提高自身的认知度，培养运动员疲劳状态下的认知能力，也培养运动员在进行认知活动的同时灵敏控制身体运动的能力。

四、一般训练与专项训练相结合原则

一般训练与专项训练相结合的原则是指导定向运动体能训练的主要原则。身体素质是相互联系和制约的，各个项目对各种素质有不同的侧重，为使某一身体素质获得最大限度的发展，必须相应发展其他素质。各项运动素质的全面发展有助于专项运动

素质的发展，专项能力的提高反过来也可以促进一般身体素质的提高。定向运动本身特有的运动环境不但使定向运动有明显的专项素质要求，也对各项素质的全面发展提出了很高的要求。

在定向运动体能训练中贯彻一般训练与专项训练相结合原则就是要根据专项特点、运动员训练水平、不同训练时期和阶段的任务，恰当地安排两者的训练比重。定向运动专项运动环境复杂并存在着诸多的安全隐患，体能消耗大，对运动员机能和素质要求高，要求运动员具有全面协调发展的身体素质。所以，一般训练应该占较大的比重。特别在多年训练的基础训练阶段和年度训练的一般准备期更是如此。

另外，对于年龄小、训练水平低的运动员，一般训练应占较大比重；而对于年龄大、训练水平高的运动员，则应该加大专项训练的比重。在多年训练的基础训练和初级专项提高阶段、年度训练的一般准备期、过渡期和恢复调整小周期，一般训练的比重应该大；而在年度训练的专门准备期和比赛期，则应该加大专项训练的内容。

五、系统训练与周期安排原则

系统训练与周期安排原则是指根据运动训练结构特点、竞技技术呈现特征和重大赛事安排规律，系统持续地、周期性地组织训练过程的原则。系统训练与周期安排原则是由人的生物适应的周期性和长期性、竞技能力形成和发展的连续性、周期性与训练效应的不稳定性决定的。

在定向运动中贯彻系统训练与周期安排原则就是要尊重运动员成长的阶段性规律，有目的、有计划、有侧重地合理组织多年训练，避免因拔苗助长而影响运动员的后续发展潜力。再者，还要结合运动员的成长阶段和赛事组织的规律合理安排年度训练，避免单纯以重大比赛为核心来安排年度训练，如目前国内的主要定向赛事多集中在 7～8 月和 11～12 月两个时间段，对大学生高水平运动员可以按双周期安排年度训练计划，但对于处于基础训练阶段的初中生和处于初级专项训练阶段高中学生运动员，以及普通大学生运动员则应坚持单周期的年度训练计划。在年度训练中的每个训练阶段，每个训练中周期和小周期都应该根据人体适应和恢复的规律来安排。另外，人体各项身体素质训练的适应和恢复规律也有明显的差别，在小周期的训练中也应根据他们的发展规律作出合理的安排。

定向运动是一项认知运动，在安排运动员技能特别是认知技能训练时应该考虑人体相关认知能力的发展规律和各项认知能力间的相互作用，如空间能力的发展规律和性别差异。

六、集群组训与区别对待原则

集群组训与区别对待原则是指运动员以组、队形式共同训练，同时依运动项目、个体特征、竞技水平的不同而进行不同训练安排的训练原则。

除了不同运动专项的不同要求之外，运动员各方面的条件也是千差万别的，这些差异有的是由先天遗传因素所决定的，有的则是由后天生活、学习环境和训练条件的不同所形成的。不仅训练的起点不同，而且随着训练过程的发展亦会产生不同的变化，如有人某些身体素质好，而有人则另一些身体素质强。训练和比赛对手、场地、器材等的差异，也决定了训练中对不同运动员有不同的要求因此训练过程中区别运动员的不同情况，有针对性地训练，才能取得理想的效果。

在训练过程中贯彻这一原则的主要要求是：第一，要深入了解和掌握运动员的项目特点和个体特征，以及其因地因时而产生的变化，分别采取有针对性的训练内容、方法和手段，安排各自适宜的负荷。第二，制订各种训练计划既要有全队的统一要求，也要有每个运动员的个别安排，对重点或有特殊发展潜力的队员还可制订专门的计划。

七、适宜负荷与适时恢复原则

适宜负荷与适时恢复原则是指根据人体机能的训练适应规律和负荷承受能力，给予运动员适宜的负荷刺激并在负荷后及时补充运动员训练中的物质消耗，消除训练中产生的身心疲劳的训练原则。将该原则应用于定向运动中要注意，定向运动是一种体能与认知能力相结合的运动，运动员在训练中不但要承受身体负荷，还要承受很大的心理负荷，因此，在安排训练计划时要同时考虑心理负荷的大小，在考虑恢复问题时，也要重视心理过程的恢复。

第二节　定向运动训练计划的制订

一、训练过程的基本结构与训练计划的类型

（一）训练过程的基本结构

比赛要求分析和运动员竞技水平起始状态诊断是训练过程的出发点，它决定了训练的目标。训练计划是对运动训练过程预先做出的理论设计；训练计划的实施则是将训练计划付诸实践；检查评定是对训练计划实现训练目标的有效性进行检验，为训练计划的调整提供科学依据。如此循环，从而使训练过程朝着实现训练目标的方向发展。

运动训练过程具有四对重要特性。

（1）适应性和劣变性

外部加于人体的适宜负荷，引起人的机体功能的改变，是机体对训练负荷的生物适应现象。在适度的范围内，负荷的量度越大，对机体的刺激越深，所引起的应激也越强烈，机体产生的相应变化也就越明显，人体竞技能力的提高也就越快。而当负荷超出了运动员的最大承受能力时，运动员的机体便会发生生理和心理的劣变现象，并发展成为过度疲劳。

（2）连续性和阶段性

任何一个训练过程，不论时间跨度多大，不论是多年、一年、一周还是一次课，总是从一个具体状态出发，通过训练，达到既定目标，表现出明显的延续进行和前后制约不间断地向总目标挺进的特征。同时，每一个连续的运动训练过程又都必然地分为若干阶段。每个阶段的训练任务、内容、方法、手段以及负荷各自有特点。

（3）集群性和个体性

运动员彼此的相互支持、相互学习，会成为强大的鼓舞力量，有助于运动员克服困难，去承受更大的训练负荷，并还能激发运动员的竞争精神。另一方面，由于每一个运动员的心理、生理状况，形态、发育特点，技术、战术能力都各不相同，要想使训练工作取得理想的效果，就必须考虑到运动员的个人特点，予以区别对待，有针对性地组织运动训练过程。

（4）多变性和可控性

运动训练活动，受着多方面的影响，各方面的因素又都处于不停的运动变化之中。这些变化，都会直接或间接地影响训练活动的进行，导致运动员竞技能力状态的变化。同时，随着现代科学技术的飞跃发展，人们越来越重视对行为的对象及其变化施以有效的控制，以保证其朝着预定的方向运行，实现预定的目标。对训练过程、对训练对象（运动员），对竞技能力的发展等不同系统，实施程度不同的控制，对提高运动训练的实效产生着重要作用。

（二）训练计划的类型

依据系统训练和周期安排的原则，结合训练的目标可以将训练计划划分为不同的类型，如多年训练计划、年度训练计划、大周期训练计划、中周期训练计划（单元训练计划）、周训练计划和课训练计划。

二、周训练计划

（一）训练周的类型

训练周是教练员组织训练活动的基本单位。根据训练任务及内容的不同，可以把训练周分为基本训练周、赛前训练周、比赛周以及恢复周等4种基本类型。

（二）基本训练周

基本训练周是准备期最主要的训练周；在赛前训练期和赛间训练中也主要按基本训练周的模式组织训练。基本训练周的主要任务是使运动员产生新的生物适应，提高竞技能力水平。基本训练周可分为加量周和加强度周两种基本类型。另外，在需要给运动员机体施加强烈刺激时，还可以组织实施不同特点的强化训练周。

基本训练周训练内容的安排主要应从两个方面来进行考虑：训练目标与机体负荷后的恢复情况。训练目标决定应该把什么内容放入训练计划，恢复情况决定训练内容的组织方式。训练内容在安排时应注意：

（1）不同内容的交替安排

（2）以大负荷安排为核心组织训练内容

训练内容的安排首先要确定大负荷训练的次数。如果只安排 1～2 次大负荷课，对运动员的刺激难以达到必要的深度，也不可能产生相应的训练效果；安排 3～5 次大负荷课，则可对运动员机体产生深刻的影响。

（三）赛前训练周

赛前训练周的主要任务是力求使运动员的机体适应比赛的要求和条件，把长期训练过程中所获得的各个方面的竞技能力，集中到专项竞技所需要的方向中去，使运动员在比赛中能够充分发挥其所获得的竞技能力。

赛前训练周的训练内容安排的基本要求也是通过训练内容的合理交替，使运动员能够保持系统的持续训练，在一周中承受多次训练负荷，可更加有效地发展专项竞技能力。其主要的特点为训练的内容更加专项化，采用的练习更加接近专项的运动形式，练习的组织形式更加接近于专项的比赛特点。在素质训练方面，一般运动素质的比例减少，而专项运动素质的比例增加。在技术训练方面，分解练习的比例减少，完整练习的比例增加，并努力提高练习的警惕感和稳定性。

（四）比赛周

比赛周的主要任务是为比赛做好充分准备，形成理想的竞技状态，参加比赛，创造优异成绩。

比赛周一般是以比赛日为该周的最后一天，倒计一个星期左右来确定。一般情况下，运动员的最佳竞技状态一定要在比赛前一周左右的时间内激发出来，否则很难在比赛中获得理想的表现。

比赛周训练内容以专项技战术训练、模拟训练、热身性比赛、专项比赛和心理训练等专门性的内容为主。赛前几天可安排一次有一定强度的热身赛或热身性质的高强度训练，便于进一步激发运动员最佳竞技状态的出现。对赛前热身赛及类似的赛前训练进行严格控制。首先，热身赛的强度不能过大，其次时间不能过早也不能太晚。安排过早，最佳竞技状态可能出现在比赛之前，安排太晚，则最佳竞技状态则可能出现在比赛之后。通常的安排模式是，将力量和高强度的专项能力训练安排在赛前 3～5 天，而将恢复性的有氧代谢训练和中低强度的一般性训练安排在赛前 1～3 天进行，从而使运动员多种竞技能力变化曲线（超量恢复曲线）的最高点交汇于比赛日。

三、年训练计划

（一）年训练计划的类型

大周期是构成年度训练周期的基本单元。依据年度训练中大周期数量可以将年度训练划分为单周期（包括双高峰单周期）、双周期和多周期等类型。定向运动教练员要根据定向运动赛事的周期性特点和运动员的训练水平来安排年度训练计划的周期类型。

对于初学者和青少年运动员，应选择单周期训练模式，以保证教练员和运动员有充足的时间对运动员的技术和身体素质进行全面的训练。对于以参加省级定向锦标赛或省级学生定向锦标赛为目标的中高水平的大学生运动员，也应选择单周期训练模式，以适应赛事的周期性特点。

对于参加全国性赛事的高水平运动员，则应选择双周期训练模式。目前的全国性定向赛事主要集中在每年的 7～8 月份和 11～12 月份两个时间段。因此，年训练计划最好能按一个常规大周期和一个微缩大周期的双周期训练模式安排。

（二）大周期的基本结构

训练大周期是以参加重要比赛获得满意成绩为目标，以运动员竞技状态发展过程的时相性为主要依据划分和安排的。运动员竞技状况的发展包括获得、保持和消失三个依次发展的时相。与三个时相对应，训练大周期划分为准备期（训练期）、比赛期（竞赛期）和恢复期（过渡期）。

1. 准备期

准备期是大周期中持续最长的一个时期。单周期训练的准备期通常持续 20～24 周，双周期的第一个大周期的准备期通常持续 16～20 周，为了更好地安排训练计划，可以将它们的准备期划分为一般准备期和专门准备期两个阶段。双周期的第二个准备期通常只持续 6～8 周，没有必要进一步进行划分。

准备期的主要训练目的是提高运动员的竞技能力水平和逐渐培养及发展运动员竞技状态。准备期的训练是一个由一般到专项、局部到整体的训练过程。其中，一般准备期的主要任务是为增进运动员的健康水平，全面发展运动素质和身体机能，特别是一般耐力和长耐力，为进一步的训练打好基础。在一般准备期应注重有针对性地对运动员运动素质中相对较弱的环节进行训练，以构建全面发展的运动素质，如定向运动员可以针对自己的弱项进行专门的力量训练或柔韧性训练。而在专门准备期，应提高训练的专项化水平，如应针对定向运动的特点，发展运动员骨骼肌肉系统，尤其是使支撑阶段对抗机能适应大负荷训练的需要，保证重复性的支撑反作用力不会对机体造成伤害，如山地跑、跳跃等。

对于运动技能，在准备期应注重运动员基本技能，特别是跑动中读图能力的培养和打卡技能的培养。要仔细了解运动员对地图知识掌握的情况，进一步帮助运动员加深对地图的理解。除此之外，准备期还要对运动员在技能上的强项和弱项进行分析，针对运动员的弱项进行训练。

准备期训练负荷的特点是低强度，大训练量。在大运量训练中应考虑训练形式的多样性，各种运动交叉训练有助于保持更好的运动量而不会给关节和肌肉带来太多的负担，以防止过度训练综合征。对定向运动员而言，山地自行车、水中跑步、游泳都是很好的训练方式。另外，在准备期的后期应安排少量比赛，用以促进运动员竞技状态的逐步形成。

2. 比赛期

比赛期一般持续 6～12 周。比赛期可划分赛前准备期和集中比赛期。赛前准备期一般在 6～8 周之间，最少不应少于 4 周，最多不应超过 10 周。赛前准备期的主要训练目的是发展专项运动能力，发展竞技状态。在我国，全国定向锦标赛和全国学生定向锦标赛主要集中在每年的 7～8 月间，两大赛事间隔的时间较短，每一赛事的持续时间通常在 1 周左右。因此比赛期持续时间通常在 3 周左右。全国定向冠军赛和精英赛主要集中在 11～12 月间，间隔时间稍长，每一赛事的持续时间则稍短通常约 3～4 天左右。比赛期持续时间通常在 3～4 周左右。集中比赛期的主要训练目的是维持赛前准备期所达到的体能水平，为比赛做好充分的准备，参加比赛并在比赛中充分表现出自己的竞技水平。

在赛前准备期的训练中，教练员应把运动员竞技能力影响最大、表现最集中的方面置于训练的首位，集中主要精力发展这些能力。如根据不同定向运动员的主项项目特征分别有针对性地发展在复杂地形中的奔跑能力和在公园中高速奔跑能力，并同时发展在高速奔跑中的读图能力。将技能训练的重点由基本技能训练转移到完整技能和战术能力的训练。并适当安排一定数量的模拟赛和赛前准备，特别是赛前心理准备的练习。

赛前准备期还应有针对性地发展定向运动比赛的主要能量供应系统，即要通过提高最大吸氧量、最大乳酸稳定状态水平和跑的经济性来提高机体的能量供应能力。考虑具体训练方法时要逐渐增加与比赛地形相似的森林和丘陵中的训练。训练最好是间歇式训练和持续快速跑训练。

赛前准备期训练负荷的特点是，逐渐由低强度大运动量向高强度低运动量变化，通过渐增负荷来增加强度。集中比赛期训练的关键是要处理好保持运动员运动素质和使运动员在比赛前得到充分恢复的关系。比赛期的训练既要有足够的量又要有足够的强度，为了使运动员在每个训练单元和每场比赛前能得到充分恢复，比赛期的训练又要求大幅度减少训练负荷和训练量。处理这一关系，首先是应对运动新手和优秀运动员区别对待。在比赛期，如果减量训练期较长，运动新手在准备期获得的运动素质将会出现大比例消退，而优秀运动员的消退要慢得多。其次对不同的运动素质应区别对待，对于肌肉力量的维持，每周一次的训练就可以实现，而对有氧运输系统功能水平的维持每周要进行 2～3 天的训练。

一般来说，维持比赛期体能水平的训练重点应该放在强度上，而且应该超过比赛时的强度要求。对训练量也应该有一个基本的要求，训练量的减少不应该只在几个训练单元内做大幅度调整，而要逐渐降低，每次下调的幅度不应该超过平时训练量的3%。临近比赛时，力量训练、循环训练及超等长训练都应该停止。

考虑比赛期的具体训练方法时，应以间歇训练、法特莱克跑、在森林中以距离感培养为目的的跑为主。比赛期中的技术训练应以短的训练路线完成。

3. 恢复期

恢复期一般持续 3～6 周，主要目的是使运动员在身体上和心理上得到充分的恢复，并使一些慢性损伤得到完全恢复。恢复期运动员应该先进行一段时间的完全休息，然后再进行包括一些拉伸性练习在内的主动性休息和恢复性训练。

（三）大周期中训练内容的安排

1. 训练内容的安排

在每个训练时相，高水平运动员的训练应以 3～4 周为单位划分出数个板块结构（中周期），分阶段地为每个板块结构确定 1～2 个训练目标，在相对集中的时间内接受单一的、或者两个比较大的训练刺激。

训练是以一个训练单元的训练组成的，但是各单元的训练的效应是有联系的，可以发生相互影响，安排训练内容时不能将一个训练单元孤立起来考虑，而应按板块结构来对训练单元进行搭配，每个板块结构有其不同的主要任务。

训练单元按任务和目的分为三类：提高发展运动能力、保持运动能力和恢复运动能力。每类训练单元都有一定的训练负荷强度和生理恢复时间。每个不同任务的板块结构中必须包含一个、两个或多个提高发展运动能力的重点单元及恢复运动能力的调整单元。

另外，板块结构还要求每个训练单元在内容的安排上，要考虑主要发展的专项素质和其他专项素质训练之间搭配的兼容性，及单元之间在内容搭配上的兼容性。表 4-2 列出了一个训练单元内可以兼容的多项运动素质训练内容。

在安排单元和单元间的训练内容时，需注意以下几个问题：

第一，在板块结构的重点单元中，应以 65%～70% 的训练时间用于提高和发展 1～2 项重点素质。

第二，重点单元的大负荷量或大强度训练后，应安排负荷明显降低的调整训练日。

第三，以增加肌肉体积为主要目标的训练单元，大强度负荷将使肌肉合成代谢的恢复过程受阻。在重点力量训练单元后，开始下一个单元训练之前应该至少有 20 小时的休息时间，且下一个单元应该是一个负荷较小的训练单元。

第四，高水平运动员各训练单元的训练任务应尽量少而精，简单明确。训练单元的任务应少于 3 个，以一个主要素质为主，一个为辅。而青少年的训练单元则应注意全面发展和训练的趣味性。

2. 训练负荷的安排

训练负荷的安排也要考虑各训练单元的相互关系，通常以周为基本单位来安排。在大强度训练后，必须安排小强度训练（恢复）以防止过度训练的发生。准备期和赛前准备期由几个小周期组合形成中周期和大周期。

第三节　定向运动训练的特殊情况

一、热环境下的定向运动训练

（一）热应激与热适应

1. 热应激的生理反应

在热环境下训练时，由于代谢产热与环境热两种因素的共同作用，使人体处于热应激状态，机体产生一系列反应。其主要表现在以下几方面：

第一，心率显著增加，最大心输出量和最大摄氧量均下降。

第二，发汗增加，运动能力下降：在高温环境中训练，出汗成为体热平衡的主要途径。运动开始后几秒钟就会出汗，3。分钟左右达到体热平衡。大量出汗将会导致钠离子、钾离子、钙离子、铁离子、镁离子、锌离子和其他微量元素的丢失，使运动能力下降。

第三，剧烈运动时大量出汗和呼吸道水分丢失使尿量减少或无尿。

第四，垂体释放抗利尿素以增加对水的重吸收，肾上腺释放醛固酮增多以促进对钠离子的再吸收，从而有利于保持水和电解质平衡。

第五，在热环境进行次极限强度运动时，体表血流量增加，肌肉血流量减少，使机体更多依赖无氧代谢，结果导致乳酸的过早堆积和糖原储备减少。

第六，耐力下降：人体生活或工作的最适宜温度是 18℃～24℃。高温环境会对人体运动能力，尤其是持续时间较长的耐力运动能力产生很大影响。目前认为，体温调节能力是限制高温下耐力运动能力的重要因素。通过训练可以提高体温调节能力，增加耐力运动能力，

2. 热适应

在高温与热辐射的反复作用下，人体在一定范围内逐渐产生对热环境的适应，称为热适应。热适应主要表现为体温调节、水盐代谢、心血管机能等方面的改善。随着热适应发生一系列生理反应，结果是产热减少，散热增加。

第一，热适应后，心功能改善，心率减慢，每搏输出量增加，心输出量和动脉血压基本保持不变。同时，血液重新分配机能改善，使皮肤血流量减少．肌肉血流量增加，提高了肌肉的工作能力。

第二，出汗阈值下降、出汗率增加、排汗能力增强。运动训练提高出汗反应的敏感性和出汗能力。

第三，热适应后肾脏和汗腺对 Na^+ 重吸收增加，汗液中 Na^+ 浓度下降。Na^+ 在体内保留使血浆和细胞外液的容量增加，内环境相对稳定。

3. 训练对热适应的影响

在炎热环境中进行训练可加快热适应过程。热适应需要的时间与运动强度和训练

时的气候条件有关。如果运动员每天暴露在热环境中 2～4 小时，5～7 天就可以基本适应，10 天可以完全适应。在炎热环境中训练，最初几次训练的负荷要小，持续时间约 15～20 分钟，然后，可逐渐增加训练强度和训练时间。

（二）热病及其预防

热病如脱水、热痉挛、热衰竭、中暑等是在高温环境下进行剧烈运动时，因体温过高而发生的疾病，对健康有很大的危害。根据热病产生的原因进行有针对性的预防，就可以避免热病的发生。

1. 热病

（1）脱水

脱水是指人体由于消耗大量水分而不能及时补充所造成的新陈代谢障碍，严重时会造成虚脱，甚至有生命危险。

在炎热的环境中长时间剧烈运动，大量出汗将使血容量明显减少而导致脱水。脱水可引起排汗率、血浆量、心输出量、最大摄氧量、工作能力、肌肉力量、肝糖原含量等下降。脱水量达到体重的 2% 左右时属于轻度脱水。轻度脱水可影响血容量，使心脏负担加重，运动能力下降，并出现渴感和尿少等现象。脱水量达到体重的 4% 左右时属于中度脱水。中度脱水时可出现脱水综合征，表现为严重口渴感，心率加快，体温升高，疲劳、血压下降等症状。脱水量达到体重的 6%～10% 属于为重度脱水。重度脱水表现为呼吸频率增加、血容量减少、恶心、食欲不振、厌食、容易激怒、肌肉抽搐、精神活动减弱，甚至发生幻觉、昏迷等症状，严重威胁人的健康。

（2）热痉挛

热痉挛是机体在干热环境条件下运动时因出汗过度，无机盐丢失过多而出现的肢体和腹壁肌肉痉挛，体温并不升高的现象。热痉挛经常出现在剧烈运动中或运动后，在运动中补充足够的电解质饮料，可以有效地预防热痉挛。

（3）热衰竭

热衰竭是热环境下运动时出现的一种血液循环机能衰竭现象。对热环境尚未适应就开始进行剧烈运动容易发生热衰竭。这种情况下，热衰竭的主要原因是大量出汗导致细胞外液，尤其是血浆量减少，出现循环系统调节机能障碍，血液滞留在扩张的体表血管中使中心血量及心输出量显著下降。热衰竭的主要表现为虚弱，心率加快、出汗减少，体温升高、直立时血压低、头痛、头晕等。出现热衰竭时应停止运动，尽快到达阴凉处休息并补水，必要时输液以尽快补充丢失的液体，确保血浆量恢复正常。

2. 热病的预防

通过合理补液预防过渡脱水是预防高热环境下训练时热病发生的最重要措施。补液量可通过在运动后体重丢失的量来确定。补液不能只在运动中和运动后进行，在运动前就应该开始。运动前补充足够的液体，使人体细胞处于良好的水合状态，有利于预防热病的发生。运动前后的补液都应该以少量多次为原则，并要补充电解质饮料。另外，由于热环境中训练的时间不同，由此选用的补液方法也应视情况而定。

目前市场上销售的运动饮料多种多样，不同配方的饮料有不同的功能，适用于不同方式的训练。一般情况下，最好按照说明配制和饮用，以免渗透压过大或过小而影响胃肠吸收，甚至造成胃肠不适。

二、冷环境下的定向运动训练

（一）冷应激与运动

在寒冷的环境中，为了达成训练目标，主要是以两种方式来调节体温：一是通过寒战以增加代谢产热；二是通过收缩外周血管来减少热量散失。这两种调节价值能够达成保持产热与散热机制的平衡关系，出现一系列的应激反应。在低温的情况下，由于风速和湿度方面的影响，其与集体散热呈正比例关系，冷应激通常对运动能力方面的影响十分明显。

第一，冷应激会使体温下降，体温每下降10℃，神经传导速度将降低15米/秒。当局部温度降为8～10℃时，神经传导将完全阻断，因此四肢受冷伴随有工作能力的迅速下降。

第二，严重的冷应激会使最大摄氧量和心率显著下降。当人们处于冷应激的情况下，皮肤血管会产生明显收缩的情况，使得血流量迅速让皮肤转向中心循环，以此来维持机体内部的温度。但由于皮肤热量减少，也势必造成训练过程中手指与脚趾容易冻伤。

第三，由于气温影响，人的骨骼肌粘滞性增加，肌肉收缩的速度减慢，动作的零活性以及协调性降低，工作效率下降，容易发生运动损伤。

第四，在寒冷环境中如果出现上呼吸道感染，将导致个体运动系统的运动能力及免疫系统的监视能力下降。因此，在寒冷环境中训练的一个重要任务是防止上呼吸道感染。

（二）冷适应

如果经常暴露在寒冷的环境当中，能够加速机体对于冷环境的适应性，在开展定向运动的实践过程中，可以通过冷适应的方式重复性的对手或者脚进行寒冷刺激，让这些部位的血流增加并使得局部的冷适应增强，减少低温造成的损伤。

三、高原环境下的定向运动训练

高原环境下的训练模式本身对运动员是一种考验，需要运动员处于低压、缺氧的条件下进行训练。在这种情况下，高原训练本身运动员面临缺氧负荷，且面对高原性的缺氧负荷，两种负荷的相加，势必造成运动员承受较大的训练压力，从而更深入地挖掘人体的机能潜力。

（一）高原应激

高原是一种低气压、低氧、低湿度、寒冷、日照时间长、昼夜温差大、高紫外线辐射的特殊环境，机体在这种环境中进行训练产生的特殊应激反应称为高原应激。以上刺激因素中，对机体机能影响最大的刺激是低氧刺激。

（1）最大摄氧量下降

高原的低氧环境会对正常氧运输产生不利影响。由于大气氧分压的降低，人体血氧饱和度急剧下降，组织细胞利用氧量就减少。随着高度的升高，最大摄氧量开始下降。

（2）肺通气量增加

从平原到高原最主要的反应是氧分压降低所引起的肺通气过渡。高原缺氧反射性引起呼吸加深加快，肺通气量加大。当达到一定的极限数值时，肺通气量开始以指数的形式增加。在高原训练环境中，高度达到2348米之后，肺通气量发生变化。一旦肺通气量过大，会造成过度换气，排除二氧化碳，导致血液与肺泡当中的二氧化碳分压下降，极容易导致代偿性呼吸碱中毒。因此在高原训练环境中，要对肺通气量的情况有充分了解，肺通气量的增加能提高肺泡氧分压，有利于氧的运载。

（3）心血管反应

心血管反应通常是出现在运动员到达高原的初期阶段，心率以及心输出量都明显增加，脉搏输出量不发生改变。每分钟输出量的增加主要是依靠心率的变化为主，补偿运氧能力的下降。在平原环境中，每分钟心率在70次左右，如果处于高原环境中达到4500米时，安静心率可达到105次。

（4）高原反应症

在到达高原的初期，机体因缺氧会产生一些生理性的反应，包括呼吸困难、头痛等急性的高山病病症。这种病的产生主要是因为缺氧导致。究其原因，脑组织对于缺氧环境十分敏感，当处于缺氧环境中时脑组织极容易首先受到影响和伤害。如果体液始终滞留在脑部或者是肺部，则会出现水肿的情况，严重会危及生命。

（5）运动能力下降

高原训练环境中运动员因为海拔高度的不同，通常其运动能力方面会出现不同程度的下降，相较于平原的比赛，在高原的环境中通常超过2分钟的全身性的耐力型运动项目的竞技成绩明显下降，如1 500米跑的成绩下降3%，5 000米和10 000米跑的成绩下降约8%。

（二）高原适应

高原适应指的是在高原环境中停留一段时间之后，人体则会对低氧环境产生一定的调节功能，缺氧环境下的耐受能力提升。高原适应的过程并非一蹴而就，而是要循序渐进。一项调查数据显示，当处于2300米高度时，适应周期会达到两周左右，此后每增加610米，需要增加一周的适应时间。

许多研究认为，高原训练能明显提高有氧能力。但高原应激和高原训练对返回平原后的有氧能力和耐力的影响机理目前尚不清楚。多数人认为，高原训练提高了局部循环和细胞代谢的适应及血液代偿性载氧能力。此外，呼吸系统的适应性变化也不会在回到平原后马上消失。因此，高原训练中低氧和训练的双重刺激提高周期性耐力运动项目成绩的效果应该优于平原训练。

但也有人认为，长时间高原应激也会给生理机能带来一些负面影响，如体重下降、最高心率降低、每搏输出量减少，最大心输出量减少。最大心输出量的减少将抵消血液载氧能力增加带来的效益。此外，高原训练的强度不能达到平原上的训练强度，使高原训练的绝对训练强度下降，这些因素可能影响运动员在平原的竞技状态。

四、女子经期的定向运动训练

月经周期是女性特有的生理现象，表现为卵子的生长发育、排卵和黄体形成周而复始。同时，在卵巢雌性激素的影响下，子宫内膜发生周期性剥落，产生流血现象，称为月经。

（一）月经周期中运动能力的变化

月经周期本身是女性激素水平的规律性波动的时期，该时期的特殊性，使得女性的机体运动能力会发生相应的变化，从月经周期的不同变化阶段着手，女性的个体差异普遍存在。经过相关的研究结果表明，大部分女性的运动能力水平从黄体形成、卵泡期和排卵期以及经前期和月经期依次减弱。有关于专业运动员的研究指出：月经周期的不同阶段，运动员的有氧能力，反应速度、力量出现不同时相的变化。如，有的运动员在月经期反应速度有所减慢，但有氧耐力和力量并没变化；而有的运动员在经前期兴奋性最高，体能最好。因此，在针对女性运动员开展专项训练和负荷安排的阶段，需要充分考虑到体能情况与月经周期的关系，确保在运动能力最强的阶段提高负荷强度，在运动能力减弱时适当地降低负荷强度，使运动员的训练效果得到强化。

（二）女子经期的定向运动训练

通常情况下，一般性的运动对于女性月经期是不具备影响的，且通过适度的体能的训练方案还能够有效改善女性的机能状态，促进血液循环。但如果在运动量方面始终无法把握重点，导致负荷强度的控制不理想，也势必导致女性的身体受到影响。如长期大强度的训练，会造成女性群体月经不调，甚至出现闭经的情况，这就需要科学安排训练量。因此，女子经期一般不宜安排长时间或大强度训练。另外，除非特别需要，也应避开寒冷的下雨天，经期中淋雨受凉会引起小腹疼痛，经血量过多或过少。如果比赛时适逢下雨，赛后要尽快用热水洗澡，可换上干衣服，并注意保暖。有条件时，用红糖生姜煮水喝．或者把鸡蛋放在红糖水里煮熟，趁热喝，将有利于缓解小腹疼痛。

夏季训练气候炎热，如果月经期用的卫生垫不及时更换，容易引起细菌滋生。久而久之，容易引起阴道炎。定向训练场地中道路崎岖不平，有些卫生垫不能很好地黏附在内裤上，在跑动过程中容易出现移位，造成经血侧漏和磨破皮肤，不仅影响情绪，而且非常痛苦。因此，夏天在经期中进行大运动量训练和比赛时最好使用卫生栓。

第四节　定向运动训练与营养

在运动训练的实践框架当中，良好的营养供给是基础性的保障。营养供给不当，运动员的生理机能会受到消极影响，出现下降。反之，运动员的生理机能会明显提升，提高运动成绩。随着科学研究的不断深入，围绕运动员训练的营养的相关研究不断增多，对这些研究内容总结与分析，让定向运动的训练与营养环境得以改善。

一、运动员膳食的基本要求

（1）要求热量保持平衡

定向运动是一项竞速项目，对抗激烈，对运动员的耐久性提出考验，为了保证运动员适应定向运动节奏，热量的及时补充至关重要。当然，热量的供给需要适量，避免因为出现热量供给过多，而导致运动员的体脂增加，所以膳食要科学、合理。

（2）注意热能物质的比例适当

运动员的热能物质以糖为主，脂肪量最少，定向运动是一个耐力项目，糖的比例为1：0.7，做到高糖，低脂肪。

（3）充足的维生素

对于定向运动员而言，由于运动量较大，这一群体的代谢旺盛，体内的激素分泌则会明显增加，在大量排汗的情况下则会出现维生素的损失较多，所以要及时的补充充足的维生素。且合理的维生素的补充能够改善运动员的运动能力，从而提高运动成绩。究其原因，维生素本身是维持运动量、机能状态以及营养水平的关键要素，高强度的训练自然对于维生素的需求量也明显增加。如果维生素无法得到有效的补充，前期阶段的运动员则会出现运动能力下降，易疲劳，免疫力薄弱等基本情况。一旦维生素的补充到位，这些影响因素也会因此得到缓解，从这一看来看，维生素的及时补充显得至关重要，避免出现不良影响。当然，维生素的补充有严格、明确的标准。对于参与定向运动的主体而言，要保持适度的补充，避免出现过量补充的情况出现，使各种维生素在体内发挥良好作用。

（4）合理的膳食制度

善事制度的形成，能够进一步发挥出营养的重要性与内在价值。在膳食制度的基本框架当中，涉及到饮食时间、饮食质量以及饮食的分配。且进食时间和训练时间要保持协调，在运动之后要适当休息，时间不少于30分钟，而后进食。且在完成进食之后，需要1.5-2.5小时之后才能够剧烈运动，避免出现消化功能的损伤情况。

（5）正确地选择食物和烹调加工

选择运动员食物要从营养学角度出发，选择那些易消化、易吸收、营养丰富的食物，同时注意酸碱性食物的搭配，烹调时尽量保留食物的营养成分，还应注意食物的色、香、味，增进运动员的食欲。

二、运动员一日三餐的食物分配

运动员一日三餐食物分配要合理，其基本原则是：运动前的一餐，食物的量不宜过多，但要有一定的热量，要易消化，含有较多的糖、维生素和磷，少含脂肪和纤维素；运动后的一餐量可以大些。晚餐不宜过多，也不宜吃脂肪和蛋白质过多以及有刺激性的食物，以免影响睡眠。运动员的早餐应富含蛋白质和维生素，因为运动员早晨要进行早操训练，势必消耗一定的热量，且经过前一夜的消化，食物所剩无几，及时补充是十分必要的。

三、定向运动的营养特点

定向运动属于中长跑和超长跑耐力性项目，运动时能量消耗大，热能主要来自糖原的有氧分解。因此，要供给充分的糖，保持充足的糖原储备。另外，耐力项目对循环呼吸等机能要求也高，血红蛋白要维持在较高水平，要保证蛋白质、维生素、无机盐，尤其是铁的充分供给。

四、赛前运动员的饮食特点

比赛使运动员的机体处于高度紧张状态，能量消耗也很大。比赛期间的饮食十分重要，但往往因为比赛时的神经紧张，出现食欲不振、消化紊乱等现象，所以赛前就应该提高饮食质量。比赛前，饮食中要注意充分地补充糖，使糖原储备达到最高水平。同时，还要充分补充维生素、维生素 C、维生素 A 及无机盐，不要过分补充蛋白质及脂肪等酸性食物，以免体液偏酸，对运动不利。在比赛前可以食用葡萄糖和维生素 C，食用时间要根据比赛的项目不同而有所不同，短距离比赛项目在比赛前 40 ～ 60 分钟食用，而超长距离比赛可在开始比赛前食用，维生素 C 每日供给量为 140 毫克。

比赛前的饮食制度应逐步过渡到比赛期的膳食。但由于比赛前一般都是减量训练，能量消耗减少。所以，比赛前不宜吃得过多，避免体重增加，不利于比赛。

比赛前当天的饮食要求应当是食物体积少，发热量高，易消化吸收：不要多食难于消化及产气的食物，如肥肉、豆类等。食物应含磷、糖、维生素 C 丰富，以糖作为主要能源，特别是长时间耐力项目，除要在食物中含有丰富的糖外，还要有一定量的脂肪，以维持饱腹感，这是由于脂肪代谢参与能量供应，不致使血糖下降，可推迟疲劳的出现。

比赛前进餐的时间要根据比赛时间而定，一般在比赛前 2.5 ～ 3 小时前完成。

五、赛后运动员的饮食特点

比赛后，运动员需要补充热量和水分。超长距离赛跑后即刻可补充 100 ～ 150 克葡萄糖，这不仅能补充运动员的能量消耗，还能促进肝糖原储备的扩充，预防肝脂肪浸润。比赛后 2 ～ 3 天应补充高热量的饮食以及维生素 B、C。主要提供热量的是糖，其次是蛋白质、水分，无机盐也需连续补充，但饮食中少些。少量多次地补充，水中可加适量食盐（一般为0.2%较好），也可以蔗糖、钾、果汁等做成饮料，供运动员随时饮用。

六、运动员比赛途中的饮料和饮料特点

定向运动员热量消耗较大，特别是标准距离的比赛，机体在运动过程中失去大量水分及能量，若不及时补充，不仅有损于健康，而且也直接影响运动成绩的提高。因此，为了维持机体的正常循环，调节体温，在比赛途中补充饮料和饮食，是十分必要的。

七、夏季训练期的营养特点

夏季训练期气温较高，因此，水、盐、维生素及蛋白质的代谢都旺盛。同时，由于高温的影响，运动员的食欲下降，这势必造成体内热量的收支不平衡，从而影响运动能力以及身体健康。为了避免这些不良的影响，在饮食方面要特别加以注意。夏季训练期，因高温使蛋白质分解代谢加强，排汗量增加致使排氮量也相应增加，为此应增加蛋白质供给量。另外，因代谢旺盛，维生素C等需要量也明显增加，再加上排汗量多，一些水溶性维生素损失也会增加，所以要额外补充维生素，特别是维生素C。由于气候炎热，加上运动量大，排汗量就会明显增大，水分损失较多。此时，无机盐也随水分的损失而损失较多。例如，四小时长跑训练可损失水分4.5L，补充水分非常必要。对水分的补充不能一次暴饮，而是少量多次地补充，水中可加适量食盐（一般为0.2%较好），也可以蔗糖、钾、果汁等做成饮料，以供运动员随时饮用。

夏季训练期有关膳食的具体安排可注意以下几点：

第一，食物要调配好，多样化，清淡可口，促进食欲。

第二，适当地吃些凉拼盘，但要注意卫生，防止污染。黄瓜、西红柿、萝卜可以糖拌生吃。

第三，主副食要注意含丰富的B族维生素、维生素C和矿物质。

第四，可配制含盐分的清凉饮料，放在运动场供运动员随时饮用，但不可在饭前或饭后暴饮。

第五，主餐可放在早、晚凉爽的时间，也可采用一日四餐的办法．以增加热能的补充。

八、冬季训练期的营养特点

冬季训练期正处在寒冷季节，由于气温低，机体的散热量大，基础代谢相应升高，加上运动量较大，所以热能消耗比较多，因此运动员一日需要的总热能较高，可达20 925～25 110kJ。脂肪的摄入量也应增加，以保温御寒。同时还要增加维生素B1、维生素G2、维生素C的摄入量。维生素C、维生素%可增加30%～50%，维生素3可增加到5mg/d。北方地区冬季青黄不接，蔬菜供应往往不足，为补充体内维生素的不足，可以补充维生素制剂。运动员冬训时膳食要注意以下两点：

（1）食物要温热、丰富、利于消化吸收。

（2）食物应保证充足的热能，可适当增加脂肪或肉类，缩小食物体积。

第七章 定向运动的基本素质训练

第一节 定向运动的体能训练

一、体能训练的基本理论

（一）体能训练概述

1. 体能训练的意义

体能是人体各器官系统的机能在体育活动中表现出来的能力。主要包括力量、速度、灵敏、耐力和柔韧等基本的身体素质，以及人体的形态和基本的活动能力（如走、跑、跳、投掷、攀登、爬越、悬垂和支撑等）。定向运动员的体能训练主要是为了提高各项身体机能，改善中枢神经系统及内脏器官的机能，使之能适应定向运动技战术发展的需要，保持良好的竞技状态，延长运动寿命，防止伤害事故的发生。

体能是参与定向运动的基础，良好的体能是不断提高定向运动竞技水平的重要保证。现代定向运动技能水平不断提高，竞争日趋激烈。现代定向运动对运动员的各项身体机能提出了更高的要求，体能训练的重要性就显得更为突出。发展与提高运动员的体能应通过有计划、有目的的科学训练才能实现。

青少年运动员正处在生长发育的第二高峰期，新陈代谢旺盛，身体各器官、各系统机能发展迅速，是提高体能水平的黄金时期。加强青少年运动员的体能训练，从小打好身体基础，不仅是保证青少年运动员生长发育的需要，也为国家培养全面发展人才的需要，是培养和造就优秀定向运动员的战略性措施。

2. 学校定向运动队员体能训练的特点及要求

第一，学校体育是学校教育的重要组成部分，学校定向运动队的训练应紧紧围绕学校德、智、体、美、劳的培养目标来进行。应将训练工作纳入学校教育工作的系列，使训练工作与班主任、少先队或共青团组织、学生家长密切配合，争取教务、总务部门的支持，使队员既能保证接受系统、科学的训练，又能保证参加学校的教育教学活动，促进队员的全面发展。

学校体育的首要任务是健全学生体魄，促进人的全面发展，学校定向运动队的任务也必须把健全队员体魄作为训练工作的首要任务。对学校定向队员运动负荷的安排必须遵循其身体活动规律，运动技能形成规律和机体生长发育规律等，通过科学的训练，为培养具有健全体魄的"四有"人才服务。

第二，学校定向运动队的训练是业余训练，不能影响队员的学习教育活动，而体能训练也必须在业余时间的训练课上进行。所以运动负荷的安排，既要体现教育教学活动规律的周期性，又要反映出对不同年龄、性别、体质、水平的学生不同的训练强度、密度、时间的要求。一般来说，复习考试期间运动负荷宜小，寒、暑假期间运动负荷宜大，平时训练运动负荷应适度。

第三，学校定向队员大多数都在人体生长发育的第二高峰期（11～12岁），他们的起始训练时间和最佳训练时期刚好在学校里度过。了解他们在这一时期的身心特点，将有助于更科学地安排训练内容和制订体能训练计划，促进他们的身体得到全面的发展。

中枢神经系统：青少年运动员神经系统的发育优于其他系统，神经活动的兴奋和抑制过程呈不平衡状态，兴奋过程占优势，表现为活泼好动，精力充沛。由于新陈代谢过程旺盛，疲劳也容易恢复，模仿能力较强，容易建立条件反射，但动作不够协调精确，不巩固，易消退。神经活动中第二信号系统的活动还不完善，抽象思维能力较差。因此，在体能训练中要多做示范，多采用直观形象的手段与方法，使他们能直接得到形象的和各肌肉本体的感觉，形成正确的动力定型。

骨骼系统：青少年运动员骨骼迅速增粗和加长，平均每年长7～8厘米（有的长10～12厘米）。12～14岁的女少年和13～15岁的男少年处于性成熟的前期，骨骼的生长速度加快，骨的成分比成年人胶质多、钙质少，未完全骨化，骨的弹性和韧性较好，但承受力和张力不如成年人；所以在体能训练中，要注意身体的全面发展，防止局部负担过大，多做对称性练习，并用多种方法交替进行。这一阶段宜做速度、跳跃的练习，促进骨骼的增长。力量训练时要注意负荷，避免大重量的练习或过多采用静力性练习，不宜在水泥或沥青场地反复进行跳跃练习。

肌肉系统：青少年运动员肌肉中水分较多，蛋白质含量较少，随着年龄的增长，肌肉中的蛋白质含量逐渐增加，肌肉的收缩和弹性也随之提高，但柔韧性相对降低．肌肉的重量也随年龄的增长而增长，8～12岁肌肉生长速度开始加快，尤其是15～18岁增长最快。在12～15岁阶段，肌肉主要是纵向增长，肌肉雏形是细长的；与成年人相比，肌肉横断面积较小，肌肉的收缩力、伸展性、弹性和耐抗力不如成年人。因此，在发展肌肉力量时，宜多做多种徒手练习，以及不负重的跑和跳跃练习来发展肌肉力量。15岁开始，适当增加负重量。发展力量应以动力的练习为主，宜多做助跑起跳、变向移动、挥臂击球等练习。要增强肩、膝、踝和腰背肌、腹肌的力量，多做一些带有爆发性而又能很快自然放松的练习。要注意发展小肌肉群的力量，保证身体得到全面发展。

心血管系统：青少年运动员心肌纤维短而细，肌纤维之间的间质较少，心脏重量比成人小。随着年龄的增长，心脏的重量、容积及心率不断变化，到 18 岁时接近成年人水平。心收缩力较弱，心输出量较小，但新陈代谢旺盛，交感神经系统占优势，心率比成年人快；心脏功能和神经系统的调节均不及成年人，但血管弹性优于成年人，血压比成年人低，16 ～ 17 岁时血压接近成年人水平。因此，在对学生进行体能训练时应合理安排运动负荷。少儿运动员不宜做持续而紧张的耐力性练习，随着年龄的增长，可逐渐增加耐力训练的比重，但练习密度可大些，间歇次数要多些。13 ～ 14 岁以后可以承受较大的运动负荷，但要循序渐进，区别对待，应多做一些促进血液循环系统功能的练习，例如间歇跑、竞赛跑游戏、打篮球、踢足球等活动，以提高血液循环和呼吸机能。

呼吸系统：青少年的呼吸系统处在生长发育的过程中，他们的呼吸频率较快，12 ～ 13 岁约为 12 ～ 14 次 / 每分钟，队员呼吸深度和肺通气量均比成年人低，屏气时间较成年人短。随着年龄的增大，呼吸机能逐渐提高。因此，在进行体能训练时，要突出以强度为主的间歇性训练，要避免强度较大且持续时间较长的练习。训练强度应循序渐进，不能要求过急。要培养他们加大呼吸深度和使呼吸与动作配合的能力，尽量减少屏气活动。

女运动员青春期：女运动员从 11 ～ 13 岁左右就进入了青春期，在生理和心理上会有较大的变化。在月经期进行体能训练时，容易使她们在精神上产生恐惧和紧张感。因此，应严格遵守区别对待的原则，对月经期反应正常的运动员，可以进行适当的训练，但要合理选择体能训练内容，减少或避免剧烈的跳动、静止用力，以及猛烈的收腹、收腹动作和长时间屏气动作。经期适量训练，能促进血液循环，调节大脑皮质的兴奋和抑制过程，有利于减轻或消除经期中的不良反应。对刚出现月经期和月经没有训练习惯的队员应注意循序渐进，逐步提高其适应训练的能力。经期训练应避免做跨跳、劈腿和剧烈的活动。如发现月经失调，应进行医疗检查，调整或停止训练。平时应注意加强腰腹肌和盆底肌的锻炼，可预防痛经等不适反应，且对于提高动作的灵活性有很大的帮助。

二、定向运动体能训练的内容

定向运动的体能训练直接影响定向运动的开展效果，对体能训练内容的明确，要从表达运动能力、复合运动能力、单项运动能力等三个关键部分着手。

1. 定向运动的单项运动能力

对于运动员而言，单独完成运动特征动作的基本能力被称之为单项运动能力。例如，自开展定向运动的过程中，其中涉及到的速度、耐力、跨步跳以及力量等方面，将复杂的内容进行全面的拆解，分为独特的单项内容，通过相对独立的单一动作的练习过程，最终达到单项动作能力的训练效果，为后续的复杂动作能力训练打好基础。

2. 定向运动的复合运动能力

运动员连续完成多个单一运动特征的动作，将其称之为复合运动能力。例如，在开展定向越野的具体实践中，涉及到节奏跑、间歇跑、法特莱克跑等内容，对于从事定向运动的人来说相对复杂，对这些复杂性的动作进行拆解与处理，形成单一的动作内容，更方便教学实践。根据复合运动能力的基本特征，教练员可以对复合运动训练项目合理安排和灵活处理，方便运动员的主动参与和训练时间，满足运动员的个体成长需要和基本要求，让训练手段本身更具针对性与有效性。

3. 定向运动的表达运动能力

定向运动员对于单项运动能力和复合运动能力的表现情况，也称之为表现运动能力。该能力主要是由单一场景和复杂场景相互作用来实践，单一场景指的是运动员对于单项定向运动动作的表达情况，复杂场景指的是运动员对于复合运动能力的表达情况，不同情况下表达运动能力的状态如何，直接影响运动员的成长状态和基本情况。

三、定向运动体能训练的划分

从体能训练的角度出发，定向运动的核心依旧离不开体能训练。为增强体能训练的有效性，将体能训练本身划分为一般体能训练和专项体能训练。两种体能训练本身是动态性的，要跟随不同阶段运动员的成长情况做出合理的筛选与分析。一般体能训练指的是一些基础性和初级的体能训练内容，专项体能训练强调围绕定向运动项目展开，通过一般体能训练和专项体能训练的相互作用，使定向运动的整体水平进一步的提升和强化。

（一）定向运动的一般体能

定向运动实践中要具备良好的体能条件，一般体能指的是运动员的基础运动能力，该能力的好与坏，对后续的专项能力的强化有一定的影响。为此将定向运动的一般体能训练作为研究要点，提出可行训练方案。

变速能力，定向运动中本身强调竞速，变速能力能够让运动员在不同的地形条件下游刃有余，如在穿越障碍时可以适当地降速，在平整的大路则可以加速，以此来中和定向运动所用的时间。

耐力能力，定向运动的核心能力，要保持在定向运动的全过程持续跑的能力。在本次的定向运动的耐力能力的训练中，多是以田径项目的耐力训练为主，在坚持该类型跑的基础之上，适当地加入障碍元素，模拟定向运动跑的真实场景，并要求学生完成，持续的发挥出运动能力，消除运动疲劳，更主动的参与到耐力训练实践中。

意志力，定向运动本身极其考验运动员的心理状态，由于定向运动是一种有意识、有目的的意志行为，当运动员可以克服由肌肉长时间活动带来的压力后，则能够进一步的增强意志力，定向运动的意志能力本身是贯穿于整个训练时间，保持过硬的意志品质显得尤为重要。

除以上训练内容之外，定向运动的一般体能训练还可以延伸到柔韧性训练、耐力训练、速度和灵敏训练等多个方面，要结合不同的参与者的基本情况来做出灵活的选择，确保训练的全过程符合运动员的成长需要，具备与定向运动相匹配的基本体能。

一般体能训练主要是协调地发展各项身体机能素质。一般体能训练的内容较广泛，各种运动形式都促进身体的全面发展。单从定向运动的角度来看，应根据人体的生长规律和项目的特点，制定相应的训练方式与计划，如对青少年运动员而言，身体素质、智能水平全面发展尤为重要，应科学、系统地依据人体各阶段的生长要求及素质发展要求进行训练。

（二）定向运动的专项体能

以定向运动的一般体能训练不同，专项体能更侧重定向运动本身，与定向运动有一定的关联属性，直接关系和影响运动员的综合成绩。

专项体能的训练过程通常是基于一般体能训练的基础之上展开，运动员专项体能的强化要保持良好的一般体能的基本水平，结合一般体能训练的关键性要素，经过训练类型的判断和内容方案的安排，形成最优的训练方案。在定向运动的训练时间中，专项训练的要点则是要结合运动员的个体特征，针对性的制定专项训练方案，形成完整的训练计划和训练方案，最大限度上的改善和提高运动员的体能水平。

专项体能训练是指与专项密切相关的，能直接促进和掌握专项技术及提高专项成绩的身体训练。在身体发育到一定阶段，身体一般素质达到一定的水平，专项定位已经定型时，就应该把定向训练的时间和精力偏移于所选择的专项上来。针对定向运动而言，耐力训练应放在专项体能训练的首位。

专项体能训练主要是通过发展专项所需要的肌肉力量、速度、耐力和改善专项所需要的灵敏性、协调性和柔韧性。一般体能训练和专项体能训练就密切配合，只进行一般体能训练，不能取得较高的专项成绩；只进行专项体能训练，当体能、智能发展到一定程度后就会受到抑制，影响运动成绩的提高。

四、定向运动体能训练的具体方法

（一）力量素质训练

力量素质是所有运动员必备的主要身体素质之一，若没有足够的力量，就不可能有优异的成绩。针对定向运动而言，定向运动属于耐力跑类，力量训练多安排在一般素质训练阶段，专项训练阶段主要以发展力量耐力为主。虽然力量不是定向运动训练的主要手段，但是力量训练特别是小力量训练及克服自身重力的训练不容忽视，应贯穿于定向运动训练的整个过程。

力量素质是指人的机体或机体某一部分肌肉工作（收缩和舒张）时克服内外阻力的能力，是指肌肉在工作时克服内外阻力所表现出来的能量和耐力。外部阻力是指物体的重量、支撑反作用力、摩擦力以及空气或水的阻力等。力量素质是人体进行体育运动的基本素质之一，是获得运动技能和取得优异运动成绩的基础。

按肌肉收缩的特点可分为静力性力量和动力性力量；按衡量肌肉力量大小，可分为绝对力量和相对力量；按其表现的形式又可分为最大力量、速度力量和力量耐力等。

1. 练习方法

（1）静力性力量的练习方法

这种练习的主要特点是肢体不产生明显的位移，肌肉收缩产生张力，但一般不发生长度的变化。静力性力量练习以对抗性静力练习和负重静力练习为主。完成静力性练习时，因工作的肌肉一直处于紧张收缩状态，会影响其血液循环，疲劳出现较早。

第一，对抗性静力练习：根据发展某一部位肌肉的需要，确定一定的姿势，身体姿势保持不变，用极限力量对抗固定的物体。

第二，负重静力练习：根据发展某一部位肌肉的需要，确定一定的姿势，身体姿势保持不变，负不同的重量练习。

（2）动力性力量的练习方法

动力性力量可分为绝对力量、速度力量（爆发力）和力量耐力，因此，动力性力量练习的原则是：

第一，发展绝对力量的练习方法，一般以最大负重量的85%～100%进行练习。也就是以较少的重复次数（1～3次）完成最大重量或接近最大重量练习。

第二，因速度力量是肌肉在短时间内快速收缩的能力，因此，发展速度力量的练习方法应以中等或中小重量（即最大负荷的60%～80%左右）练习，重复多次，并应快速完成。

第三，发展力量耐力的练习方法，一般采用最大负重量的60%或不足60%，重复练习要达到12次以上，不追求动作的速度，但是要求重复的次数和坚持的时间，尽量做到极限为止。

根据上述三条原则，我们可以通过上肢肌肉群、下肢肌肉、背部肌肉群、腹部肌肉群的动力性力量练习，发展动力性力量。

（3）综合力量练习

把适合定向运动特征和个人特点的6～7个力量练习手段组成一组，再依据不同性质力量之间的相关度，以科学的排序，可进行不同次数和不同间歇的重复练习，其重复练习适应运动员有机代谢功能与专项能力训练时的代谢功能达到相类似的程度，这对运动员整体力量的协调发展是极为有利的，如通过各种器材进行的各种力量组合练习。

2. 力量素质训练时的要求及注意事项

在开展力量素质训练的过程，需要有明确的要求和注意事项，以此来保证力量素质得到有效控制，达成事半功倍的目标，为运动员的力量素质强化打好基础。

第一，力量素质的发展要全面、具体，在训练过程中应该从大肌肉群和主要肌肉群开展着重锻炼，强化其力量素质。与此同时，也要兼顾小肌肉群的发展，做好对肌肉力量的锻炼与实践。

第二，在开展练习的过程中用要保证肌肉的拉长与收缩。在开展练习的过程中要围绕运动员的肌肉状态展开具体实践，拉长后然后收缩，动作幅度要大。由于肌肉纤维被拉长之后可以增加收缩的力量，使得肌肉保持弹性。

第三，在进行力量训练的过程中，对于定向运动的远动员而言要保持高度的集中，确保训练专注度，保证跟随教练员的基本要求进行专项训练。保持意念活动与动作练习的更加紧密，为肌肉力量的发展和提升打好基础。还应注意加强自我保护和互相保护。尤其在举或肩负极限重量时，更应该注意加强相互保护。

第四，紧密结合专项特点安排力量训练，注意正确的技术动作规格不同的专项动作有各自不同的技术结构，要求参加工作的肌肉群力量也不同。如跑，要求竭尽全力，连续快速蹬地，向前推进。

（二）速度素质的训练

速度素质是人体快速运动的能力。定向运动员所需要的速度素质可分为反应速度、动作速度和跑动速度。

1. 发展跑动速度的方法

跑动速度是指在周期性运动中，单位时间内快速移动的能力，也称位移速度。

发展跑动速度主要是提高人体在一定距离内的移动速度。提高动作速度是提高跳动速度的基础，并与四肢肌肉的爆发力密切相关。在比赛竞争日趋激烈的赛坛，有时千分之一秒都能决出胜负。速度素质的训练也不应忽视，主要练习方法有各种距离的加速度跑、行进间跑、接力跑、不同段落的大强度距离跑。

2. 发展动作速度的方法

实际上运动速度是一个模糊的概念，因为单纯的动作速度是不存在的。我们平时所观察到的动作速度，是由运动的物体或人体的其他能力，如力量、耐力、技术等因素，加上速度素质来决定的。

发展动作速度主要是快速反复的练习，合理的技术动作和肌肉用力的协调性都有助于动作速度的发展。针对定向运动而言，特别是在长时间的奔跑劳累中仍需准确无误地完成一些看似简单的技术动作，仍需引起重视。因为，错误的打卡将被取消比赛资格；缓慢无力地奔跑和打卡将无法取得好的成绩。其主要练习的方法是小负重的各种练习或克服自身重量的各种跑、跳。

3. 发展反应速度的方法

反应速度是指人体对各种信号刺激的快速应答能力，是表现快速起动能力的基本要素，主要依赖于人的大脑皮层对信号的快速反应，并指挥身体迅速摆脱静止状态。

发展反应速度的重点在于提高神经过程的灵敏性，只有兴奋与抑制以最快的速度交替和神经系统得到相应调节时才能与最佳的用力结合，达到很高的动作频率。常采用的训练方法有听信号起跑、跑动中所听信号或看预先设定的标注改变跑动的方向或变化跑动的速度，在长距离跑中去打规定的参照物等练习手段。

4. 发展速度素质的要求和注意事项

速度是同作用力和反作用力相互作用的结果。作用力是由肌肉收缩产生的，反作用力是空气阻力、摩擦力、重力和惯性力形成的。因此在速度素质练习中，主要是考虑如何增加作用力，并减小反作用力，从而加快速度，提高奔跑能力。速度素质的发展受多种因素的影响，为了有效地提高人体的快速运动能力，在发展速度素质练习的过程中，应该注意以下几点：

（1）注意合理安排速度素质练习的顺序与时间

速度素质的训练要有明确的顺序和时间的安排，由于身体素质本身与运动能力存在一定的关联关系，在进行速度素质的训练过程中，要充分考虑到这一点。从系统论的视角出发，速度素质的训练安排还需要协调好多方面的问题，处理好与其他素质训练的关系，从而制定速度素质的基本训练计划和方案。

（2）注意速度练习时人体应处在适宜的工作状态

在开展定向运动的实践中速度素质的基本状态的调节显得尤为重要，结合运动员的基本情况完成对内容的调节，这其中包括神经系统的适宜状态、内脏系统以及肌肉系统的适宜状态等等，这些适宜状态的基本要素的构成，直接影响训练效果。对于运动员而言，在适宜的场景下开展实践活动，达成练习目标显得尤为重要与关键。以神经系统为例，如果神经系统的处于相对兴奋地状态，则肌肉会保持较高的紧张度，在开展速度练习的过程中能够发挥出良好的实践效果，让速度素质得到重视，训练质量明显提升。

（3）注意以发展力量和柔韧等来促进速度素质的发展

在开展速度素质的训练过程中，力量和柔韧素质显得尤为关键，是影响速度素质的主要因素。所以在发展速度素质的过程中，应从以下几个方面着手：其一，注意发展快速力量。可以采取40%-60%的强度多次重复快速的负重练习，使得肌肉活动的灵活性增强，并适当地提高强度来进行训练，强化肌肉的收缩功效，让快速力量的训练效果得到进一步的提升；其二，柔韧素质的训练和于强化，需要通过多元方法来达成，保持运动员肌肉的协调性，以此来提高肌肉的阻力、增大肌肉合力，最终提高运动速度。

（4）发展速度素质应重视肌肉放松

速度素质的具体强化需要保持肌肉处于良好的放松状态，只有保持肌肉处于放松状态，能够减少肌肉本身的内阻力，增大肌肉合理，促进血液循环。当肌肉的紧张度达到60-80%时，血液流动则会受到影响，若这种状态持续的稍长，会导致协调性受到影响。为此，在开展速度素质的训练过程中要高度重视肌肉的放松状态，始终保持肌肉的放松，才能够确保训练的有序展开，发挥训练实效。

（三）耐力素质训练

耐力素质训练是人体长时间坚持运动的能力，其是定向运动员应具备的基本素质。定向运动的耐力素质要求虽说与长跑运动所要求的耐力素质有所区别，但基本是相近的。在长时间运动肌肉工作引起的疲劳时，耐力素质对专项运动成绩起到重要的作用。当神经肌肉共同达到极点时，动作速度、反应速度、灵敏性都会下降；耐力素质好者，可以减少机能降低的程度，充分发挥各种素质的作用。

耐力素质训练能够培养运动员坚毅、顽强、克服困难的意志品质，提高心血管和呼吸系统工作能力，促使新陈代谢加快，能保持较长时间内协调准确的工作能力，定向运动正好体现了上述特点和要求。虽说定向运动是属于有脑力参加的长时间奔跑项目，要想在较长时间内保持清醒的头脑去完成路线的选择和定位打卡，良好的耐力素质是最重要的保障。所以说，耐力素质训练是定向运动员训练的主要内容和方法。

定向运动员的训练对于初中级水平者来讲是间歇＋非周期性变速跑，而对高水平者主要还是非周期性变速跑。运动员在比赛途中常常要看图、辨别方向、打卡等，定向运动中需要长时间的奔跑，通过跨越、跳跃以及攀爬等动作内容，对运动员的耐力素质提出了较高的要求，在耐力素质的训练过程，要充分协调好与其他素质之间的关联关系，各项基本素养保持协调性，才能够让耐力素质持续的发挥效果，最终达成目标。

1. 定向运动的有氧耐力训练方法

（1）有氧耐力的练习方法

有氧耐力练习的目的是为了增强机体氧气的输送功能，增强肌肉新陈代谢的能力。有氧耐力练习也是增进健康与体力的最基本方法。由于锻炼时间的呼吸效应能完全满足运动对氧气的需要，在消耗大量氧气的同时又不负氧债，所以能够保证长时间锻炼的持续进行。发展有氧耐力的练习一般采用运动负荷强度较小（但不能过小）的练习方法，这样有利于机体氧气的供给，即采用 10～25 分钟的小强度、持续时间长的练习，发展耐力效果明显。如果运动持续时间超过 30 分钟，必须加强自我医务督促，防止出现意外伤害。

选择有氧耐力练习运动强度的原则是：负荷强度控制在无氧代谢的临界点以内，大约为人体所能承受的最大强度的 75%～85%；心率基本控制在 160 次／分左右。按照这个原则，机体的吸氧量可达到最大值的 80% 左右，可以使心脏容量增大，促进骨骼肌、心肌中毛细血管增多。通常采用自由跑和游泳等周期性动作及长时间从事某些内容的身体练习。其练习方法可选择有氧锻炼的持续负荷法和间歇负荷法。

（2）结合专项技术训练的持续跑和法特莱克跑

以专项的技术训练为核心，开展持续跑和法特莱克跑实践。充分结合定向运动的基本特征，制定和安排训练的基础性方案。在开展训练的过程中，可以通过前期的慢跑热身的方式展开，以并快速和慢速的交替跑的训练过程，让运动员获得良好体验。如将跑动的距离控制在 100-600 米之间，并按照定向运动的地图具体实践，锻炼和强化识图能力。定向运动的总距离场地通常在 10-20 千米，时间方面要做好内容的控制，以此来锻炼运动员的综合能力，持续的保持自身处于较高的兴奋点，让机体的所处负荷得到进一步的放松。从实践情况出发，组合型的专项技术的训练，对运动员的成长有积极意义。

2. 定向运动无氧耐力训练方法

（1）无氧耐力的练习方法

无氧耐力是指身体在缺氧情况下进行运动、克服疲劳的能力，其锻炼的目的是为了提高机体对氧债的承受能力。无氧耐力又分为乳酸性无氧耐力和非乳酸性无氧耐力两种。

第一，发展乳酸性无氧耐力的练习：多数采用可承受的最大负荷强度的

85%～90%，心率处于 160～180 次／分之间。由于人体产生乳酸的时间约处于机体剧烈运动的 35 秒以后，所以负荷时间应多于 35 秒，组数 2～5 组，间歇 3～5 分钟，如 800 米，1500 米跑或者 200 米、400 米游泳等项目，都可发展乳酸性无氧耐力。

第二，发展非乳酸性无氧耐力的练习：一般采用 95% 左右的运动强度，心率可达到 180 次／分以上。主要采用间歇训练法，一次负荷时间应小于 30 秒，如 30-200 米跑．10-50 米游泳等，组数 4～5 组，间歇 2～3 分钟。

无氧耐力训练主要采用间歇训练法，它是定向运动训练的核心。训练时．练习段落先短后长，逐渐增高体内血乳酸浓度，并控制好两次之间的无氧间歇能力，使身体适应这种持续的乳酸刺激．从而提高耐乳酸能力，以适合专项速度耐力的需要。

（2）结合定向专项技术训练的间歇跑

以间歇跑方法发展全程最高的平均速度的能力训练时，教练员可设计星形的定向折返跑训练，以结合定向专项技术训练提高运动员的体能。教练员在星形定向时，规定运动员完成一个点的任务后必须回到星形的中心点才可进行下一个点的训练。教练员根据每一个点折返到中间点的距离和完成时间，可使用测算运动员即时心率可有效监控运动员的负荷量。

例如，跑第一点的运动员距离（两点之间）为 3000 米，完成时间 14 分钟，即时心率 160～170 次／分。跑另一点的运动员距离（两点之间）为 600 米，完成时间 2 分钟，持续跑（快），心率 170～180 次／分。跑完一个点的运动员间歇时间以不低于心率 130 次／分，进行下一次练习。采用间歇跑方法发展全程最高平均速度能力的训练是突出跑的强度，可有效提高运动员较长时间速跑的能力。

3. 发展耐力素质练习的注意事项

发展耐力素质练习的过程中，应注意以下几点：

第一，一旦选定某一项目进行练习，就应该坚持到底，不要中途轻易更改。

第二，如果体力较差，一时无法按照运动处方完成练习，可以适当降低标准，选择力所能及的运动负荷，必须在体力适应后才能进入下一阶段练习。

第三，运动心率是指机体承受运动负荷的心跳频率，通常用它来衡量运动强度的大小。因此，可用心率来做判断：180 次／分以上为大强度；150 次／分为中强度；140 次／分以下为小强度。

第四，从各人原有的耐力水平开始，逐步增加运动负荷。具体时间间隔、间歇的时间长短，应逐步摸索，并在体育教练指导下练习。

（四）定向运动的柔韧性训练

定向运动的实践过程中，因不同的场地条件对于运动员的基本要求不同，自然柔韧性成为主要的素质之一。柔韧性指的是人体的关节活动幅度情况，同时也反映着肌肉和韧带的伸展能力。良好的柔韧素质的训练不仅仅能够防止运动训练中的损伤问题的出现，更是能强化学生的灵敏度和协调性。为此，在开展定向运动的柔韧性的训练过程中，协调好训练全过程，让内容的呈现更生动、更灵活，突出训练有效性。

1. 柔韧性的训练方法

柔韧性的训练方法有很多种，这里针对定向运动的特点，重点介绍下肢的柔韧性训练方法。

（1）脚和踝柔韧性的练习方法——拉伸脚掌和脚趾下部

方法：坐下，一条腿的小腿放在另一条腿的大腿上，一只手抓住踝关节，另一只手抓住脚趾和脚掌。双脚轮流练习。动作幅度尽量要大，保持10秒左右。

要求：呼气并向上（脚背方向）拉引脚趾。动作幅度尽量要大，保持10秒左右，重复5组。

（2）小腿柔韧性的练习方法——拉伸小腿前部和外侧

方法：面对柱子或者围栏双手握住，两脚左右开立，并且脚尖尽量内扣呼气，屈髋并后移髋关节，双腿与躯干呈45°夹角。

要求：动作幅度尽量要大，保持10秒左右，重复5组。

（3）大腿柔韧性的练习方法——拉伸大腿前部

方法：臀部坐在跪着的脚上，后倒身体倒躺在垫上直到背部平躺在垫上，脚跟在大腿两侧，脚尖向后，双手屈肘垫在头下。

要求：动作幅度尽量要大，保持10秒左右，重复5组。

（4）胯部臀部拉伸

方法：坐在垫上，双腿体前伸展，双手在胯两侧支撑，右大腿外展，屈膝，右脚接触左腿膝部，吸气，双臂撑起身体，左腿移向身后伸展，大腿、膝盖、小腿和脚背接触垫子，呼气下压左腿，换腿重复练习。

要求：动作幅度尽量要大，保持10秒左右，重复5组。

每次训练中，部要求训练者做这四种姿势的柔韧性专项练习，尤其是注重踝关节的柔韧性素质。系统地保持柔韧素质，对于改进技术质量、提高定向运动成绩和预防运动伤害具有重要作用，是定向运动训练过程中必不可少的组成部分。定向运动员采用适宜的柔韧素质训练手段和方法，提高多方面柔韧素质水平，对在短期内提高运动成绩具有深远意义。

2. 发展柔韧素质应注意的问题

发展柔韧素质通常采用的方法是伸展练习。伸展练习可在训练前、中或后进行，以哪种顺序方法通常取决于个人的习惯、时间限制等。

第一，充分准备：每次训练前可先用两至三分钟热身，再伸臂抬腿，全身伸展，以促使肌肉"苏醒"。

第二，循序渐进：动作由简单到复杂、活动幅度由小到大、时间由短逐渐延长。动作要连贯协调，不可运用爆发力，也不可过度追求动作幅度，否则会损伤肌肉，影响爆发力。

第三，强度适中：注意身体的感受，若感到动作不灵活或疼痛难忍，这时就应减少动作幅度。

第四，动静结合：静力性练习每次不要超过10秒钟。某部位韧带拉伸一定时间后，紧接着该部位就要做动力性动作。这样可保证肌肉良好的弹性，增加中枢神经系统对肌肉活动的调节能力。同时还要注意结合项目技术动作的特定要求发展柔韧性，要多做动力性拉伸练习，不断变换姿势和拉伸部位。

第五，整体训练：不能孤立、片面地强调某一部位的柔韧性训练，而应重视身体各部位的柔韧性训练。人体是一个协调统一的整体，均衡发展才能提高身体的运动能力。

（五）定向运动的灵敏性与协调性训练

发展定向运动员身体的灵敏性与协调性有助于帮助运动员在训练和比赛中突遇险情时做出的正确的反应动作．提高反应速度，保证训练和比赛的安全。

灵敏性和协调性是属于负荷运动素质的一种，它是各种基本素质、运动技能及心理感知能力的综合体现，它是以力量、速度、柔韧等素质为基础的，通过灵敏协调、迅速协调地做出应答并顺利完成动作的能力。良好的灵敏协调性，要求运动员必须具有正确的观察判断能力和应变能力，准确地完成所作相应动作在空间、时间和用力特征及相互协调上的高度精确性。发展协调灵敏性素质的训练方法是体操、技巧、球类、游戏及各种跑、跳、跨越障碍等与之相关的练习，也可结合项目特点要求，在每次跑动的间歇做一些击打性、寻找性、感应性的一些辅助练习等。

灵敏性是指在各种突然变换的条件下，运动员能够迅速、准确、协调地改变身体运动空间位置和运动方向，以此来适应运动环境的能力。影响灵敏素质的主要因素包括平衡能力、速度、力量和协调能力。

1. 基本训练原则

（1）灵敏素质与其他素质有着密切关系，在发展灵敏素质的同时，应发展其他身体素质

（2）灵敏素质训练时间不宜过长，重复次数也不宜过多

（3）灵敏素质练习对掌握和改进技术动作较重要

（4）无论在定向运动初级阶段还是在高级阶段的训练中都应安排

2. 训练方法

从生理学角度来讲，灵敏训练是一个条件反射的过程。定向运动的灵敏性，可以从两方面理解：首先是意识上反应要快，其次是动作反应要快。

（1）在训练中让运动员快速、准确、协调地做出各种规定动作

（2）做调整身体方位的练习，例如利用体操器械做各种复杂的动作

（3）利用专项中环节技术或细节技术中的技能模仿练习，发展专项技术所需的协调性

（4）让运动员在跑、跳过程中做出各种动作，如：快速改变方向跑、各种躲闪动作、突然起动、快速急停等练习

（5）在练习中，可通过垒球投掷运动员身体各部位，运动员应尽量躲闪垒球

（六）定向运动协调能力训练

协调能力是指机体不同系统、不同部位、不同器官协同配合完成动作或技战术活动的能力，在技术和技战术能力形成中具有重要作用。协调性是一种非常复杂的能力，与技术动作熟练程度和各项身体素质相互影响，而且还受遗传和心理状态影响。

1. 基本训练原则

第一，协调性素质与其他素质有着密切关系。在发展协调素质的同时应发展其他身体素质。

第二，协调性素质训练的时间不宜过长，一般在体能或力量训练之前进行，重复次数也不宜过多。

第三，无论在定向运动初级阶段还是在高级阶段的训练中都应安排。

2. 训练方法

纵跳、前后跳、侧跳、方形跳、转向跳、跳跃转向、侧向交叉步、手脚反向动作、站蹲撑立。

协调性训练要求在速度与时间和动作配合下完成，亦即动作越复杂学习效果越佳，所以在训练中可以再编十到二十项动作，训练过程中将这些动作穿插进行，以达到最好的训练效果。

第二节　定向运动的心理技能训练

定向运动员在训练和比赛中，不仅要消耗巨大的身体能量，还要承受巨大的心理压力。如果缺乏良好的心理素质，就不能顺利完成训练和比赛任务，更不能取得优异成绩。因此，从某种程度上说，一个定向运动员心理素质的优劣是成功与否的第一因素，它比体能、技能都重要。有意识、有目的地对运动员的心理过程和个性心理特征施加影响，目的是培养和发展运动员在紧张的比赛和训练中所必需的心理品质及个性心理特征，克服在训练和比赛中出现的各种心理障碍。使运动员学会在训练和比赛中控制和调节自己的心理状态，无论遇到什么困难条件，都以积极的、适宜的、稳定的心理状态，保证训练和比赛的顺利进行。尤其在比赛中，运动员只有长时间保持最佳竞技状态，才能创造优异成绩。

定向运动员的心理训练是指根据定向运动的特点和运动员心理活动的规律，有目的、有计划地培养运动员在训练和比赛中所需要的心理素质，以及调节心理状态，适应比赛的能力，以确保最佳竞技水平的获得和发挥。

一、心理训练的作用

心理训练是定向运动训练的重要组成部分。定向运动是一项体能与智能并重的运动，运动员必须在快速奔跑中思考问题、判断问题和解决问题，所以定向运动员的心理训练显得特别重要。其主要表现在以下几个方面：

（一）促进运动员心理过程的完善

心理训练可以培养运动员在训练和比赛中精确的运动知觉、敏锐的思维、良好的注意力稳定性与迅速转移能力，以及稳定活动的情绪和坚强的意志品质。

（二）促进运动员个性心理特征的形成和发展

心理训练可以对运动员良好性格的形成和发展产生巨大影响，可以发展其临强不惧、沉着冷静等独特风格和训练及比赛中所需的特殊能力。

（三）促进参加训练和比赛的适宜心理状态的形成

心理训练可激发运动员具有正确的比赛动机和强烈的求战欲望，建立必胜信念。同时，可以提高运动员的自我控制能力，及时消除心理障碍及由此带来的行为障碍，使其心理状态适应训练和比赛的要求，为提高运动技术水平和获得最佳竞技状态奠定良好的心理基础。

（四）促进运动员加速消除疲劳

大运动负荷的训练和比赛容易导致运动员身体上和心理上的疲劳，即运动员在消耗巨大身体能量的同时，也要付出巨大的心理能量。在一般情况下，这种体力上和脑力上的疲劳可以通过休息、睡眠和营养来消除，心理训练可以加速消除疲劳及恢复体力和脑力的进程。借助心理训练可减少心理紧张，克服心理抑制状态，较快恢复所消耗的神经能量。

二、心理技能训练相关理论

（一）心理技能训练概念

心理技能是通过练习形成的能影响个体心理过程和心理状态的心理操作系统，是一种与人类的生活、学习、工作、劳动、身心健康以及调节与提高人体身心潜能相关的，在人脑内部进行与形成的内隐技能。除了在性质和形成过程方面与其他技能相同之外，心理技能强调个体对自身的能动作用。

心理技能可分为一般心理技能和专门化的心理技能。一般心理技能指适合所有运动项目特点的心理技能，如应激控制、唤醒水平控制、目标设置、集中注意力、表象技能、放松技能、运动记忆技能、情绪控制技能、意志培养技能等，其中前五项最为主要，它们之间的相互作用。

各种心理技能之间的连线和箭头表示具有影响的关系：

第一，唤醒水平的有效控制可避免应激；高应激产生高唤醒水平；

第二，对以前最佳表现的表象有利于应激控制；

第三，通过表象可进行提高注意力的练习；为使表象效果更佳，需要将注意力集中在所要进行表象的内容上；

第四，设置具有挑战性的目标，可以通过提高动机水平而影响唤醒水平；

第五，要获得好的表象效果就必须放松；通过表象可以学习和进行放松；

第六，唤醒水平上升，注意力的集中程度也上升；

第七，现实而具有挑战性的目标有助于比赛应激的控制；比赛应激的有效控制，有利于比赛目标的实现；

第八，集中注意于当前任务，有利于阻断和消除消极思维，实现应激控制；有效的应激控制，有助于集中注意于当前任务。

专门化的心理技能，通常是指适合于某一专项所必须掌握的心理技能。一般而言如水感、球感、器械感、枪感等。具体到某个运动项目而言（以皮划艇项目为例），优秀的皮划艇运动员应该具备的心理技能有：运动力量表象技能、速度知觉、时间知觉、动觉（方位感）、节奏感等。

任何一项技能都需要有规律地反复练习才能达到自动化水平，心理技能也需要系统学习和练习的过程，只用这样才能熟练地掌握，以便灵活应用。

心理技能训练就是采用一定的方法和手段对人的心理施加影响，对大脑进行专门化训练，以达到强化心理技能、培养特殊心理能力的目的。简单来说，心理技能训练就是有系统、持续化的心智或心理技能的训练。

人的身心发展受到遗传和环境的双重影响，遗传为人的心理发展提供了可能性，环境和教育使这种可能性变成现实性。人的心理素质的这种可塑性，为进行心理技能训练提供了先决条件。与动作技能一样，心理技能同样会受到后天环境和实践活动的影响，可以通过训练而获得和提高。

一般来说，通过采用科学的手段、方法对运动员的认知、情绪和意志进行有目的、有计划地施加心理技能的教育与训练，建立训练和比赛所需的心理模式或系统，就可以提高运动员自我控制和调节自己的心理状态的能力，而且还能够有效地改善自己的心理因素和个性特征。

（二）心理技能训练的方法和类型

对于运动员来讲，从竞技体育要求的最佳竞技状态来看，运动员不仅要排除心理障碍和行为障碍．做到心理上放松，而且还需要运动员具有先声夺人的高涨情绪、势在必得的获胜愿望和心无杂念的专注精神；对于大众体育参与者，所关注的主要拥有良好的心理技能以帮助体育参与者更健康、更科学地进行体育活动，达到身心完满状态。这些目标的实现都离不开心理技能训练的具体方法。

随着心理训练受重视程度的不断提升，围绕心理训练的方法上也明显增多，不同类型的训练方法侧重点不同，理论基础健全。要根据心理技能训练的基本要点，把握具体的训练方向。从目前被广泛采用的心理训练方法当中，包含了行为注意理论与方法、认知理论与方法以及体育心理技能训练专用法。

不同方法的训练形式不同，但围绕的核心依旧是运动员的心理健康水平的提升。当然对于定向运动而言，需要将其分为一般心理机能训练和专项训练技能训练。一般心理技能训练主要是强调运动员的心理素质的进一步的强化，发展运动员在参与运动实践中所需要具备的基本技能，保持健康、稳定的心理状态，在进行一般训练技能训练时采取的方法包括目标设置训练、放松训练、表象训练以及模拟训练内容；专项心理技能训练，更侧重专项内容的深化，以竞赛的方式达成专门化的知觉、专门化的意识训练目标。

心理技能的训练本身就是一个相对复杂的过程，通过心理技能的训练与强化，要灵活运用多种方法，保证心理训练的针对性与有效性，为参与定向运动的运动员的健康成长提供必要支持，当然要结合运动员的实际情况，灵活安排训练方案。如果从周期性的视角出发，心理技能训练还分为交长周期心理训练和短周期的训练，最终目的是让运动员的综合素质得到强化，心理健康状态得到有效调节。

（三）心理技能训练的主要过程

心理技能训练一般划分为三个阶段。

1. 学习阶段

学习阶段领会某个心理技能的意义、作用和基本要求，了解训练的方法，形成积极训练意向。

2. 获得阶段

获得阶段根据某一心理技能的特点由易到难，循序渐进地进行练习，并通过可测量的指标如问卷评定和生理指标进行记录，以评定和监测技能获得情况。

3. 应用阶段

应用阶段将获得某一心理技能融会于技术、战术、身体训练和比赛中，使自己能在应激情况下，通过心理技能的合理应用，保证技战术水平的充分发挥。

在心理技能训练过程中，应逐渐增加难度。可在无人干扰的条件下预先独自进行，继而将心理技能练习结合到正常的训练中，再增加应激强度的训练负荷下使用，最终应用到比赛中。

（四）心理技能训练计划

心理技能训练的重要性已经得到确定，为了持续的发挥心理技能训练的价值和效果，要对制定完整的训练计划和基本的训练放啊你，最终目的是保证训练的效果得到强化，汲取成功的经验和失败的教训，让心理技能训练的效果得到全面、充分的提升。从心理技能训练计划着手，主要有以下两个基本特征。

其一，连续性与阶段性。科学的训练是保证心理技能训练发挥作用的关键，连续性强调计划要持续围绕心理训练展开，并要根据不同阶段安排和设定不同的训练内容和基本要素，为运动员提供最佳的训练时机。

其二，多变性与可控性。这里所提到的多变性，强调在开展心理训练的过程中要保证内容多变，在训练体制、组织领导、竞赛制度以及奖励办法等多层面保持一定的动态性的特征，结合不同的阶段性的技术训练要点，完成对训练方法的全过程的优化。在可控性方面，要保证心理技能训练计划契合运动员的成长需要和基本要求，能够为运动员提供良好的训练环境，为这一群体的身心健康提供坚实保障。

（五）心理技能训练计划的主要依据

一个设计完好而且可以有效执行的心理技能训练计划，可以使运动员增强自信心，集中注意力，激发动机，提高运动成绩。然而，这并不是说所有的计划都是有效的。一个科学的原理只有在足够的研究证实其可行性时才能被采用，心理技能训练也是如此。

心理技能训练计划体现着心理技能训练活动中的基本决策。在制定心理技能训练计划时，既要考虑到实现目标的需要，又必须考虑到主、客观条件提供的可能。

1. 训练目标

为了完成运动员心理技能的起始状态向目标状态的转移这一心理技能训练的根本任务，必须选择和设计最适宜的途径，也就是选择最佳的心理技能训练计划。因此，在制定心理技能训练计划时，必须考虑到实现心理技能训练目标，而目标的提高必须建立在全面系统的分析运动项目的规律以及运动员自身的具体情况的基础之上的，有些时候，还需要考虑参加的竞赛特点、时间、地点、气候以及主要对手状况。

2. 起始状态

起始状态是在针对运动员开展心理训练的基础出发点，在进行状态转移过程中，要保证起始状态符合运动员的基本需求和基本特征，根据运动员的需要来制定和安排训练计划，让运动员的心理状态得到有效调节，契合运动员的长远发展需要。

3. 训练规律

在开展心理技能训练的过程中，要高度重视心理状态训练的效果的充分发挥，把握训练的基本规律，让训练方向更明确，侧重点更清晰。心理技能训练本身是一项相对复杂的训练内容，只有确保训练的内容符合运动员的基本需要，坚持一定的客观规律，才能够持续的发挥作用与优势，在训练规律的支撑作用下，让运动员对于定向运动的认知更加充分与健全，适应定向运动的发展需要。

4. 训练条件

训练场所的好坏、仪器设备的质量与数量、运动心理学家的素质等，都是组织实施心理技能训练活动重要的基础条件。如在放松训练中，如果没有安静舒适的场所，运动员就不能顺利地进行放松；没有生物反馈仪，就很难开展生物反馈训练。因此，在制订心理技能训练计划时，应充分考虑这些因素。

（六）心理技能训练计划的制订

制定心理技能训练计划，是教练员和运动心理学工作者从事心理技能训练活动的不可缺少的一项重要工作。在计划制订过程中，教练员和运动心理学工作者需要遵循一定的工作程序，并且完成必要的工作内容。

1. 个人评估和明确起点水平

运动员个人评估包含问卷、交谈、统计、自我检验及运动项目分析等，以便了解运动员个体的缺点所在、心理技能起点水平、生涯规划以及运动项目所需的特殊生理条件、技术、心理等特征信息或相关资料等。

运动员心理技能起点水平最好是数量化的指标（如可用肌电反馈仪测定放松和表象能力），自我报告的量表形式（如可用马斯滕表象量表测定表象能力）虽也能进行前后对比，但客观性较差，要运动员认真、如实、准确地填写。明确起点水平的目的，一是为将来检查心理技能训练效果；二是在训练过程中能使运动员不断地获得"逐步提高"的反馈信息，强化运动员坚持练习的动机。

2. 确定训练任务与目标

在运动项目分析和个人评估后，分析运动员个体的优势和弱势所在．以及提供一个概念的架构，并与教练员、运动心理学家进行讨论，就可确定需要致力于改进的一些不合适的习惯和有效发展的目标与策略，即需要发展的一般性和特殊性的心理技能。

训练目标也可以以要达到的具体参数为指标。如放松训练的指标有放松深度绝对值降低，放松时间缩短以及个体自我觉察能力。

3. 制定具体内容

对于运动员来说，要想持续地保持和提高运动成绩，应制订个性化的心理技能训练计划。在制订心理技能训练计划时，应当充分考虑影响运动成绩的各个心理因素，并且遵循一定的工作顺序。训练步骤越具体越好，应包含训练任务、时间安排、练习的内容与要求、如何与技术训练结合、心理咨询与指导等。

心理技能训练计划的制订都应围绕技术训练和比赛发挥这两个目标，系统式单一实施训练计划的过程为"学习——练习——应用"的过程。

三、定向运动心理技能训练的主要方法

心理技能训练的开展并不是一件简单随意的事情。在安排技能心理训练时，必须考虑各种训练方法之间相互依赖的关系，才能圆满地完成心理训练的任务。心理训练的方法很多，如感知觉训练、注意力训练、意志训练、表象训练、生物反馈训练、自我暗示和放松训练、模拟训练等。

1. 表象训练

表象训练又称念动训练或回忆训练。其指运动员有意识地利用自己头脑中已经形成的运动表象巩固和改进技术动作的一种方法。

表象训练是体育教学和运动训练中运用得最为普遍的一种心理技能训练方法，被视为心理技能训练的核心环节。表象训练有助于运动员掌握和完善运动技能，提高运动员竞技成功的信心．有利于形成最佳竞技状态。

表象训练包括5个步骤：首先应进行身体的放松练习；其次，放松后应进行"活化"，使机体处于清醒、积极的工作状态；最后，对运动技能或运动情境进行表象。

表象训练有一般性的表象练习和结合运动专项的表象练习两种。在一般性的表象练习中，要训练表象的清晰性，对多年以前某一房间陈设的表象练习；训练表象的可

控性，如将某一熟人的形象按比率放大与缩小的表象练习；还要进行自我觉察能力的表象训练，如冰袋练习。

在进行表象训练时，应逐步从以视觉表象为主过渡到动觉表象为主。另外，教练员应利用准确和简练的语言进行提示，并要求运动员用同样的语言记忆，且要借助这种语言，提示和巩固相应的动作表象。在进行语言提示时，教练员应讲解每一提示语所包含的相应肌肉运动感觉，以便于运动员理解和记忆肌肉用力的运动学和动力学特征。

2. 自我暗示和放松训练

用一定的自我暗示语使自身肌肉放松的一种方法。运动员不仅在大运动量训练后需要放松以消除疲劳，在比赛前出现过度兴奋时，也需要放松以稳定情绪，而且要求在赛前处于最佳的准备状态，所以运动员的这种训练分为放松和动员两个部分。放松部分主要是运动员利用自我暗示语的方式，学会充分放松脸、颈、臂、腿和躯干的肌肉，降低其紧张度，从而减少身体向大脑传递冲动，确保大脑得以休息。

3. 模拟训练

这是使运动员平时的训练尽可能接近于实际比赛情况的一种方法。模拟比赛情况一般有语言形象的模拟和实景情况的模拟两种。前者是利用语言描述即将进行的比赛的情况，也可以利用图片、图表等使语言形象具体化；后者在训练中创造一些接近比赛的条件。不同的运动项目对模拟训练有不同要求。模拟可以提高运动员的赛场适应性和抗干扰能力。一般而言，实景情况的模拟训练效果较好，但需要较多时间，而且不能把比赛中的情况完全模拟出来。因此，最好将两种模拟训练结合进行。

4. 注意力训练

注意力训练是指通过对一定目标的指向和集中，提高注意稳定性的一类心理训练。

四、定向运动的表象训练

1. 表象训练步骤

定向运动的表象训练是指在暗示语的引导下，在头脑中反复想象某种运动动作或运动情境，从而提高运动技能和情绪控制能力的方法，它是定向运动中应用得最多的心理技能训练方法之一。要使表象训练获得良好的效果，应该按以下程序和要求进行操作：

第一，选择适宜的训练环境，在没有干扰的安静房间。

第二，放松：做几个深呼吸放松自己。

第三，积极的态度，相信表象训练对自己是有益的。

第四，想象自己在移动身体，改变身体姿势，就像真的在执行某个技术动作（如概略指北针导航、打卡、标定地图、重新定位）。

第五，动用所有的感官去感觉，运用视觉，还应运用嗅觉、听觉和触觉。

第六，对操作过程和操作结果进行表象，除对适宜的操作过程进行表象外，还应对成功的操作结果进行表象（如按恰当的顺序看指北针和地图）。

第七，按实际时间进行表象，如果你的打卡流程需要花 5 秒的时间，那么在表象训练中打卡流程所花的时间也应该是 5 秒。

表象训练是看图并在脑海中形成地貌的视觉表象。对定向运动来说，表象训练是一项很重要的技能。如果参赛者只看地图就能形成将要遇到的地貌的视觉表象，就可以跑得更快，因为在参赛者的头脑中已形成了该地形的表象。山地图到地形这比在现场看到地形后再在地图上辨认要快得多。

2. 表象训练的最佳时机

对于定向运动来说，应用表象训练的时机在以下情境下使用表象训练特别有效。

第一，训练前后：在身体训练和技术训练前进行表象训练，有助于运动员集中并获得更好的训练效果。在训练后进行表象训练有助于运动员加深对训练中所学内容的认识和记忆。

第二，比赛前后：比赛前进行表象训练有助于运动员更好地做好赛前准备。在比赛后进行表象训练可帮助运动员对比赛进行回顾，从比赛中的技术失误和良好的技术操作中得到更多收获。

第三，伤病康复期：在伤病康复期进行表象训练可以帮助运动员保持、甚至改进技术。

3. 影响表象训练效果的主要因素

（1）感觉

表象主要包括空间的（视觉的）和运动感觉（包括触觉、躯体感觉和嗅觉）的表象。当所有的感觉形式都结合起来时形成的表象效果最有效。

（2）表象的清晰性和控制性

表象的清晰性指运动员在表象时所"看"到的表象的清晰和详细程度。表象的控制性是指运动员在表象时对表象的控制能力。表象训练过程中运动员的表象清晰性和控制性越好，训练效果越好。

（3）运动技能掌握的熟练程度

运动技能掌握的熟练程序越高，表象训练效果越好。熟练水平低的初学者更多地依赖外部表象，而熟练水平高的运动员主要使用内部表象。

（4）表象的类型

表象有内部表象和外部表象两种类型。内部表象是运动员以执行者的角度体验和感知在真实运动情景中的行为，外部表象是运动员以观察者的角度观察自己的行为。一般来说，利用内部表象训练的效果更好。但是表象训练的效果与其类型的关系主要取决于表象训练的目的，针对技能较差的运动员或在运动员技术学习的早期阶段，外部表象训练更有效，而对于帮助熟练的运动员发现和纠正操作错误，内部表象训练更有效。另外，对于熟练运动员，在训练中交替使用内、外表象训练可能有更好的训练效果。

（5）放松

在放松的情况下进行表象训练更有效。

五、定向运动比赛前的心理准备

比赛心理准备是指在赛前从心理上规划比赛的目标、定位、情绪状态、注意指向、思维内容和参赛信心方面做好准备的过程。赛前心理准备是赛前准备的重要内容之一，其目的是使运动员在比赛中的心理处于最佳竞技状态。赛前心理准备的主要内容就是按预先拟定的比赛心理净化程序、比赛行为活动程序和比赛思维活动程序调整自己的心理状态、安排自己的行为和思维活动内容。

（一）比赛心理净化程序

制订比赛心理净化程序的目的是让运动员自己对赛前的心理活动进行规划和控制，避免其在赛前的心理敏感期受到意外干扰而使心理状态出现异常变化。

1. 比赛前一天

（1）参赛角色定位，淡化面临的困难和压力。

（2）列出在即将开始的比赛中可能遇到的各种困难和干扰，并提出相应的解决办法。

（3）根据作息时间，安排自己做一些与比赛结果无关，放松、娱乐的活动。

（4）比赛当天清晨醒来时，通过表象回忆自己比赛发挥最佳的情境。

（5）积极的自我暗示，如"我做好了一切准备，感觉好极了"。

（6）如果上一场比赛出现了重大失误，首先主动暗示自己一切从零开始，全力以赴做好明天的比赛。

2. 准备活动过程中

在准备活动的过程中可按顺序思考以下问题，逐步将自己的心理活动集中到定向运动过程的内心和即将到来的比赛：

（1）自己的技能状况

（2）今天的比赛项目的技术参数

（3）今天的比赛目标（技术目标），如少出错，保持地图标定等

（4）今天所需的技能

（5）今天自己将重点运用的技能

（6）对重要技能进行表象练习

3. 在就位区中

在就位区中应先进行神经肌肉放松，然后考虑以下问题：

（1）观察起点周围的地形、植被情况，将注意力集中到自己将面对的地貌植被、其他地物与方位

（2）对将看到的地形进行表象

（3）观察自己的路线上其他运动员从起点出发后向哪里跑

4. 在待发区中

在待发区中应先闭目做腹式深呼吸，放松身体，默念自己的特长和专项比赛提示要点。默念专项提示要点时，应按由终点到起点的顺序默念专项提示要点。一般应控制在出发前 10～15 秒刚好念完出发时的技术要点，之后再闭目做几次腹式深呼吸，默念 1～2 次本场比赛的最核心的战术要点。

5. 在百米定向的两轮间要做的准备

（1）进行积极的思维转换，无论上一轮次比赛的结果如何，都要主动暗示自己一切从零开始

（2）做好神经肌肉放松和腹式呼吸调节

（3）对比赛场地进行表象

（4）对感觉最流畅的几个路段进行表象

（5）再次闭目放松，默念最核心的战术要点

（二）比赛行为活动流程

制订比赛行为活动流程的目的是让运动员对自己的赛前行为进行规划和控制，保证其赛前行为活动的目的性、有序性和有效性，以尽最大可能节省能量。

（三）比赛思维活动流程

制订比赛思维活动流程的目的，是让运动员对自己赛前思维活动进行规划和控制，保证其赛前思维活动的目的性、有序性和有效性，避免无关思维活动的干扰及出现消极思维活动。

六、心理技能训练的注意事项

第一，应坚持心理技能训练的长期性和系统性。运动员的心理技能训练和其他竞技能力的训练一样，其获得是一个长期而系统的过程。指望心理技能训练能达到一蹴而就的效果和作用是不切实际的。

第二，心理技能训练需要运动员积极主动地配合。人的心理具有主观能动性，若没有内在动力，心理技能训练是不可能产生效果的。如果运动员有厌烦和对立情绪，甚至还会产生不良后果。

第三，心理技能训练应以预防为主。事先教会运动员心理调控的方法，使之能够在训练尤其是比赛中主动地将心理状态调控到最佳水平，获得最大的心理能量。

第四，心理技能训练应与运动员其他训练相结合。在专项训练中，将心理技能训练与体能训练、技术训练和战术训练有机地进行结合，使其具有专项运动特点，作用更大。

第五，心理技能训练应注重区别对待的原则。每名运动员都有自身的特点，心理状态存在较大差异。用同一种心理技能训练方法进行训练，有的运动员会产生积极的效果，而有的则会产生不良的后果。训练时应充分考虑运动员的个体差异。

第六，宜用量化的指标评定心理技能训练的效果。用生理的、生化的、行为的，

以及主观体验的等量化指标加以评定，可以使运动员得到及时和明确的反馈，能够维持和提高心理技能训练的动机。

第八章 定向运动训练

第一节 定向运动的一般训练方法

定向运动训练是根据定向运动的特点，在教练员的指导下，为不断提高定向运动员的定向技能、身体素质、心理素质、智能水平，以获得最佳竞技水平，取得优异的比赛成绩，而专门组织的一种教育过程。

定向运动需要地图的识图、用图能力和奔跑能力的综合应用。定向运动不但要求定向运动员具有一定的读识地图的能力、熟练准确应用地图的能力，还要求定向运动员具有一定的奔跑能力。所以身心的全面发展和发展识用地图的能力及定向运动专项的身体素质，是定向运动员掌握定向运动技术和提高定向运动成绩的基础。提高定向运动员的智力，培养定向运动员顽强的意志，是完成定向运动训练任务和取得竞赛胜利的重要因素。此外，定向运动员还应掌握定向运动的运动方法、奔跑技术和机动灵活的战术。因此，定向运动员需要经过正规系统的训练，方能达到预期的目标。

定向运动训练与其他的体育运动训练有一定的相同之处，但定向运动的特点使定向运动训练与其他体育运动项目又有不同之处。

一、定向运动基本知识的学习与练习

（一）内容

地图、指北针基本知识学习：地图比例尺、地貌符号、地物符号、地图方位与磁北方向线、地图颜色、图例注记、指北针结构及应用、测量地图两点间距离及实地距离换算。

地图与指北针在定向运动中的应用：实地判定方位、标定地图、对照地形、判定地形、确定运动点（站立点、目标点）、确定运动方向和运动路线。

（二）方法

第一，采用理论课教学、电化教学手段，进行专门的地图、指北针基本知识的学习，以及地图和指北针在定向运动中应用的方法和技能的学习。

第二，进行专门的读识地图训练：辅助法读识地图、直接法读识地图。辅助法读识地图，是利用在定向运动地图上以明显颜色画出的地貌骨架，以及明显地物位置读识地图，分析山脊走向、山背的分水线、山谷的合水线、山体的明显突出部位及其形状，分析明显地物的种类、形状以及与假设站立点的方位关系等。直接法读图就是不绘出地貌或地物的明显特征，而直接读识地图，分析地图上的地貌、地物的特征。最好在地图上标绘出定向运动的出发点、检查点、终点等，分析周围的地形特征，结合定向运动需要进行读识地图的学习和练习。

第三，实地对照地形：采用从理论到实践和从实践到理论的学习方法。从理论到实践，即先读识地图，再到实地对照地形，检验读识地图的准确性；从实践到理论，即先到实地分析实地站立点周围地形，再分析地图，找到实地站立点在地图上的位置，并分析地图站立点周围地形，与实地的地形进行对照，确认分析对照的准确性。

第四，实地学习判定方位：根据自然现象判定实地方位，根据指北针判定实地方位，掌握地图（上北下南、左西右东）方位与实地的关系。

（三）组织

第一，以定向运动理论知识和运动技能、技术学习为主，教练员辅导与运动员自学相结合，教学相长。每次进行理论分析后，都要进行实地考察验证。可在教练员带领下进行分析验证，也可由运动员独自验证，最后应由教练员认定，有的放矢地进行辅导。

第二，定向运动的基本运动技能、技术学习以及提高身体素质的练习与定向运动理论知识学习相结合，穿插安排，理论与实践相结合。

二、基本定向技术训练

（一）内容

第一，标定地图。

第二，定向运动的两个基础技能：明确实地方位、明确现时图地站立点。

第三，确定运动路线的三条原则：有路不越野、选近不选远、通观全局提前绕。

第四，定向运动三个基本运动方法：依点运动法、沿线运动法、指北针定向运动法。

第五，寻找检查点的方法：定点攻击法、偏向瞄准法、距离定位法等。

（二）方法

（1）标定地图

已知实地方位，使地图方位与实地方位保持一致（实地进行操作练习）。指北针标定：实地操作指北针标定地图。地貌、地物的点（线）标定：实地学习与练习以明显的点（线）状地貌或地物作为参照物，采用点（线）标定的方法标定地图。

（2）对照地形

在明确现实地站立点在地图上的位置的情况下（可由教练员指明），分析地图对照周围地形；在现实地站立点在地图上的位置不清楚，但大概范围清楚的情况下（可由教练员指明），分析现实地站立点周围地形，以便确定现实地站立点在地图上的位置。

（3）判定地形

以教练员在地图上所设立的检查点为中心分析判定周围地形，抵达实地再进行图地对照，验证判定地形的准确性。

（4）确定站立点

在图地都有的明显地貌或地物的地域时，以直线相交法确定现实地站立点在地图上的准确位置；现实地站立点在线状的地貌或地物上时，以截线法确定现实地站立点在地图上的准确位置；在周围视野不好的地域，采用指北针定向法确定现实地站立点在地图上的准确位置。

（5）确定目标点

地图站立点与目标点已标绘在地图上，实地站立点与地图站立点吻合（可由教练指明），要求运动员在学习和练习中掌握确定运动方向的方法，以及确定运动路线的三条原则。

（三）组织

学习掌握定向运动的基本技能、定向运动的三个基本运动方法、寻找检查点的三种基本方法。这一阶段除了进行一般身体素质训练外，还要加大定向运动专项身体素质训练（包括速度、耐力、运动节奏、力量等）。同时应加强对运动员智力的开发，培养机智灵活、独立果断处事的能力，加强思想品德教育，培养吃苦耐劳、勇于克服困难、开拓进取的优秀品质。

三、定向技能的巩固、发展和提高

（一）内容

复习巩固地图和指北针的基本知识和应用能力，掌握定向运动的两个基础技能、确定运动路线的三条原则、三个基本运动方法；改进长距离跑和越野跑的运动技术，发展力量、耐力和速度，保持和提高身体全面素质水平；发展果断灵活的智力，培养顽强拼搏的良好意志品质。

（二）方法

（1）设置多个检查点进行分段运动法的学习与练习

设置检查点6个、8个、10个等，检查点之间的距离300～500米；地形选择要由易到难。分段运动法是初学者必须经过的阶段。在这个阶段，练习者必须把确定运动方向、确定运动路线三条原则、各种基本运动方法等，机动、灵活、准确地应用于定向运动的整个过程中。学习与练习前，还应认真地逐段分析研究运动方向和运动路线；学习与练习后，还要认真检查总结完成的情况，不断提高分段运动的能力。

（2）设置多个检查点进行连续运动法的学习与练习

设置检查点4个、6个、8个等，检查点间距离300～500米；地形选择要由易到难。连续运动法是一般参加定向运动竞赛的运动员应掌握的常用运动方法之一。连续运动法要求接近检查点时应放慢奔跑速度（便于读识地图、分析地形，有利于寻找检查点），离开检查点时应迅速（定向运动战术的需要，避免为他人提供借鉴）。在连续运动法的学习与练习阶段，要求运动员逐步做到运动中快速识图、准确判断，并逐步减少运动途中读识地图的次数，以提高奔跑速度。

（3）设置多个检查点进行记忆运动法的学习与练习

设置检查点2个、4个、6个等，检查点间距离300～500米；地形选择要由易到难。记忆运动法是节省运动途中读识地图的时间，争取定向运动竞赛好成绩的有效方法之一。在记忆运动法的学习与练习阶段，要求运动员逐步掌握记忆运动法的窍门，记住沿途具有明显特征的地貌或地物以引导运动，逐步做到一次性能记忆更多检查点来完成运动路程，提高定向运动竞赛成绩。

（4）定向运动全过程的轻量训练

进行设检查点少，检查点所设位置明显易找，运动距离不长，地形难度也不太大的定向运动全过程的训练，主要目的是让运动员学习掌握定向运动全过程各个阶段的定向运动技能与技术。要求运动员确定运动方向准确，选择运动路线合理，寻找检查点准确快速，运动体力分配合理，完成整个运动任务准确快速。训练安排可根据训练情况，逐渐增加检查点数量，逐步增加距离和难度，提高定向运动竞赛的适应能力。

（5）定向运动全过程的超量训练

以较大难度，超距离（一般控制在竞赛距离的20%）训练为主，即检查点设置增多，且检查点的设置位置寻找难度加大，运动地域地形也较复杂，运动距离增长，即采用定向运动技术难度较高，运动量较大的强化训练。主要目的是让运动员适应定向运动竞赛紧张、激烈、竞争的环境和气氛，适应定向运动竞赛地形复杂和长距离竞赛的要求。在训练中，要求运动员完成整个任务既准又快，培养运动员顽强的意志品质，为运动员在以后的竞赛中取得好的运动成绩打好基础。

（6）定向运动竞赛的模拟训练

即以定向运动竞赛形式进行训练。无论是在检查点设置的数量上，还是检查点之间的设置距离和寻找难度，以及在全赛程的距离、地域环境上尽量与竞赛时相似。为了保证运动员在训练时能适应真正的竞赛环境，模拟训练要安排在不同的地域环境、不同的气候条件下进行，以适应可能出现的地域环境和气候条件下的定向运动竞赛。

（三）组织

第一，每次的模拟训练都应保证在不同陌生地域进行，同时也应安排在一定的气候下进行，这样既熟悉了竞赛时可能发生的气候变化，也锻炼了运动员的意志品质。

第二，按照定向运动竞赛的要求进行训练，每次训练都要规定每个运动员完成全赛程的允许耗时。每次训练完后应进行讲评总结，找出差距，寻找出解决的办法，不断提高定向运动水平。

第三，根据每个运动员的具体情况和定向运动训练水平，制定不同的训练计划，规定适宜的训练指标和参加竞赛的成绩要求。

四、恢复时期的调整

经过激烈的定向运动竞赛后，定向运动训练进入过渡阶段的恢复调整时期。这一时期的主要任务是保持定向运动训练水平和内脏器官系统的工作能力。首先，进行本次定向运动竞赛总结，制定下一竞赛阶段的训练计划；同时，在体力上进行必要的调整，安排一个积极的休息训练阶段，适当减少一些训练次数，降低一定的运动量和运动强度，改变训练环境和训练方法。这一时期，以全面发展运动员的身体素质，改进定向运动技能、技术为主要内容，安排适量的球类、体操等一些娱乐性较强的活动项目，调整训练气氛和运动节奏，为转入新的训练阶段做准备。恢复时期的训练内容可安排：慢跑、短距离的加速跑，如 60 米、80 米跑；中等速度的越野跑，如 1 000 米、3000 米等；球类运动、体操运动等；定向运动的各种基本运动方法的组合练习；设置检查点不多的全程定向运动练习等。

第二节　定向运动训练计划的制订

训练计划是指对未来训练过程预先做出设计，以保证训练工作有目标、有计划地顺利进行。它是加强训练管理工作的一个方面，也是训练科学化的前提，对明确训练目标、采取有效措施、总结训练经验和提高训练工作质量具有重要意义。

一、多年训练计划

多年训练计划是一个多年系统训练的总体规划。制定多年训练计划是为了保证多年训练有一个统一的总目标，使训练有一个明确的方向，在这个目标的指引下，使每年的训练紧密相连。中学生多年训练计划应为 3 年和 6 年两种，大学生一般为 4 年。

多年训练计划通常可分为基础训练、基本定向技术训练、定向技能提高训练、竞技能力保持训练 4 个阶段。多年训练计划的内容一般包括：

第一，学生基本情况的分析，如思想、意志品质、身体发育情况、定向技术水平、文化水平、个性特点等；

第二，确定思想教育、意志品质的培养目标，及身体、技术、战术训练和运动成绩所要达到的总目标；

第三，多年训练计划中年度计划的衔接和运动员生理负荷逐年提高的大体规划；

第四，训练的主要手段、方法、措施；

第五，重要比赛的大体安排；

（6）检查训练水平的制度和方法；

第七，执行计划必备的场地、器材；

第八，保证完成计划的措施，如管理制度、医务监督、训练时间、生活管理等。

二、全年训练计划

全年训练计划是将多年训练计划中的目标和要求，落实到每个年度中，其内容比多年训练计划要更加充实具体。全年训练计划的内容通常有：

（1）上一年度训练情况和本年度的训练目标

（2）身体素质、定向技能训练及运动成绩所要达到的目标

（3）全年训练周期及训练阶段的划分，各个时期身体训练和技术训练的比重与内容以及训练负荷的安排

（4）参加比赛的次数与时间安排

（5）检查评定训练效果的时间与方法等

学校全年训练计划根据比赛任务一般按学期划分为单周期或双周期，并按竞技状态发展规律确定训练阶段。制订学校全年训练计划应注意的事项有：

第一，全年训练计划在多年训练计划中的位置和具体目标要有针对性。例如，有以基础为主的全年训练计划，也有部分以定向技能训练为主的全年训练计划等。

第二，要根据具体训练目标和学生实际划分周期。如处于基础训练阶段的初中生，由于重点抓身体全面训练和基本技术训练，教学因素比重大，可以不明显划分出周期。但对训练水平较高的学生，则可遵照竞技状态的形成规律，合理地划分周期，制订出准备期、竞赛期和休整期的训练目标和内容。

第三，全年训练的总目标和各项指标要切实可行，并留有余地。

三、大周期训练计划

大周期训练计划是根据年度训练计划中所规定的各阶段的任务、内容、要求和训练次数等制订的。学校定向运动训练的阶段一般以 3 个月为宜。大周期训练计划主要以全年训练计划中该时期的训练任务、内容和要求为依据．并结合训练进展情况和下一阶段的训练，具体制订本阶段的训练任务、各项训练内容的比重、主要训练手段和负荷安排等。大周期训练计划的内容比全年训练计划更为具体，它应使训练的安排更加切合训练过程的实际。

大周期训练计划有不同的类型，如基础期的大周期计划、准备期的大周期计划、比赛期的大周期计划、恢复期的大周期计划和短期的临时集训计划。

基础期的阶段计划常用在全年训练的准备时期，其内容主要是各种有效的一般和专项训练的内容与手段。基础期训练的生理负荷较大，负荷量和强度的增减相互配合并保持在一个相当的水平上。

准备期的计划是在参加比赛前专门安排的训练计划，主要是进行模拟比赛的大周

期训练，其内容主要是比赛性的练习，生理负荷大，尤其负荷强度会达到或超过正式比赛的强度。

比赛期的大周期计划是赛季最主要的中周期训练计划，其内容和训练方法、手段主要根据正式比赛任务的需要来选择安排，生理负荷起伏较大，并以加大负荷强度为主。

恢复期的阶段计划是在比赛期后进入休整期的一种中周期训练计划，其内容要适当调整，转换生理负荷，逐渐降低要求，消除疲劳，使机体得以短期的临时集训计划是为准备某个特定的比赛，为学生创造较好的训练条件，以便在比赛中能够表现出较高的竞技水平。短期集训计划的内容具有较为明显的独立性，学校定向运动训练更应注意把握这一特点。

制订大周期训练计划要明确该阶段的时间及由几个小周期组成，负荷节奏是以周次来组合的，并规定本阶段各周重点训练内容。在实际训练过程中，要从学生的具体情况出发，根据大周期训练的目标、指标和周次，设计好阶段训练的结构。

四、周训练计划

周训练计划亦称小周期训练计划，是根据阶段训练计划并结合课余训练实际制订的一个星期的训练安排。

学校定向运动训练的周训练计划，一般每周安排训练 3 ～ 4 次，每次训练时间约 2 ～ 3 小时。

周训练计划的内容通常包括：本周训练任务与要求、训练次数、每次训练的时间、每次训练课的内容和负荷、测验和比赛安排等。

安排周训练计划要考虑的主要因素有：

（1）本周训练在本阶段训练中的地位和作用

（2）根据一周的主要任务，可将不同的训练内容交替进行训练，使之相互调节

五、课训练计划

课训练计划是最基础的训练计划，它是根据周训练计划以及训练进展情况，对一次训练课所作的具体安排。学校定向运动训练课训练计划的内容通常包括：训练任务与要求、内容安排与主要手段、组织形式、时间与负荷安排等。

课训练计划是教练员组织训练的主要依据。前述各种训练计划的各项训练任务与要求都要落实到每次训练课中，训练目标的实现和训练水平的提高，都有赖于每次训练课效果的积累。因此，制订切实可行的课训练计划，是取得良好训练效果的重要一环。

根据训练课的主要任务和内容，学校定向运动训练课一般可分为体能训练课，技能训练课，测验、比赛训练课和调整训练课 4 种类型。训练课基本结构一般都是由准备部分、基本部分和结束部分 3 个部分组成，这与一般体育教学课的结构是基本相同的。

上述 5 种训练计划，从步骤来看，先制订多年、全年训练计划，后制订大周期、周训练计划，最后制订课训练计划。从训练计划内容来看，是逐步详细、具体的。从制订训练计划的要求来看，要根据学校教育目标与实际情况以及学生的特点确定训练目标，合理安排训练的阶段、时间、内容和负荷。加强基础训练，采取符合学生生理、

心理特点的组织形式、方法和手段，防止训练手段成人化和心业化，使各种训练计划更加切合训练的实际。在训练计划的贯彻落实当中，要随时进行检查与评价，并把它纳入学校整个体育工作质量评估体系中。通过对课余定向运动训练的检查与评定，能客观地了解训练效果，并及时得到反馈，总结经验，有利于更好地完成学校定向运动训练所制订的总目标。

第三节　定向运动的技术训练

一、地图的使用

（一）读图

读图是将二维的平面地图通过心理过程在大脑中视觉化，形成立体的三维实际地形并与实地进行对照的认知过程。一个优秀的定向人必须首先是一个优秀的读图者。因此对定向爱好者来说，迅速准确地读图技能是最基本的定向技能。为学习的方便，我们将读图技能分为动作技能和认知技能两个方面。

读图的动作技能包括折叠地图、拇指辅行、标定地图和确定前进方位，它们是正确读图的基础。所有定向人都必须熟练掌握这些技能并且最好能达到自动化的水平。但是读图动作技能的练习与读图的认知技能的练习常常是同步进行的，只是不同的阶段侧重点不同而已。通常先以动作技能练习为主，然后动作技能和认知技能练习并重，当动作技能达到熟练水平甚至自动化水平时，则以认知技能的练习为主。

按读图时的运动状态可将读图分为静止站立读图和运动中读图。读图练习从静止站立开始逐步过渡到运动中读图。在运动中读图首先要使读图的动作技能达到熟练水平，为了避免因地形和地图符号对动作技能的影响，最初的练习应该安排在线状特征较多并且比较简单的地形中进行。

（二）标定地图

标定地图就是使地图跟实地保持一致，它是定向运动的基本技能之一。标定地图的方法有多种。

1. 概略标定

若已知实地方位和站立点的图上位置，只要将地图正置，使地图上方（即磁北方向）与实地北方向保持一致，地图即标定。

2. 指北针标定

指北针标定即使指北针的北方向与地图北方向保持一致，地图即标定。若以磁北针方向与地图北方标定地图时，要求图、地对应更精确，可对照周围地形，正置地图，使图、地的地貌、地物相对应即可。

指北针标定地图第一步：用指北针的长尺边相切于磁北方向线，并使指北针的前进方向箭头指向地图北方。指北针标定地图第二步：转动身体或转动地图，使指北针磁针的北端（红色的一端）与地图的磁北方向线一致。

3. 明显地貌、地物点标定

地貌、地物的点标定即利用地图、实地对应的明显地貌或地物作为参照点标定地图。可作为地貌参照点的有：山头、鞍部、山凸、山谷等。其可作为地物参照点的有：塔、亭、桥、烟囱、独立房、独立树等。

利用地貌、地物的参照点标定地图的前提是：必须知道实地站立点在地图上的位置，以及地图上和实地都有的明显同一地貌或地物。具体操作方法是：首先明确实地站立点在地图上的准确点，选择实地和地图上都有的山头上的点如烟囱作为参照点，水平转动地图，使地图上的站立点与地图上烟囱所构成的连线，和实地站立点与实地烟囱之间所构成的连线重合，并确保图、地烟囱在图、地站立点同侧，地图即标定。

4. 地貌、地物的线标定

地貌、地物的线标定即利用线状的地貌或地物作为参照物标定地图。可作为线状地貌参照物的有：山脊、合水线、分水线、长形陡崖、长堤等。可作为线状地物参照物的有：江河、沟渠、道路、围墙、电力线等。

利用线状地貌、地物的参照物标定地图，也应知道实地站立点在地图上的位置，以及实地长形地貌或地物在地图上的位置。标定地图时，只需将地图上的长形地貌或地物与实地的长形地貌或地物保持方位一致即可，即长形地貌或地物在图、地走向或重合或平行，且选择的地图上的长形地貌或地物两侧的实地地貌和地物符号，与实地上对应的长形地貌或地物两侧的实地地貌和地物一一对应。

5. 利用明显面状地物标定

如利用池塘标定地图，只要将图上池塘与实地池塘外形轮廓对应，即图上池塘与实地池塘概略重合，地图即标定。

（三）图地对照，确定站立点和目标点

定向运动的过程中对于地图本身有着较强的依赖性，运动员参与定向运动要准确的识别地图，并学会图地对照的基本方法。图地对照，指的是结合地图当中描绘的具体内容，将地图与实物进行对照，在判定信息点来确定自身所处位置，并按照地图当中的指示要求，在现实环境中快速的定位方向。针对地图对照的基本要素当中，包含了站立点与目标点的内容，三者作为基础性的条件，要紧密配合与协调。在运动员清楚的了解在地图当中所处位置以及现实环境下的位置之后，则能够积极明确方向。为了有效定位图地对照的位置，在确定的内容方面并无明确的先后顺序的要求，可以根据情况来自行判断与分析，但同样，对定向运动参与者而言，则需要清楚具体步骤：

1. 先明确站立点，后进行图地对照

在开展图地对照训练的过程中，通常是由教练员首先来明确站立点，让参与训练的主体明确站立点，之后进行图地对照的练习过程。通常情况下，无论是在训练模式还是在实战对抗的过程中，站立点起始点通常会在地图当中标注，运动员明确站立点之后，然后根据地图当中的具象信息，完成图地对照的过程，达成图地对照目标。

在野外的环境中进行图地对照，相较于其他环境较为困难，为此对运动员开展训练的过程中则需要已知的站立点完成对内容的推理与分析的过程，基本流程是对照地形，再对照控制要素，找到明确能够表示地形特征的定位点，如较高的山顶、较明显的鞍部、山背山谷等等，根据精准度和速度的安排情况。保证在控制对照的基础之上，可以完成细节上的对照与分析。控制对照的基础之上，做好细部的对照，以控制点为准完成分片对照。由远及近、由左至右以此对照，最终目标是准确判定所处位置和需要前进的方向，地图当中与地形地貌的对照分析，需逐一检验与对比分析，保证完整性与准确性。、

地形对照是否与地图本身相符，要注意：地图本身是经过测绘，按照一定的比例对地形地貌的还原过程，但由于地图的呈现方式和需要适用于定向运动展开，自然在一些细节方面会做出取舍，这就需要学会筛选内容，避免追究一些浪费时间和精力的内容。在开展定向越野训练的过程中，要学会对地形的辨认，准确找到定位物和目标点，只有将更多精力放在对照物上，方能够获得良好的实践效果，确保图地对照的目标得以达成。

2. 先图地对照，再确定站立点

图地对照本身就是为了确定站立点，而后结合目标点完成方向的快速定位。该方法主要是在不确定自身所处位置的情况下使用，先通过图地对照的方式来了解地形地貌，循序渐进，由易到难来开展训练过程。教练员在运动员提前不知道站立点的情况下来进行图地对照的实践，通过这样的方式让运动员做出判断，给定答案和具体要素，让运动员可以准确判定目标点。

在确定站立点的基本方法当中，具体是：根据所处实地的周围的地形特征，使用综合分析的方法来筛选和确定目标点，在控制对照的基础之上，在做好对于各个地点的有效控制，保证控制对照明确的情况下，要对位置关系有一个相对清晰的了解，在根本上辨别目标点，确定好目标点的位置。在确定关键性的目标点之后，需要结合实际情况做好对控制点的警组和拟定为，因控制点较多，可以找到更明确的目标点和控制点，把握好站立点与控制点之间的距离，完成在细节上的对照与分析过程。只有保证在地图的使用方面符合要求，才能够在地图使用的过程中可以充分结合运动的基本需要，快速的辨别方向，对参照物有明确的定位和精准的辨别，最终保证定向运动的持续推进。

二、指北针技术

与读图的重要性相比，指北针只是一种辅助读图和导航的工具。在定向运动中可以只用地图完成整个比赛，但是只用指北针不可能完成整个比赛。指北针的应用必须建立在读图的基础上。在定向运动中指北针使用要点是：

第一，指北针的主要作用是标定地图和确定前进方位。

第二，用指北针确定前进方位时，应该确保指北针正好位于身体前方正中线位置。

第三，读指北针时应该确保指北针呈水平位，并在磁针稳定后再进行。

第四，如果要沿着前进方向穿越特征稀少的开阔地，仅依靠指北针很容易偏离航向，应该在用指北针确定前进方位的同时，沿着前进方位向前看，尽量利用前进方向上的可视目标来导航，减少对指北针的依赖。

第五，在使用地图就可以进行导航时，不要使用指北针。这时使用指北针反而可能降低行进速度。

第六，在以下情况下，特别适合通过指北针来辅助读图：

其一，运动员对于地图的识别与读图能力偏差，无法按照地图指示点定位方向。

其二，在实地的情况下，周围的可辨识物较少，例如运动员处于旷野环境中，平坦的地形无疑增加了方向的辨别难度。

其三，在浓密的制备、不良的气候条件下，即便是结合地图也并无法准确辨别方向。

其四，在很长一段路途当中，涉及到细节重复的情况，包括小路、周边山地地形相似度较高。

其五，在短距离或者是即将达到检查点的最后一段路程上，地图上的细节过多或者过少，则需要使用指北针来辅助。

三、路线选择

选择运动路线必须考虑两个问题：①什么才是最快的路线？②什么才是最安全的路线？

最安全的路线不一定是最快的路线，但最快的路线一定是比较安全的路线。

选择安全的路线是保证选择出最快路线的一个基本前提。沿直线方向前进不一定是最快的、最好的路线选择。

在实际中，沿直线方向行进虽然距离最短，但是可能遇到不可翻越的障碍，遇到难以通行的灌木丛，或路面状况不利于快速前进，可能进入易迷路的丛林，或使你的体能过多过早地消耗等不安全或不利因素，不是迷路就是不得不绕道走，或无法保持良好的运动状态，反而增加了距离或时间。选择线型特征物如路、小路、分界线、电力线等路线前进是简易的路线

在开展定向运动的实践中，路线选择是基础也是最为重要的一项。运动路线的选择遵循以下基本原则。

（一）选近不选远

定向运动环境中涉及到的地形复杂，即包括空旷的原野和草地，也包括树林和沼泽地，直接越野的方式更便捷，也是定向运动的最优选择，坚持选近不选远的基本要求，能够最大限度上的缩短路程，节省时间与体力。

在越野路线选择的过程中，要准确判定地图当中的站立点和实物场景下的站立点，完成对地图的精准分析，判定地形地貌，并科学的利用指北针和地图，让运动方向和

运动路线更明确。查看与分析定向运动色彩地图，通常不同颜色代表的地形地貌和难易程度不同。如白色或者是浅黄色的区域属于可跑区域，直接越野的方式是最优选择。黄色区域为半空旷区域，要做好对地形和方向的精准识别。当然，在进行越野方法的判定过程中要结合实际情况来精选参照物。实地目标点不可见，且目标点方向无明显参照物时，也可以利用指北针定向越野，同时估量出现站立点到目标点间的实地距离。实际应用时，第一要把握好运动方向，第二要把握好实际奔跑的路程。

（二）有路不越野

道路是保证正常通行的基础构成要素，在定向运动的开展环境中，通常路线和越野线路是交叉出现的，当然也会随着不同场地的不同情况有所差异。相较于越野的过程，在定向运动的实践过程中显然平坦的道路特征更加鲜明，也更容易达成定向运动的基本特征，不容易迷失方向。在定向运动的过程中，在进行路线选择方面要坚持有路不越野的目标，在确定站立点和目标点之间有道路时，尽最大的可能选择平坦的路线，而不是越野路线。主要原因是越野路线虽然在距离方面有所缩短，但在时间上并不一定比平坦的路线快，且在越野的过程中涉及到的地形较为复杂，极容易因为路线的选择不够准确而出现方向迷失的情况。这在无形之中增加了运动员的危险系数，在时间和精力方面受到消极影响。为此在进行定向运动的实践过程中，需要结合地形地貌的基本情况做好准确的判定，把握明确的方向，最终完成对路线的有效筛选。

分析判断实地山间小径分布走向如下：

第一，若房屋（或村落）在山体同侧时，相连小径沿山脚走向；在山体两侧相连，小径多以就近鞍部翻越山体。

第二，山背上若有小径，则小径多以分水线走向。

第三，山谷中若有小径，则小径多以合水线走向。

第四，若实地站立点处于某小径，且附近有大路，则小径可能与大路某处相连。

第五，若实地站立点处于某小径，且附近有牧区、砍伐区、农田、湖泊、池塘等，则小径可能与这些生产作业区相连，从独立房到池塘，总有小路相连，尽管在图上没有显示。

分析判断实地山间小径的存在要慎重，要把地图分析与实地观察结合起来，确保做出正确的判断。

（三）仔细读图，综合考虑

在开展定向运动的过程中由于是以竞赛的方式和要求展开，通常组织者在进行定向运动场地的筛选过程中，场地难度较大，多是以蜿蜒曲折的路线为主，很少会选择从站立点直接到达目标点的路线。为此，这就需要地图来发挥应有的作用，根据地图当中的指示来快速的筛选内容。在路线的选择和定向场地的筛选过程中，也会尽可能的规避掉危险的区域和范围，在特定的场所当中展开。为此，对于定向运动的参与者而言，则需要对地图有更加深刻和充分的认知，能够充分了解地图当中所表现的关键性的元素和具体内容，从而来筛选和规划具体的路线，避免因为出现问题而造成时间上的浪费情况。除此之外，还需做好综合性的考量，要根据实际情况和场地的路线筛选，最终确定最适合自己的路线，在竞赛的过程中要保持充足自信，高质量的完成竞赛。

四、按方位角行进

（一）方位角概述

方位角是一个关键性的概念，也是在定向运动中来判定位置的主要方法。在定向运动的实践过程中，通常会依靠地图当中的两个关键点来判定相对位置，但如果两点之间仅仅是以水平的方向呈现，显然无法判定相对位置。为此，则需要对两个点之间的方位关系有一个相对清晰的了解和掌握，通过对两点的连线与起始方向之间的夹角，确定两点之间的相对位置，定向地图当中都是以磁北为起始方向，所用的方位角均为磁方位角。但需要注意，方位角技术的使用需要结合实际情况来具体判定，根据不同需要和具体情况来运用该方法。结合本选题的研究要点，提出可行的策略与依据，得出答案，目的是可以帮助学习者准确定位方向，从细节着手提出可行方案。

（二）按方位角行进的应用场合

在定向运动的实践中突出表现为以下几个方面的特征，包括地形相对平淡，森林覆盖范围较大，特征很难有效捕捉，造成参与者对于检查点的定位不够精准，极容易出现相应的问题。在这种情况下，则需要灵活的运用方位角的技术要点，避免盲目被动的情况出现。方位角技术的应用场景，主要以方位的判定为主，在定向运动中被经常使用，能够最大限度上的提高找点的速度。

此外，在定向运动的过程中如果出现了多条岔路，且出现地形地貌则难以有效辨别的情况时，方位角行进则成为最为关键的选择，最终到达目标点。

（三）按方位角行进的技术要领

在进行方位角行进的过程中，结合定向运动的基本特征，其认为方位角行进要有技术要领的支撑，"五准"要领的确定，让方位角行进的技术得以实践，目标点的定位更精准。

1. 方位角要估准

方位角估准的过程主要依托两种方法展开，一是利用指北针在地图上进行量取，二是目估法。第一种方法的基本流程是在地图之上标定地点，而后按照指北针直尺边切站立点到目标点的方向线，通过转动分度盘的方式来让箭头与磁指北针北端重合，这时指北针所对正的度数，则是站立点到目标点的磁方位角；第二种方法在使用中，主要是通过运动员的估算方式来实现，这有前提来约束，即运动员对于估算方法熟练度较高，长期进行估算，从而得出准确的位置，该方法相对简单，但对于运动员的数量度方面有着严格要求。

2. 攻击点要选准

在完成对磁方位角的精准测量之后，若无法采取措施帮助记忆路线，则势必造成事倍功半的情况。在具体的记忆方法当中，除了依靠指北针完成对方位的指示之外，还需要去选准和瞄准较远处的攻击点作为参照方向。攻击点的选择要保持清楚，适宜，容易辨认，做好是一些具有较高辨识度的参照物和目标物，如可以选择电线杆、高压线、独立房屋等作为攻击点。

如果点位的距离相对较远，一个攻击点无法达成目标时，则需要在整条线路之上去选择多个攻击点，采取分段运动的方法。运动时，切记每一段的关键点都需要放在预选攻击点上，避免因此出现偏离的情况，让攻击点本身更明确。

3. 点距离要判准

为了确保找点的成功率，运动员要对距离的把控有清晰的判定标准。首先，在地图纸上要利用比例尺来估算出实际距离，并对实地地形图的情况有清晰的了解，对距离的把控更充分。对于起伏的地区，起伏越大，表明实际距离也就越长，在平时可以根据自己的跑动来重新确定。

4. 路线要走准

在完成估准、选准、判准的基础上，进入到走准阶段，该阶段指的是定向运动员可以跟随方向的测定结果，快速和准确的确定基本的行进路线，并依托准确的线路来提高行进速度，确保在定向运动的竞赛中占据主动。

结合方位角和参照物的行进过程中，因整个路线之上会遇到诸多不同条件的障碍，如果出现偏离方向的情况在所难免，只有保证行进要领的掌握，最大限度上的减少偏差的出现，十分重要。

（1）选好路线

如果在定向运动的路线上出现大范围的树林，且地面表现简单易行，则需要果断的采取直线穿越法，快速的行进。如果在路线当中出现大量的灌木丛，出现通行困难的情况是，则要避免采取直接穿插的方式行进，如果强行穿插，则势必造成心理压力，更容易发生身体层面的损伤问题。但如果在整个线路上，路线是中等难度，则需要结合个人的体力分配和越野的能力来合理选择，最终目的是保证快速的通行目标的达成。如果遇到难度较大的穿越障碍，包括河流、水库、禁区等等，这些都需要结合全局的情况来灵活的选择，保证路线的选择是便于通行的，从而快速的达到接近点标的道路。

（2）减少平移误差

在遇到绕行或者是迂回的道路选择方法之后，应针对正确路线的情况作出快速的调整与纠正。例如，在地图场景中如果向右绕行 50 米，绕过之后则需要有意识的向左跑回 50 米，每次绕行的记忆情况需要做好反复的修正与优化，减少误差的产生。

5. 目标要找准

在定向运动的过程中，想要快速的到达终点，对于目标点的准确把控显得尤为重要。目标点直接关乎比赛的成绩情况，方向精准，线路明确，则能够最大限度上的规避错误点的产生。造成目标点错误的情况，通常要从以下几个方面着手分析：第一，距离感不强。在根据地图行进的过程中，对距离的判定错误，在寻找目标点时极容易出现跑过头从而找不到目标点的情况，在这种情况下，则需要始终保持头脑清醒，避免受到其他干扰因素的限制与影响，静下心来摸索前行，才能够重新找到目标点，完成精准定位；第二，目标点找错的情况。为了力求比赛的公平公正，一点多标应运而生，极其考验运动员的辨别能力，在打卡时一定要确保目标点与自己的代号保持高度的一致性，完成打卡。

上述有关于方位角行进的"五准"原则当中，要严格按照具体标准来执行，缺一不可。且由于这几项技术内容的要求较高，需要做好灵活的处理，只有运动员掌握基本技巧，从容的应对定向运动，才能够准确的定位地形。

（四）训练方法

如果按照方位角的技术开展相关的训练，需要根据运动员的基本特征进行灵活的选择，按照循序渐进的基本原则，让运动员的技术得到进一步的强化。在整个过程中主要是由两个基本环节组成，一是快速量取方位角，判断距离，找准方向，精选彩照无；二是要按照方位角直行直接找到目标点，整个过程的训练不可或缺。

1. 基础环节（分解）训练

目的：帮助运动员可以有效估算方位角，完成对距离的准确判定，保证速度的准确性。

方法一：采取地图上的作业方式，在地图之上来确定一套完整的线路，并按照顺序来标定起始点，从1号到2号，以此类推。要求运动员可以在特定的时间范围内，根据这一点来判断下一点的方位角和距离，在途中需要安排不同的参照物，并且地图当中表现。在完成这一基本训练后，教练员需要对每一点的含义进行明确，让运动员对此进行核对与校验，以此来判定准确性。

方法二：实地训练的模式，相较于地图上的估算模式，实地训练显然更具真实性的特征，可以根据地图上测量出来的方位角，瞄准方向和攻击线，最终在教练员的讲解中进一步的深化内容。

2. 单点可观察训练

目的：保证运动员可以按方位角行进。

方法一：

第一，预先筛选场地，可以选择范围在2-300米的简单林地环境中，在林地的周围设置好点标，并在地图当中进行标注。

第二，为了方便观察运动员的行进路线，在出发点的确定上可以选择相对空旷的位置。要求运动员按照顺序依次出发，并在估准方位角、估准距离、瞄准方向线、选准攻击点之后，将地图交还给教练员，然后按照方位角快速的找点。如果找到目标点，则快速返回，安排其他人出发，依次来展开训练。如果找不到目标点，则需要采取重复训练的方式，直到找准为止。

方法二：

第一，场地的选择方面可以选择一些无法直接通行、并存在较大障碍的地点，并在障碍点的周围来确定检查点。

第二，运动员从障碍物的后方的某一个起点出发，按照方位角来找点。教练员需要结合实际情况来观察，看运动员是否可以快速的修正方向。

3. 多点综合性训练

目的：提高运动员找方位角找点的能力。

方法：

第一，扩大场地的覆盖范围，控制在300-3000米的范围内，然后设置多个检查点。每一个检查点都可以悬挂地图，并表示这一点和下一点的位置情况。

第二，运动员在同一个起点，并按照顺序出发。可对在获得第一个地图之后，需要完成对方位角、距离、方向线以及攻击点的测量与评估，然后将地图交还给教练员之后出发，找到下一章地图继续进行测量，以此类推，最终完成最后一个点。在整个过程中要求综合运用方位角的测量技能，锻炼技术要领。

第三，由于整个过程中的训练难度较大，所以在开展训练的过程中避免出现规定实践开展训练的情况，主要是以运动员的个人体会为主，随着运动员的综合水平的不断提升，再规定时间开展训练。

在开展方位角的训练过程中，是运动员掌握定向运动技能的关键一项，只有保证对技术要领的熟练掌握，方能够快速的定位地形，保证成绩得到进一步的突破。

五、重新定位

（一）重新定位概述

重新定位指在迷失站立点后通过标定地图、路线回忆、安全方位和重新定位特征等重新确定站立点的技术。发现迷失站立点后，首先要做的事是停下来旋转三百六十度观察周围环境的特点，标定地图，进行回忆和思考。重新定位时需要思考和回忆的主要问题是：

（1）经过的路线，步测距离与地图上的距离是否一致

（2）是否在易跑路段发生了方向偏移？在此之前你经过了哪些特征地物

（3）在地图上能够明确确定的最后位置

（4）目前能看到的最显著特征是什么

如果得到的结论不能解决重新定位问题，应该检查地图，然后跑向最近的显著特征，在显著特征处通过标定地图进行重新定位。迷失后必须牢记的一点是：在迷失的地方漫无目的的搜索将会耽误更多的时间。

（二）重新定位练习

1. "跟我来"练习

目标：发展练习者的重新定位能力。

方法：

（1）选择一块具有较多特征的地域，在地图上设计好检查点及其代码，并在实

地上设置好检查点

（2）利用 OCAD 软件将地图分割成一张张只有一个检查点的单点地图

（3）指导者带领练习者到达图上任意位置处，然后将单点地图分发给练习者

（4）练习者持图出发寻找检查点，完成任务后回到起点

（5）改变出发点重新开始练习

练习提示：

（1）指导者应该提醒练习者在前往出发点的途中注意观察、记忆周围的特征

（2）为加大难度，出发点可设置在没有明显特征的地方

2. 双人重新定位练习

目标：发展重新定位的能力。

方法：

（1）设计一条每个检查点周围约 50～100 米范围内有一个攻击点的路线，并在地图上标出这个范围

（2）两人一组同时出发，其中一人持地图

（3）持地图的练习者 A 带领练习者 B 到达地图上的攻击点（地图上的紫红色方框处）

（4）在攻击点练习者 A 将地图交给练习者 B，由练习者 B 重新定位并寻找检查点

（5）练习者 B 持图带领练习者 A 到达下一个攻击点，由练习者 A 重新定位并寻找检查点

（6）依此轮流进行练习完成整条路线

（三）错误预防与纠正

1. 在第一个路段上迷路

错误原因：出发前的准备工作不足，没有正确的执行出发程序。

纠正方法：出发前做好充分的准备工作，执行正确的出发程序，并建立良好的比赛节奏。

2. 无法重新定位

错误原因：跑出地图范围；导航特征选择错误；心理压力大，不能集中注意力。

纠正方法：对行进路线进行仔细回忆；选择正确的导航特征，调整心理状态，集中注意力。

六、检查点攻击技术

在不同的情况下选择使用不同的定向技能，但定向运动中经常相互交替、混合使用。

（一）精确定向和概略定向

精确定向是利用野外复杂地物地貌进行定向的技能，通常在短距离的路段或长距离路段的最后部分使用。在实施精确走向技能时，一方面选手通常可以借助指北针仔

细瞄准目标方向前进（从"进攻点"接近检查点），只需要判读预定直线方向的地物地貌，读图相对容易些。另一方面，由于实施精确定向技能的区域的地貌一般较为细碎复杂，读图的地形范围较小，而要求选手集中注意力和分析思考？限制了奔跑的速度。通常用步测结果确定行进距离。

概略定向就是利用野外的地物地貌朝着大型特征点，或沿明显特征（线状地物地貌）进行定向的技能。使用该技能时，选手可以对图上的地物地貌进行简化处理，忽略细碎的不重要的地物地貌，需留下一些突出的大的对定向有用的地物地貌特征。在这个阶段，需要边奔跑边读图，同时不断调整地图的方位，并看清前方地形，注意身体两侧的地形特征，留心地形细部特征，但不应把时间浪费在核实地形上。

（二）简化地图（概略读图、概略定向）

首先在地图中找出最重要的信息或特征，略去不重要的细节，将它们在脑中转化为实地的概略景象。然后将这一头脑中的概略景象与实地对照，进行概略定向。选定易达到点标的明显的或特殊的目标，如湖、大山包等，或更安全的目标作为定向目标（概略定向），先到达该目标，再快速地到达检查点（精确定向）。

（三）偏向瞄准

在向线状地物上或线状地物旁边的检查点或目标点前进时，有意偏离目标，向目标的一侧前进，到达线状地物后，朝一个明确的方向前进到达检查点，从而可避免在到达线状地物时影响前进速度。

（四）扩大目标范围

检查点中特征物太多太杂，不易对其中某一个进行锁定。可将视野扩大到检查点外，找出一个易锁定且易到达点标的特征物作为定向目标。

（五）选择攻击点

攻击点是在检查点附近；通常在检查点四周约 100～150 米范围内的一个明显的、运用概略定向即可到达的特征。到达这一点后，应该开始运用精确定向技术向检查点前进。选择路线时，通常先选择一个攻击点，然后再由攻击点出发"捕捉"检查点。在一些初级的定向赛事或活动中，检查点本身就具有攻击点的性质。攻击点必须是容易辨认的，如高塔、小路交叉、池塘、建筑物等。

（六）拇指辅行法

先将地图折叠，把拇指放在地图上的站立点，再正置地图，这样，从站立点到目标点的区域就在拇指附近。利用拇指辅行法的优点在于方便运动途中读图，走到哪里，拇指随即指向哪里，即人在实地走，"指"在图上移，方能随时知道你在图上的位置，既节省读图时间，又能随时保证运动方向正确。

（七）数步测距

先在地图上估算两点的距离，然后利用步幅测量要走的路程。方法：先测量 100

米我们所需要步测的步数（设120步）。当我们在图上量出 A 点到目标的距离是 150 米时，便可以算出我们应走 180 步。要记住，走到 180 步时要停下来仔细读图，进行精确定向到达目标点。

七、越野跑技术

掌握越野跑的技术也是决定定向越野成绩优劣的重要因素之一。要想在比赛中既能保持高速度、长距离奔跑，又能避免一切可能发生的危险并取得好成绩，还需要掌握一定的越野跑技能。

（一）越野跑的特点

定向越野中的越野跑实际上是一种长距离的间歇跑。由于在途中常常需要停下来看图和辨别方向，在崎岖的道路上不可能始终保持均匀的跑速，越野跑总是体现出走、跑、停相交替的间歇跑的特点。在野外环境中的这种奔跑形式，可使身体肌肉的紧张与放松、身体的负荷与精神的专注不断交替进行，使参赛者身体的各个部分特别是呼吸系统与心血管系统得到较大的锻炼。也正因这一特点，使得对定向越野中的越野跑技术要求不能等同于一般长跑的技术要求。

（二）越野跑的基本要求

1. 基本跑步姿势

上体保持正直或微向前倾，使身体各部分（包括头、颈、躯干、臂、臀、腿、足等）的动作协调配合。善于利用跑步中产生的支撑反作用力和惯性，这一点在山地和丘陵地带尤其重要；应时刻注意调整上体的姿势，使身体保持平稳，从而提高奔跑的速度。

2. 呼吸

最好利用鼻子与半张开的嘴共同呼吸。在野外，风大、尘土多，要学会用舌尖顶住上颚呼吸。呼吸要保持自然、平稳、有节奏。当出现生理"极点"现象时，应及时调整呼吸的频率与深度。

3. 体力分配

可以按选择路段、比赛阶段、自身体能状况的不同确定体力分配。通过运动阶段（运动肌肉紧张）和休息阶段（运动肌肉放松）适时交替的方法，达到既快又节省体力的目的。

4. 行进速度

一般来讲，越野跑的速度不宜过快。过快或在途中加速太猛不仅会影响体力的正常发挥，且会严重影响判断力。当地形有利（如参照物多，道路平坦）时，可适当加速。

5. 行进节奏

行进的节奏要平稳、适宜。节奏过快会降低对周围环境的感知能力，过慢则会影响运动成绩。

6. 距离感

在越野跑中保持一定的距离感是必要的。它不仅可以帮助提高找点的速度，也有利于体力的计划与分配。可通过测量自己的步长，或参考有关数据进行距离感的训练。

7. 间歇时采取的正确方式

一般来说，在间歇时采用放松性的慢跑比走好，走比停下来好，没有特殊情况不要坐。当然，迷路、迷向时应另当别论。

（三）不同地形越野跑的技术

越野跑时，由于跑的地点和环境在不断地变化，因此跑的技术也要随之变化。下面介绍几种在常见地形上的越野跑技术。

第一，沿道路跑时，采用与中、长距离跑基本相同的技术，并尽量注意在路面平坦的地方可采用加速奔跑。

第二，过草地时，用全脚掌着地，看清地面，以免陷入坑洼或碰在石头上。

第三，上坡时，上体应前倾，大腿应高抬，并用前脚掌着地，小步跑上去。遇到较陡的斜坡时，可改用走步的方法或用"之"字形跑（走）法，必要时还可用单手或双手辅助攀登。

第四，下坡时，上体应稍后倾，并以全脚掌或脚跟着地的方法行进。遇到较陡的下坡或地面很滑的斜坡时，可改用侧脚掌着地，甚至采用蹲状并用手在体后牵拉草、树、撑地等方法行进。到达下坡的末端时，可顺坡势疾跑至平地。

第五，从稍高的地方（1.50米以下）往下跳时，可用跨步跳的方法：踏在高处的腿（支撑腿）必须弯曲并用力蹬地，另一条腿则向前下方伸出，跳下；两脚着地，并屈膝来缓和冲击的力量。在落地时，两脚应稍微前后分开，以便继续前跑。从很高的地方往下跳时，应设法降低下跳的高差，根据情况采用屈膝深蹲或坐地双手撑跳下或侧身单手撑跳下的方法。落地时要两腿用力，屈膝深蹲。

第六，穿树林奔跑时，要注意避免被树枝、树叶、藤蔓等刮伤，特别要防止眼睛被树枝戳伤。此时一般都随时用手护住脸部。

第七，过障碍物遇到小的沟渠、土坑、矮的灌木丛或倒伏树木时，要增加奔跑速度，大步跨跳而过；落地的同时上体稍向前倾，以保护腰部，便于继续前跑。在通过较宽的沟渠时，可加速跑，采用大跨步跳和跳远的方法越过。落地时，要防止后倒。遇到大的倒伏树木或其他矮障碍物，可以用踏过它们的方法越过。遇到较高的障碍物如矮围栏、土墙等，可用正面助跑蹬跳和单手或双手支撑的方法翻越。

第八，通过独木桥等狭窄悬空的障碍物时，可采取使脚掌外转成"八"字形的方法。如这类障碍物很长，就不应跑，而应平稳地走过。

第四节　学校定向运动队的组织与管理

一、学校定向运动队的组织

（一）组织学校定向运动队的目的和任务

学校定向运动队的建立是为了贯彻落实党的教育方针，对学生进行社会主义道德风尚教育，推动学校定向运动的开展，增强学生体质，更好地培养德、智、体全面发展的社会主义建设人才。学校定向运动队的主要任务，其是促进学生身体的正常发育和各项机能的发展，在进行全面身体素质训练的基础上，增强学生的意志品质，提高学生在陌生环境下独立思考问题、解决问题的能力，提高定向运动技术水平，丰富和活跃学校文化体育生活。学校定向运动队应积极参加校内外的有关竞赛活动，通过竞赛不断提高运动技术水平，为学校争取荣誉，同时向高级运动队输送人才。

（二）学校定向运动的组织办法

运动队的组建是一项比较复杂而细致的工作，涉及的面很大。因此，在组建学校定向运动队时应事先征求学校领导或有关部门领导的意见，接受他们的指导，争取将运动队的组建工作纳入学校或部门工作计划，以便获得学校领导和学校有关部门的积极支持与帮助。具体组队办法如下：

（1）制订组队计划

（2）确定选拔日期、时间和地点

（3）规定报名资格

（4）制订报名办法。由各班班长或班主任统一报名、推荐

（5）规定选拔内容和方法

如身体素质测定、识图能力、方向感等技术评定。为选拔思想、学习好，具有一定中长跑基础和识图能力且有培养条件的学生参加定向运动队，在选拔过程中应注意以下几点：第一，应根据学生自愿报名的办法来进行选拔。第二，组织选拔赛，通过比赛观察基本定向能力。第三，物色队员。教师要和班主任取得联系让他们介绍学生的品行、学习成绩、情趣、爱好、习惯、个性和身体健康诸方面情况，以便得到班主任的配合和支持。第四，家庭访问。了解学生在家中的表现，父母的运动史，家族遗传等情况。第五，队员的补充和调整。为了保持一定的稳定性，以每学年调整一次为宜，一般可在新生入校后一个月内进行调整，以便及时组队进行训练。个别队员需要临时调整的，应做好思想工作，使调出的队员能愉快接受，调进的队员努力进取，赶上队友。

（6）队的组成

确定队员名额，一般以保持 10 名队员为好。还要考虑到各年级参加成员的比例，使前后衔接，避免中断脱节。毕业班可留核心队员参加起以老带新的作用。选拔结果公布以后，应立即召开全体队员会议，请学校有关领导参加。明确建队的目的、任务、

训练要求和选举队的干部。队长、副队长在学习上、思想作风上和定向运动技术等方面应是比较好的，一般由高年级学生担任。

（三）组队步骤

1. 选材

选材是组队工作的第一步，也是今后训练工作的第一步。因此，选材要严格，要选那些思想品德好，勤奋学习，对定向运动有浓厚兴趣，识图能力、方向感强．身体形态、机能和心理素质适合于定向运动项目，并具有发展前途的学生进队。

2. 试训筛选

初选上的学生人数应较组队规定人数略多，然后对他们进行短期试训。在试训期间重点观察这些学生的运动能力和定向技术水平，及身体素质的提高幅度等，试训结束时再进行复选。

二、学校定向运动队的管理

（一）学校定向运动队管理的目的和任务

学校组织定向运动队进行课余训练，是学校体育工作的一个重要组成部分，是学校贯彻普及与提高的重要措施，对完成学校教育目标具有重要的意义。学校有关部门的教师与体育教师互相配合，通过对学生文化学习、思想政治教育、运动训练等工作的管理，促进定向运动队学生在德、智、体诸方面都得到全面发展，促进定向运动技术水平提高，在比赛中取得优异成绩，实现学校的教育和体育目标。

定向运动队管理的任务，应是根据学校体育事业发展的需要及学校领导提出的任务，科学地组织运动训练，提高训练效率；正确处理运动训练与其他学习任务之间的各种矛盾和冲突，充分发挥教师和队员的积极性；加强学生的思想政治教育，督促学生的文化学习；建立健全各项规章制度，保证定向运动队各项工作的落实和执行；为提高我国定向运动技术水平，缩小与国际定向运动技术水平的差距做出贡献。

（二）学校定向运动管理的内容的方法

学校定向运动队管理主要内容可分为三个部分。一是思想政治工作管理，二是运动训练工作管理，三是文化学习管理。

1. 思想政治工作管理

思想政治工作管理，是要结合运动队的训练，围绕运动训练目标和学校教育目标进行。

共产主义理想教育：培养有共产主义理想的，合格的社会主义新人是实现学校教育总目标的需要，也是运动队工作的一项重要任务。经常性地对队员进行共产主义理想教育，使他们树立正确的人生观、道德观，提高他们的各项素质和能力，为祖国、为人民服务。

爱国主义、集体主义和社会主义教育：培养队员热爱集体、服从组织、遵守纪律、勇敢顽强、不怕困难等精神品质，有助于队员良好思想品德和道德行为的形成。

团结、协作精神教育：定向运动队的团结协作精神教育十分重要。定向运动由于其自身的独特性，训练和比赛往往要在陌生的环境下独立完成，在野外可能会遇到各种各样的困难和危险，教练员无法监控每个队员的训练或比赛过程，这就要求队员之间要互相帮助、团结协作，以应对各种困难和危险。后面的队员如发现前面的队员遇到困难，应主动帮助解决或向当地民众求助。先返回终点的队员，要等到所有队员安全返回后才能返校；有队员超过规定时间仍未返回终点，其余队员应主动积极协助教练寻找。

队风、队纪教育：定向运动员常常单独在野外作业，容易犯这样或那样的错误，如偷摘农民果实、践踏农民庄稼等，要避免犯这些错误，如果没有良好的自制力，没有铁的组织纪律是做不到的。良好的队风，既是运动队长期教育、训练工作的结果，又是思想教育的有力手段。一个运动集体必须有严明的、铁的组织纪律，它能促进运动员积极向上，认真、刻苦地参加训练比赛，并在活动中自觉地克服和改变自己那些不符合规范的行为和作风，陶冶心灵，提高思想境界。

环境保护教育：环境保护是我国每一个公民应尽的职责和义务，也是每一个地球人的职责和义务。当今世界任何一项运动都要强调环保，"绿色奥运"已成为奥运会的主题。定向运动是一项最接近自然的运动，要求我们每一个运动员做爱护自然、保护环境的带头人，使定向运动成为环保运动。

2. 运动训练工作管理

运动训练工作管理主要指对运动训练过程的管理。学校定向运动队训练工作的管理，主要包括运动训练工作的计划管理和组织管理两部分。

运动训练工作计划管理、是指教师根据学校领导的要求以及所要完成的任务，科学地制订计划并有效地组织计划实施，完成训练计划任务。

全年或阶段训练计划：教师要根据本队的实际情况，制订详细的阶段或全年训练计划，提出具体的任务和要求，确定训练的内容和训练的重点，以及体能、技能训练所需时间比重，使全年训练内容在周密的计划指导下得到全面落实。

训练课计划：根据全年计划，详细、具体地把训练内容安排在课次中，它包括训练课的任务、内容、训练步骤、训练方法、时间分配、训练要求和注意事项等。

组织管理包括：建立健全和严格执行各项规章制度，建立稳定的训练秩序，保证运动训练工作的顺利进行；做好运动训练器材设备等管理，不断完善运动训练物质条件，为提高运动训练水平服务；不断总结训练工作中出现的问题，科学合理地安排训练时间，探讨新的训练方法、手段，提高训练管理水平；训练时严格要求，有计划、循序渐进地提高运动员的运动负荷，以不影响学生的健康成长及不影响第二天的文化学习为前提。

3. 文化学习管理

学校定向运动训练具有课余性的特点，教师要摆正业余训练的位置，处理好运动训练和学生文化学习的关系，防止片面强调运动训练而忽视学生文化学习的倾向，并经常教育学生正确对待课余训练，努力学好文化课，做到运动训练和学习文化两不误。

每周体能训练次数不应过多，时间不宜过长，学生每周训练以 2～3 次、每次以 1～1.5 小时为宜。技能训练因花费时间较多，一般在野外进行，应放在周末进行。参加比赛也不宜过多，并及时补上因参加比赛而耽误的文化课。教师不仅要关心学生的训练，还应经常关心学生的文化学习，定期与班主任、其他任课教师联系，了解他们的学习态度、思想作风以及学习成绩，发现问题应互相配合，及时进行教育。运动队内部要互帮互学，开展学习情况竞赛。要求同班级、同年级的队员应互相关心、互相帮助，并且互相督促。每次考试结束后，队内要进行总结，表扬那些训练刻苦、学习认真、成绩优异的队员。对个别学习成绩明显退步的队员，可暂时让他停止训练，待学习进步后再恢复其训练，以促进其他队员能更好地完成学习任务。

三、学校定向运动队选材

运动员选材就是根据运动项目的特点与要求，用科学的方法把那些适合定向运动，并具有发展前途的人才挑选出来，加以科学系统地训练，以创造优异成绩。

定向运动员选材的目的，就是根据定向运动这个特定项目的特点与要求，把那些最适合定向运动的好苗子选出来。一般是在培养和训练过程中逐渐发现好的运动员，先广选，再精选。体能的可训练性相对来讲比较容易，因此要以定向能力和定向技巧为首先考虑的选材因素。定向运动员选材工作并不是阶段性的、突出性的临时任务，而必须坚持长年抓。只有这样才能源源不断地向各级训练网输送人才，确保我国的定向运动英才辈出，后继有人，兴旺发达。学校定向运动队选材主要应从以下几个方面考察：

（一）基本定向能力

基本定向能力主要考察学生的方向感、识图能力。可分三个阶段进行，一般在一个星期内完成。

第一阶段：方向感测试。

将运动员带到野外，先朝正北方向快跑一段距离后停下，应分散休息几分钟，然后立即集合，要求运动员快速指出东南西北方向。

让运动员在无指北针的情况下在森林中向正前方的目标前进，观察偏离方向的情况。选择偏离幅度较小的队员。

第二阶段：持图走。

在地图上设计一些简单的路线进行持图走（地图和实地对照走）练习，这时不用指北针，这个阶段可以比较出新手的基本读图能力。

第三阶段：按规定路线行进。

只设起、终点，每个队员按规定路线跑。在路途中放几个点标旗，要求运动员回来后说明发现几个点标旗，并圈出点标旗所在的明显地物。也可不设点标旗，走的过程中圈出明显地物，看谁标出的地物最准确，时间最短。经过上述三个阶段的试训考察，基本上可以看出运动员的定向能力了。

（二）体能

体能是定向运动的基础，测试体能主要从以下方面入手：

身体形态特征。主要指与中长跑项目相关程度较高的身高、腿长、体重、跟健、足弹等身体部分的比例关系。

身体机能。主要包括心率、肺活量、最大吸氧量等，定向运动要求心肺功能较强，视野广阔，反应迅速。

身体素质。要尽量选择身体素质好的学生。

（三）心理素质

定向运动员的心理素质非常重要。心理选材包括运动员心理过程和个性心理特征两方面。根据定向运动特点，在选择定向运动员时应从以下几方面考虑：

反应时间：这是定向运动员必备的一项主要的心理品质。定向运动要求运动员在快速奔跑中迅速做出反应，及时准确地判断运动方向、运动路线。运动员的反应时间，可通过简单反应时间（视、听）和复杂反应时间等的测试予以评定。

思维敏捷性：比赛中运动员要在瞬息间处理各种信息，包括图地对照、站立点的确定、目标的确定等，在最短时间内，通过思考做出准确的应答行动，这就需要具有敏捷而迅速的思维能力。

神经类型：目前对优秀定向运动员的神经类型研究较少，但根据国内大多数优秀定向运动教练的经验发现：多血质（活泼型）的人比较适宜定向运动，而且比较全面，但要克服粗心大意的毛病；胆汁质（兴奋型）的人比较适合短距离比赛，但要注意克服易冲动，主观任性的毛病；黏液质（安静型）的人适合长距离比赛。

第五节　定向运动训练与赛前指导

训练与赛前技术指导工作十分重要，指导工作是否正确，是否符合客观实际，直接影响到运动员技术水平的发挥。

一、在出发点应做些什么

（一）浏览全图明走向

得到训练或比赛地图后，首先要浏览全图，根据图上标绘的比赛路线，弄清其基本走向；同时还要明确出发点与终点的关系。在路线设计时，为便于组织者掌握比赛进展和观众参观，一般是起点和终点在一地或相距很近；有时由于地形条件的限制，起点与终点也可以相距较远。两点在同一地或相距很近时，应在实地观察一下终点设置、终点与附近地形的相互关系，便于终点冲刺。

（二）标定地图定好向

为准确、迅速起见，在出发区一般利用指北针标定地图。地图标定后，可通过地图上出发点与第 1 号检查点的延伸方向就是实地运动的方向。

（三）对照地形选准路

根据确定的运动方向，迅速进行地图与实地对照，依据实地的地形条件，在能通视的地段内，选择好具体的运动路线，与此同时，在通视地段的尽头适当位置选好辅助目标，并确定该目标的图上位置。

通过上述三个步骤，要达到以下目的：

图上明：要明确图上整条路线的具体走向；要明确图上出发点与终点的具体实地位置（两点在同一地或相距很近时）；应明确出发点至第 1 号检查点的图上最佳运动路线。

方向明：要明确实地的出发方向。

路线明：要明确出发时的实地具体运动路线。

如还有剩余时间，可在地图上分析、确定以下各检查点之间的最佳运动路线，也可活动身体，准备出发。当听到出发口令或哨音后，立即出发。

二、打卡技术练习

让运动员不断练习打卡，跑—打卡—跑，减少比赛中时间的损失，也可练习三向折回跑。避免打卡时看地图，这会给其他人起提示作用。发现点标之后，打卡前就应该提前做好下一步的计划，打卡就走，不能在点标处停留）。

三、选手如何使用 CH 卡参加定向比赛

第一，出发前对比领到的 CH 卡号码和自己在出发时刻表中的 CH 卡号码，确保领到的是正确的 IC 卡。

第二，出发前在起点的清除站清除 CH 卡的既往数据，避免这些数据对本次比赛造成影响。

第三，如果所参加的比赛要求打起点站，那么选手出发时应在起点站打卡。

第四，接下来选手在路途中的每个检查点，按所设计的路线顺次打卡，打卡时要确保见到、听到设备的声光信号。如果发现检查点对应的点签器丢失或故障，应及时通知对应检查点的守点人员，并在他那里留下过点记录，然后继续比赛。

第五，返回终点时要在终点站打卡以截止比赛的计时。

第六，最后，选手返回成绩统计处，在主站上打卡，同时领取成绩单，之后离开成绩统计处，避免干扰后来选手的成绩统计。

第七，如果比赛要求出成绩通告，选手可以到成绩公告栏处及时查看成绩通告。

第八，赛后可以从组委会处领到最终的成绩报表。

三、打卡技术技巧

进入一个检查点到达点标处打卡前必须考虑自己将从什么方向进入点标，打点后朝什么方向离开检查点，是左、右到达还是往前或往回？离开后应到达什么位置？应特别注意的问题：离开点标时如果是小角度，一般易做出正确的方向判断，可以不用指北针；如果是大角度离开点标时，一定要用指北针帮助判定一下方向，否则会出现错误。

四、穿越绿色区域的技巧

必须明白，穿越的目的是为了省时间，如果穿越可能出现错误，反而浪费时间，那么就不应该穿越。做出最终的穿越决定时不但要看地图，而且要看实地的情况，也要了解地图的质量。若从图上看，所需穿越的绿色区实际距离不长，而到实地时，发现荆棘太多，很可能走到半路就无法前进，这时要迅速做出决定，是改变路线还是继续前进。如果要继续前进必须做好勇往直前的心理准备，走到半路是不可能再回头的，否则所花的时间可能比绕路的时间还要长，还不如一开始就下定决心绕路。通常在坡度不太陡的情况下，下坡时可以考虑穿越绿色地区，上坡时一般不能穿越绿色地区。

穿越地图上深绿色或较深绿色所表示的实地浓密或较浓密的林地的原则是：穿越时要充分合理地利用指北针，穿越时最好有可视的特征物（地貌和坡物）供参照，特别是较长距离穿越时，最好能找到一个接一个的引导物将自己导向最终目标；穿越时要随时明确自己的站立点。

定向运动中许多人常常习惯利用明显变化的等高线对应的实地作为参照物，实际上无变化的等高线对应的实地也是很好的参照物，可沿着等高线走进行越野。

在地图上以深绿色表示的浓密，树林中穿越并不是被禁止的，但应遵循一定的原则。穿越浓密或较浓密的以绿色表示的林地时，首先要考虑穿越的距离和坡度，因此，必须正确估计密林的距离和仔细地读等高线。要求在浓密的林地中穿越距离应在十米左右，并且没有什么坡度。浓密的林中通视度差且不易通过，距离一长就极易迷失方向。在较深绿色（较浓密）林地中穿越距离也不能太长，坡度较小时才能穿越。

五、路线选择的技巧

路线选择的首要原则是安全，但具体应用时要考虑以下因素：

（1）比赛的性质

（2）地图的质量

应从绘图员的角度（水平、敬业精神）考虑问题。地图质量差，则要减少穿越、走小路的机会，多选择明显的路。测绘员测图首先测路，对于测绘水平不高的测图员测绘的地图，你应该考虑到，如果他在测绘过程中发现一片他认为对运动员意义不大的绿色区域，他可能不会深入到其中很详细地对其中的特征包括小径、植被等进行测绘，误差可能会很大，应避免选择进入其中的路线。再者，不同测绘员对植被的可跑性的判断会有一定误差，特别是测绘水平不高的测绘员测绘的地图，比赛开始前应对此做一个初步的评价。

（3）路段的复杂性，出错的可能性等

（4）体能和智力分配是否合理的问题

（5）正确理解地图上标出的小路

对实地有多条小路的情况，制图员常常不在地图上全部标出，而是有所取舍，只标出其中的部分甚至其中的一条他认为最重要的小路。不同的制图员由于对各条小路的重要性认识不同，对小路的取舍也不同，因此制出的地图与实地的差异也就各不相同。

六、比赛技巧

比赛的整个过程都是在不断地对前面的情况进行预判，即提前思考，然后的具体前进过程只是一个对预判进行验证和复核并执行的过程，当然也可能进行必要的调整，在这些过程中将同时对下一路段进行预判。

公园赛等速度赛，距离短、跑速快，允许出现误差时停下来做出选择的时间少，通常只允许有几秒钟的时间（欧洲高水平运动员损失 3 秒就被认为是个大错误），否则将影响最终名次。一旦做出选择后应该果断执行，不可有过多地犹豫，如果不停地改变决定，反而会浪费更多的时间。

在野外赛中的初始阶段，对每个运动员都是很重要的。因此在找前 2、3 个点时不要求太快，宁可跑慢点，主要是保证顺利地找到点，从而建立比赛的自信心，保证以后的比赛过程流畅。否则一进入赛场就出错，让后出发者顺利地在第一个点就超过自己，将会严重影响到自己的整个比赛成绩。此过程也是一个对地图质量和特点进行评估的过程。如果评估的结果是地图质量不高，那么比赛中要注意选择安全性高的路线，减少穿越的过程。对地图特点的评价，主要评价受测绘者水平影响，易出现分类差异的一些植被和路段等在本次比赛地图中的分类特点。

在速度赛中如果有两条路线，一条清晰，能快跑，但距离远些，另一条不清晰，交叉口多，但近了许多。考虑到第二条不可能全速跑，要不断调整跑的方向，要不断地看图，那么应选第一条，可能完成的时间并不会多于第二条；而选择第二条，如果一不小心出现错误，时间就会浪费很多。

在野外比赛中，对于长路段，首先应考虑可否试探绕路，如果在穿越中存在很多上坡或下坡的路段，还不如选择一条好路绕道前进。野外长路段比赛与公园赛不同，检查点不是一下可以找到的，有个较长的过程，应优先考虑以平缓的路线前进。但对于短距离则不同，上坡对比赛体能影响不大，可以先考虑越野。比赛中即使是好跑的大路，也不应全速跑，要保证体能和智力的合理分配，跑的过程中应适当降低速度，保证可分配出一定精力同时进行超前思维和判断。

攻击点对选择路线的影响很大，好的攻击点能保证我们安全、快速地找到点标，但有时到达攻击点的路有些复杂，有的人就放弃了，而是直接找点标，这样可能实际所花的时间更多。要充分利用攻击点的优点。下坡时应注意不要太快，否则可能出现跑过点标的情况，也容易导致运动损伤，特别是在不平整的小径上跑和穿越时。

拿到地图出发前，应做好心理准备，根据地图、地形和路线的情况，结合自己以往的比赛经验，预计自己将花多少时间完成本场比赛（预计胜出时间）。

国内比赛，不同于国外比赛出发时需向前跑一段距离才能到达出发点，后面的运动员看不到前面运动员的出发路线。国内比赛可以看到前面运动员的出发路线，应注意同组前面的出发者是向什么方向跑的，如果前几位跑的方向相同，取图后可迅速按相同的方向跑，边跑边读图，特别是在前进方向的路面情况较好时。如果前面选手跑的方向不同，提示可能到第一个检查点有多条路线选择，出发时不应太快，应小心做出正确的选择。

对于公园赛，第一个检查点很近时，出发过程中不应跑得太快，否则可能跑过检查点而出错，第一个点就出现问题，整个比赛就可能失败。如果第一个检查点很远，开始可跑得快点。

找点过程中，有几个看问题的顺序：第一，检查点中心是什么，应找的是什么；第二，攻击点选择的安全性问题；第三，从攻击点到检查点的过程应非常小心，特别是由攻击点到检查点的距离较远时。另外，当在途中发现有更好的攻击点时，可利用新的攻击点，而不必再去找原来计划的攻击点。在偏离前进方向，出现错误的情况下，如果由出错时的站立点出发可找到一个较好的攻击点时，这时也应改变原计划的攻击点，利用新的攻击点到达检查点。

对于从攻击点到点标需穿越复杂地带的情况，可首先标定前进方向，判断距离，然后通过慢跑并计算复步数，小心地接近点标。如果距离较远．这时计算复步的误差可能较大，导致无法找到点标，可通过分段计算复步的方法向点标前进，根据整个路段中的一些小的不明显的地物或特征进行分段，一段一段地计算复步，找到每个小特征处，通过这些小特征校正或减小复步估计距离可能导致的误差。

七、走错路时如何处理

发现自己出错，不知道自己在何处时，应对措施是马上停下来，返回到最近一个可以确定的站立点上去，确定自己的偏差，再选择前进路线。

已发现出错后，切不可进行漫无边际、不停改变方向的寻找，或在原地转圈，应停止前进，保持自己来到目前位置时的朝向，借助指北针确定自己从什么方向过来，判断自己大致可能的位置，应如何才能回到出错前的位置，或到达可正确确定站立点的位置。否则，一旦不知道自己从什么地方来就不好办了，尤其是周围环境通视度不好时。

八、读检查点说明表的问题

在公园定向比赛中，只需读检查点代码和检查点地物，不需要读检查点说明表中的其他内容，因为比赛要求我们找的是地物而不是旗子，如找一个石头或房子，检查点通常放在我们来的方向的后面。但点标若放在深绿色区域中，则需要看其他部分。当检查点放在较长的不能翻越的地物处时，如悬崖等，则要看点标旗的位置是在其上还是其下，因为我们可能需要根据位置的不同而选择完全不同的路线。一般在刚刚打完一个点标时，看一下下个点标的代码和检查点地物，然后到达攻击点后再读一次检查点代码和检查点地物。而在野外比赛中，有时读识并理解检查点说明表的全部内容是很重要的。

九、赛后／练习后总结的重要性

赛后或训练后的总结非常重要，它是定向比赛和训练必须的组成部分，是参加者了解自己的弱点、学习他人的长处，同时又是全面学习和掌握各种技战术运用方法的最好时机，对参加者提高定向运动水平具有其他任何方法都不可比拟的促进作用。

赛后／练习后总结的重点，就是将参加者在比赛／训练中的行进路线在图纸上回忆、描绘出来，将其与原设计路线、他人的行进路线（谁的路线选择更佳？）进行比较。这是参加者在赛／练后恢复平静，精力完全集中的情况下进行的重现比赛或训练的过程，此时进行的自我分析评价会更加客观准确，其作用就像再次参加比赛或训练一样。

总结的内容主要有：自己在比赛／训练各段中的路线选择、运用的技战术、遇到的问题（与自己的判断、选择不符的情况）、各路段的用时等等，之后绘制成一条完整的行进路线，并分析是否有更好的路线；与队友进行比较，各路段所花费的时间差异，是路线选择的差异，还是体能差异、读图差异、保持注意力能力的差异；让跑得最好的队员介绍自己的选择和经验，并进行交流和讨论。

赛后／练习后总结最好是在对比赛／训练的过程还能清晰详细地记忆时完成。在现场与和自己同路线的其他人进行即时交流是一个不错的方法。

总结是读图记图和实地记忆以及图和实地对照联系训练的有效练习方法，是学习改进实战技巧的方法；总结可以发现队员存在的是体能问题，还是读图问题、定向技巧问题或其他问题。无论是运动员自己还是教练员都应该重视这个环节。

第九章 定向运动比赛

第一节　组织定向运动比赛

一、筹备比赛

1. 提出初步设想

初步设想应包括：比赛的目的，比赛的时间、地点、规模（运动员限额）、经费来源等。提出初步设想的主要依据是定向运动组织机构的计划、配合国内外重大比赛赛程的需要、本组织负责人或其他人员的建议等。

2. 成立筹备小组

筹备小组至少应由下列人员组成：筹备组长、技术委员、地图委员、裁判委员和会务委员。

第一，筹备组长其主要工作包括：筹备组成员的选择与分工、拟定总体计划、审批其他委员的计划和预算。因此在小组中筹备组长应该比别人具有更多的定向运动比赛的知识与经验。

第二，技术委员技术委员应该是对比赛的组织程序、比赛路线的标准相当熟悉并具有定向越野教学经验的人员，在比赛中对技术方面的问题进行监督。

第三，地图委员由精通地图设计、测量、制印的人员担任。负责比赛用图的设计、测量和制图。设计地图时，要考虑到本次比赛的目的。

第四，裁判委员由具有丰富的竞赛裁判工作、组织工作经验的人担任。

第五，会务委员，会务委员不仅要擅长对外联络的工作，并且要能够有条理地安排一切与比赛活动有关的保障工作。筹备小组一成立，各委员应在初步设想的基础上着手制定本职工作的计划。

二、比赛组织机构及分工

根据定向运动竞赛的性质、规模等实际情况成立定向运动比赛的委员会（简称组委会）。组委会一般由主办单位、承办单位及有关方面的负责人及各队领队组成。组委会一般下设秘书组、裁判组、技术组和后勤组等机构。

1. 秘书组（包括记录公告组）

设秘书长和秘书员2～6人（根据比赛规模而定）。其主要工作有：

第一，准备会标、设计成绩公告栏、收集广播宣传资料、制作成绩记录表等。

第二，用广播、图片、广告等形式进行宣传。

第三，公布经过裁判长、检查卡验证人、成绩验证人审核的运动员或代表队的成绩。

第四，组织比赛开幕式、发奖仪式、闭幕式以及其他接待宣传工作。竞赛规模较大时，可在秘书组内设专门的接待组和宣传组。

2. 裁判组

由具有裁判工作和组织工作经验的人担任。常规设总裁判1人，副总裁判1～2人，裁判员人数可根据比赛规模增减。主要职责如下：

第一，检查地形、地图、路线的质量以及监督保密的情况。

第二，设计比赛的检查卡片、成绩统计表、成绩公布栏并准备号码布、点标、起终点设备等。

第三，进行比赛编排和抽签工作。

第四，临场执行裁判，判定并公布成绩与名次，判罚处理竞赛中的违规行为。

第五，裁判组下设编排记录组、起点裁判组、检查点裁判组、终点裁判组。必要时可加设巡视监督裁判组（巡视监督竞赛中运动员、教练员等人员的违规行为）。

3. 技术组

一般情况下设组长和技术员2～8人。其主要负责选择比赛场地、设计竞赛路线、准备地图、印制检查点说明表等。

4. 后勤组

设组长及组员3～6人。负责管理大会上的经费、生活物资、竞赛设备器材、食宿、交通、保卫、医务等工作。竞赛规模较大时，可在后勤组下设专门的会计组、生活管理组、场地器材组、安全保卫组、交通运输组、医务组等。

三、比赛方案的设计

比赛方案是指为了实现一定的目标，预先规划和拟定的关于本次比赛的筹备、组织与实施的内容、方法和步骤的方略或预案。它是指导定向运动比赛的重要依据。

定向运动比赛可分为很多不同的等级，从课堂上的趣味比赛到高级的国家级或国际级比赛。不同的比赛需要有不同的比赛方案，但大概内容如下。

1. 比赛方案的内容

比赛方案通过竞赛规程及实施比赛的相关计划预算等体现出来。比赛方案除前面所述的竞赛规程和赛期、赛后的工作内容外，还应考虑：经费预算（如比赛场地修建及租赁、器材设备、交通、奖品、接待等所需经费）和工作步骤（如比赛筹备工作分为几个阶段及各阶段工作安排）等。

2. 设计方案的原则

第一，思想性原则如举办学生定向运动比赛应该坚持"健康第一"的基本思想，以"团结、奋进、文明、育人"为宗旨。设计方案主要体现主办者的目的和意图，使定向运动竞赛在促进人的全面发展和社会进步等方面发挥积极作用。

第二，比赛性原则比赛规模应与组织者的人力、财力、物力和环境相结合。比赛组织与实施应能符合本项运动的特点与规律，并贯彻经济节省、组织高效、安全第一的精神。

第三，群众性原则设计方案应考虑能充分发挥本项运动的特点，吸引尽可能多的人群参加比赛，充分体现小型定向运动比赛的群众参与性和参与对象的广泛性。

第四，适度性原则比赛区域的选择和线路的设计、项目设置与分组、比赛的难易程度及规则的掌握等方面，都应适度把握参赛者的年龄、性别、职业、体能、心理、智能及其对定向运动的熟悉程度等个体差异。

四、竞赛组织工作的基本程序

竞赛组织工作主要有赛前工作、赛中工作和赛后工作。

1. 赛前准备

在定向运动竞赛组织的过程中，涉及到的工作要点较多，赛前准备环节则是重要环节，不可或缺。要充分做好赛前的准备工作，为定向运动的有序推进打好基础。第一，由筹备组长统筹安排竞赛工作，对工作质量、工作要点以及计划的全面贯彻与落实负责；第二，由技术委员拟定竞赛的规程、设计以及勘察定向运动的基本路线，并对检查说明表进行印制。如果有其他方面的需要，还需围绕具体需求来确定全新的路线；第三，地图委员会负责地图的核查等基本型的工作，确保地图的准确性，负责定向运动地图等相关工作；第四，裁判委员会和代表筹备组的组长负责对内容的处理，确保定向运动的基本流程和保障性的资源完善、具体，能够持续为赛事的开展提供必要支持，让研究重点更清晰、更明确；第五，对定向运动赛事当中的收支情况、活动日程进行归纳和处理，由会务委员会全权负责，并发出比赛的通知和建立保障策略；第六，为了确保定向运动的有序展开，还可以根据赛事的基本规模来合理安排人员的补充，确保赛前准备环节更完善，以此来支撑后续的赛事展开。

2. 赛中工作

在开展赛事的过程中，由于工作的重心已经发生了转移，自然在组织工作方面也需要针对性的做出优化，为了保证各项工作的有序推进，则需要建立筹备小组。在筹备小组的基本构成框架当中，包括了比赛领导小组、裁判组、记录公告组以及保障组。

第一，比赛领导小组。该组织负责对整个定向运动赛事的全过程组织，包括一些基本细节方面的工作等，对赛前、赛中以及赛后的全过程进行组织。比赛领导小组的重要性毋庸置疑，要从多方面安排具体内容，保证小组的工作侧重点放在定向运动的赛事活动上。例如在出现定向运动的纠纷时，需要由比赛领导小组负责完成对纠纷的纠正，做出科学、权威的仲裁。

第二，裁判组。在开展比赛的过程中需要裁判组来做好裁判工作。定向运动的比赛过程本身涉及到的要点较多，参与人数众多，且周期较长。这就需要裁判组对整个定向运动的过程做好裁判工作。在裁判组的构成要素当中，包括裁判长、检录员、发令员、检查员、报时员和计时员、收卡员、顺序监督员、传卡员、检查卡验证人以及成绩验证人。从这一点来看，裁判工作的重点较多，需多个工作岗位的协调和作用的发挥。从这一点来看，裁判组是定向运动赛事保持健康运营的关键一项，十分必要。

第三，记录公告组。定向运动的不同标记点的记录工作尤为重要，要充分协调好每一个小组的记录和协调工作，让研究的侧重点更清晰、更有效，最终为运动员提供支持。记录公告组的工作要保持较高的严谨性，保证工作的内容明确。在完成对数据的准确记录之后，进入到公示阶段，并成为最终成绩的主要衡量依据和标准。

第四，保障组。在定向运动的开展过程中，会出现诸多不可预测的因素。对于这些因素的准确衡量，能够为运动员提供广阔的训练空间，让训练环境得到系统的优化，最终为运动员的成长提供必要支持。保障组要建立多元的预设方案，其目的是通过方案的预设，最终目的是为运动员良好的参与体验提供必要支持。

从定向运动的开展全过程出发，发现定向运动的开展过程需要多方支持，各个组织之间要发挥出应有的作用，负责不同的环节与部分。如在裁判组主要是保证定向运动开展过程中是否安全，保障组主要是负责对过程的保障，确保训练效果得到进一步的强化，从而获得良好的体验。在赛中工作中的各项基本环节，都直接影响训练效果，要协调好训练的全过程，让定向运动的价值得以在实施阶段放大自身价值，达成训练目标和训练要求。

3. 赛后工作

（1）清理场地、回收器材及各种用具

（2）做好运动队和裁判人员的离会工作

（3）做好本次竞赛的总结工作

（4）整理比赛成绩和有关文件，管理好竞赛资料。大型比赛应将竞赛资料印制成册，并分发给参赛单位和有关部门

五、比赛场地、路线和器材的准备

1. 场地的选择

场地是定向运动开展的基本构成要素，在场地的确定方面要满足一下的基本要求：

第一，定向运动的赛事等级如何，在进行场地的筛选过程中要保持适当难度，确保参与其中的运动员可以获得良好的参与体验，并掌握和锻炼定向越野的技能。

第二，由于定向运动的开展地区的差异，比赛区域之外的运动员很难有效适应难度。与本地区的运动员相比而言，显然对非本地区的运动员并不公平。为协调和妥善处理好这一问题，国家规定三年内不得在同一地点举行第二次比赛。

第三，比赛区域的选择完成之后，需要在赛前对其严格保密。通常情况下，适合定向运动的开展地区，需具备几个基本的条件，包括中等起伏的森林地，植被适度。地形的变化不会影响视线，人烟稀少的地区。当然在组织定向运动的过程中，城市范围内的公园、近郊区等等都可以成为定向运动的主要选择之一。场地的选择要结合不同地区的实际情况灵活筛选，以便于适应定向运动的开展需要。

2. 路线的设计

定向路线设计是组织定向比赛最重要的环节之一，路线设计的好坏直接影响到比赛目的的实现和任务的完成。

（1）设计定向运动路线需要考虑的一般原则

第一，路线设计要体现定向运动的特点。使"定向"因素和"奔跑"因素保持平衡，不能使定向运动仅仅成为越野赛跑。

第二，路线设计要具备体育比赛的公正、公平性。排除路线当中的"侥幸"因素，路线中要设置足够数量的"定向"问题，使"定向"技能在比赛中占主导。比赛路线的难易程度要与运动员的水平相适应，比赛路线能够真正考察出运动员定向运动技能掌握的程度。

第三，路线设计时要注意避开危险地段，预防伤害事故发生。同时也要注意环保，尽可能减少对野外自然环境的破坏。

第四，为非竞赛型参加者设计定向路线时，还要充分体现定向运动的趣味性、娱乐性和锻炼性，为参加者提供享受野外乐趣、锻炼身体和满足心理刺激的机会。

（2）比赛路线的基本形式

第一，在定向运动竞赛的基本路线构成中，通常是由一个起点、若干检查点和一个终点构成。

在定向运动的比赛中线路距离都有准确的数据来标注，以此来方便运动员完成对距离的测算，更好地识别地图信息，方便选择方向，可以最快的到达比赛地点，完成比赛。

第二，定向路线构成的基本形式：在中大型的比赛当中，组织通常会将定向运动的基本路线套印到地图当中，方便运动员选定具体路线。

（3）在图上标绘定向运动路线的要求

定向运动的开展离不开地图的支持，在地图之上做好对路线的标注有明确的要求，其具体包括以下几个方面的内容：

在起点主要是利用等边三角形表示，检查点使用圆圈表示，终点则使用同心圆表示，必经路线的选择要使用虚线进行表示。

三角形或者是圆圈的中心店表示起终点以及检查点的具体位置。

检查点需要由明确的顺序标号，编号的字头需要始终保持磁北方向，当然对于编号的安排要避免盖住地图当中的具体信息，减少对其他信息的影响。

除了必经路线之外，起点到检查点，检查点到检查点之间的距离都需要利用的直线进行连接。

在整个地图上的西安路店，都需要统一使用编号，并利用紫红色套印并标绘。

对于整个路线过程来制定说明表和检查表，分配好打卡器，从而使得运动员可以不准确的定位路线。

在地图之上完成对比赛线路的标注之后，按照检查点的说明表的内容，为每一个检查点分配打卡器，并对线路当中的标准答案具体明确，采用机械打卡系统，完成对成绩的判定。

（4）路线设计的注意事项

第一，线路的开端：运动员要根据地图信息来快速的进入到思考的状态当中，保证对定向运动全局的有效观察。

第二，路线的中段：在定向运动比赛的中段，需要通过定向运动来达成目标，获得关键性的部分，对于检查点、地形、所处位置等进行明确，通常情况下由于定向运动的地形复杂，曲折起伏，存在难度和变化点。

第三，检查点的数量：应根据比赛规模和水平而定。各检查点间最合适的距离一般应设计在 500 ～ 1000 米之间，最短不应少于 100 米，最长不宜超过 3000 米。检查点通常设置在路段的转折或衔接处，并在每个检查点的同一位置处放置点标旗和打卡器。位置不必过于隐蔽，在运动员抵达检查点地貌或地物之前看不见就可以，只要准确到达检查点后即可发现。

第四，引导与警示：一般可在运动员必经路线或危险路段设置彩色引导标志或隔离警示标志。

第五，起点与终点：对于起点和终点，最好设置在一处，保证定向运动的组织工作可以有序的推进和展开。并且在起点和终点的位置方面，最好选平坦的区域，以便于满足参与者的准备工作和最后的冲刺过程

3. 终点的布局

对于终点的布局方面，要做好地点的选择，并保证休息区、检录区、出发区以及观摩区的位置明确。最合理的安排是保证终点的布局与起点保持高度的一致，这样更方便组织的过程，让定向运动有序展开。

4. 器材的准备

在实际组织定向运动比赛时，应该根据比赛规模、级别，结合参赛者和组织者的具体情况，因地制宜，合理准备比赛所需要的器材和设备。定向运动比赛器材设备主要

包括：

第一，运动员所用比赛用品主要有指北针（组织者提供或自备要在规程中写明）、

地图（组织者提供，且图上需套印线路）、笔及与竞赛配套的检查点说明、检查卡（组织者提供）和号码布。

第二，起、终点所用比赛用品主要有起、终点横幅、计时器、发令器、地图箱、区域间隔绳、公告栏、扩音器、通讯设备、哨子、手旗、桌椅、各种竞赛表格、纸笔、饮水器和急救药品等。

第三，比赛线路上所需用品，主要有检查点标志旗和打卡器及特殊地段扩栏绳等。

六、组织比赛的注意事项

第一，所有参赛者必须每人一张地图。这种比赛最好用公园或大学校园标准定向图。如果没有足够的地图，可重复使用已经跑完的选手的地图。那么，选手到达终点时，一定先将地图送回。因为，还未出发的选手不能在出发前看到图或路线。

第二，每个选手都应有一份点标说明，点标说明应印或画在每张地图上。组织者在印或画路线之前，应对点标作实地检查。

第三，1～2人带点标旗和打卡器及带领点标监督员到正确的点标位置布点。点标旗应挂在比较醒目的地方，使选手到达该地貌时无须搜寻点标，但不能挂得太高，以防止选手在很远的地方就可看见。可以做一个特殊的"椅子"来固定点标旗和放置打卡器示。

第四，点标监督员应驱散无关人员，避免点标旗或打卡器被移动。点标监督员不得擅自离开，直到比赛结束。

第五，起点和终点应分开（但距离不必太远），应设有横幅标明"起点"、"终点"。

第六，可通过印章、钳式或电子打卡器。

第七，出发时间必须准确，出发计时是从在起点站打卡开始的。出发顺序表最好是赛前排好，运动员出发要有时间间隔以避免相互跟跑。

第八，地图一般应在运动员出发前1分钟或出发的同时发出，必须对所有参赛者一视同仁。

（9）在终点可设冲刺通道绳为运动员指明方向；计时员记录每个运动员的成绩；同时，1人收回检查卡片或指卡，1人回收地图，1人写下到达时间和姓名或出发号，1人查核是否按正确顺序到访，决定成绩是否有效，1人计算时间。当使用电子卡系统时，可自动检查成绩是否有效，并自动排列名次。使用手动打卡时，则需组织者人工检查成绩是否有效，并人工排列名次。

第二节　参加定向运动比赛

定向运动的比赛过程实则是运动员对技能的掌握情况的检验过程，也是运动员参与运动和充分感受顶线运动乐趣的关键性的途径。下面对定向运动比赛的全过程进行介绍，方便更充分的了解定向运动的比赛。

一、注册与报名

定向运动的赛事举办，通常是以全国性的赛事为主，运动员需要到制定的部门进行登记和注册，并由主管单位进行资格的审核，然后核发参赛证。在参赛证件上，包含运动员的基本信息和参赛组别，方便后续的教学展开，注册等级的日期为每年一次。

在参与小型的定向运动比赛时，与全国竞赛相比较为灵活，不需要进行提前报名，现场报名和统计即可，当报名结束只后会受到正式的比赛通知信息。组织者通常会提前2个月对外发布正式的比赛通知。如果不是会员，那就需要留心报刊、海报或其他传播渠道发布的定向越野比赛消息。在较为正式的比赛通知上，通常会公布下列内容：

（1）比赛的名称、项目、分组

（2）时间（年、月、日）

（3）比赛目的（是选拔赛、公开赛还是锦标赛）

（4）地形特点

（5）比赛分组、路线的概略长度、难度或总爬高量

（6）报到时间、比赛开始时间

（7）比赛编排方法（是抽签还是其他）

（8）报名费与其他费用，收费方法

（9）报名登记的起止时间，限额。联系人地址、姓名、电话

（10）此次比赛的竞赛规程

（11）附报名登记表一份

二、参赛准备工作

在受到参赛的通知之后，对于参赛者而言需要将关注的焦点集中在两个方面，一是要对参加哪一个组别对自己有利进行分析；二是对工作人员的分组方法进行分析。

如何完成对组别的选择和赛事流程的分析，需要从多方面着手，让参赛者可以对自己的获胜情况有清晰的评判，对自己、对手、比赛地形、路线判断等多方面进行综合性的考量，确保比赛的过程和比赛的环节得以有序的展开，在比赛允许的情况可以尽可能的选择具有优势的组别，为提高自己的获胜空间打好基础。参赛者的准备情况如何，直接影响着比赛的效果，要充分利用自身掌握的定向运动的基本技能，保证参赛准备工作日益走向完善，并在赛事的参与中不断成长。

1. 准备工作

在寄出报名表之后，运动员会收到一份详细的资料，这时则需要开始准备好比赛需要的相关资料，并做好相关的准备性工作。

第一，对定向运动的比赛规则有初步的了解，明确规则与要求。

第二，要结合实际目标做好体能与技能的训练和强化，从而达成要求。

第三，购买定向运动比赛所需的基础性的用品。

第四，在定向运动的比赛前期需要保证充足的休息，保持合理的饮食搭配，并准备好赛事所需的饮品与干粮。

第五，如果比赛另有补充规定或通知，运动员应尽快阅读，以保证比赛的顺利完成。

第六，认真积极地做好临赛前的热身准备活动，避免运动中伤害事故的发生。

对参加或准备参加定向运动比赛的各级选手提出一些基本要求是十分必要的。其基本要求是：

（1）参加者应具备一定的识图技能

（2）参加者应具备一定确定图和标图技能

（3）参加者应具备一定的越野跑的技能和基本身体素质

（4）参加者应具备一定的适应、应变和自救能力

（5）参加者应对定向运动比赛的基本规则进行学习，并在比赛中严格遵守

（6）参加者必须注意培养自己的环境保护意识

2. 在出发前

比赛当天应早早地把一切物品携带好，按计算好的时间骑车或搭载其他车辆前往比赛集合地点。在集合地点报到之后，将得到比赛编号（号码布）、检查卡片等物品。在去出发区之前，需要做的事情主要有：

第一，撕（剪）下检查卡副卡，交给工作人员。

第二，如果比赛另有补充规定或通知，应尽快阅读、记熟，并予以正确的理解。

第三，将比赛中不用的物品（例如行李等）放置于规定的地点。

第四，按规定方法佩戴号码布或其他标志。

第五，开始做热身、准备活动。当距离出发时间还剩 10～15 分钟时，即可以在工作人员（或标志）的指引下前往出发区。到达出发区之后，一般应停止一切活动，静静地等待检录员的呼叫，以便能按时出发。

注意：在出发区，最重要的是切勿错过发枪的出发时间同时不要进错通道、拿错地图。

3. 在标图区

如果本次比赛图上没有标示比赛路线，这就说明需要参赛者自己到标图区依基本图转绘。标图区一般设在出发线前方 30～100 米的地点（标图区符号与出发区符号相同，为边长 7 毫米的"△"符号），在离开"待发"格之后，只要沿着标志即可找到它。

转绘比赛路线时抓紧时间是必要的，要细心和谨慎，防止绘错检查点的位置。要注意爱护基本图，转绘完毕后应将借用的尺子、红圆珠笔等留在原处，以便后来的运动员使用。

4. 在比赛中

离开出发线之后应进入比赛的状态，因为比赛的成绩是从这一时间开始计算的。不过，只把定向越野比赛当作一般的赛跑是不行的，正像有人称它为"思考的运动"、

"狡黠的赛跑"那样，在比赛的过程中将有许许多多的问题出现。经常出现的问题有：

（1）准备采取何种按图行进方法前往检查点

（2）何种地形会对自己的运动有帮助

（3）何种地形会影响自己行进

绿区——概略定向。在这个区域，由于刚刚标定了行进的方向，精确地确定了站立点（借助于检查点），可以用最快的速度奔跑。如有可能，应多采用记忆法沿道路奔跑。

黄区——"标准的"定向。这一区域内的各种明显地形点将逐渐引导运动员接近检查点，因此宜多利用借点、导线等方法行进，并尽可能地保持标准跑速。

红区——精确定向。即将到达检查点，应减慢速度，防止过早地兜圈子寻找点标，或者错过点标。此时应勤看地图勤对照，时时明确站立点在图上的位置。如有必要还应采用按磁方位角行进和步测的方法。

5．在终点

在离开最后一个检查点之后，运动员向终点进发，表示运动员胜利在望，但依旧不能放松。定向运动本身就是一项竞赛项目，强调竞速，在最后的阶段有其考验运动员的综合能力，对运动员的意志力、体力等等都是一项严峻的考验，要始终坚持下去，在最后一刻始终保持良好的竞技状态。在穿越过终点之后，需要第一时间将检查卡片交给收卡人员，进行放松工作，在到达指定的地点之后进行休息，洗漱等工作，如果对于竞赛的过程由任何的疑问，则可以进行反馈，让"申诉处"提出质疑，并做好说明。

三、比赛的程序

由于定向运动在我国开展的时间还很短，人们对这项运动的比赛过程缺乏必要的了解。在完成报名工作后，你应该了解参加定向运动比赛过程中的基本程序。它依次为：报到处——出发区——进行比赛——终点处——重返会场。

1．报到处

运动员在比赛前被带到赛区的报到处，办理登记手续，领取出赛号码布和计时卡。在会场内可查阅参赛运动员的出发时间或有关该次比赛的资料。

2．出发区

运动员需于出发前 10 分钟到达出发区，通常出发区距离会场数分钟至 30 分钟的路程，运动员须依从赛会指引，准备足够时间前往，避免迟到。如因个人延误迟到，所损失的时间将不获补偿。

3．进行比赛

在个人赛中，各组的运动员一般每隔一分钟或若干分钟出发一队，出发后赛员必须离开出发方格，以免阻碍其他运动员出发。出发后需寻找所需到访的控制点然后返回终点报到。在接力赛中一般集体出发。

4. 终点处

运动员通过跑道，越过计时器后，计时员会把他到达的时间记录下来，然后在地图收集处缴回地图及控制卡。参赛运动员抵达终点后，需迅速离开，以免妨碍后来到达的运动员。

5. 重返会场

运动员可从布告板上查阅比赛成绩及在稍后时间取回赛图留念。如有投诉须于成绩公布后 5 分钟内提出。颁奖后，可各自离场。

四、比赛中应注意的问题

第一，集合报到后组织者将发给比赛编号（号码布）、检查员卡片等物品，运动员要撕下检查卡副卡交给工作人员。

第二，当距离出发时间还剩 10 ~ 15 分钟时（可根据报到处与出发点之间的距离而定），即可以在工作人员的指引下前往出发区。

第三，进入出发区后，检查自己的着装和基本装备，并及时向起点裁判员交验检查卡和检查点说明表等参赛凭证及比赛用品。

第四，明确出发区的方位，并仔细观察周围地形、地貌，把握好出发方向。若终点设在附近，还应观察终点的周围环境。

第五，运动员从出发区进入待发区后就会得到比赛地图（不要进错通道、拿错地图），应迅速进行阅读，分析各检查点标志周围的地形、地貌。

第六，初次参赛的选手特别要把握好到达第一个检查点的方向和路线。顺利到达第一个检查点有利于提高运动员的自信心，为下一赛程打下良好的基础。

第七，如果比赛图上没有标示比赛线路，就需要参赛者自己到标图区按照基本图进行描绘。标图区一般设在出发线前方 30 ~ 100 米。并在标图区描绘比赛路线时要细心谨慎，防止绘错检查点的位置。

第八，运动员听到出发指令后，快速向第一目标点出发，尽快离开出发地域，并应避免为他人引路。

第九，在检查点打卡时，要仔细核对检查点的代号是否与自己所要寻找的检查点代码相符。使用检查卡作记时应注意打印要清楚、位置要正确；使用电子打卡时，电子器会发出打卡成功的信号。

第十，抵达终点后应立即将检查卡、地图、检查点说明卡等交给终点裁判员。

第三节　定向运动比赛规则

竞赛规则是运动技术发展的指导性法则，可为组织、裁判、欣赏体育比赛提供客观统一的依据。为了使大家更好地了解和掌握定向运动竞赛的规则，提高参加定向运动水平，下面将定向运动比赛竞赛规则作一介绍。需要注意的是，定向运动竞赛规则也和其他运动项目的竞赛规则一样，不断修改和完善，以此来促进该项目不断的发展和进步。

一、第一条定向运动的定义

定向运动是运动员借助地形图和指北针，按规定的顺序独立地完成寻找若干个标绘在地图上的地面检查点以最短的时间跑完全赛程的运动。

二、第二条竞赛形式

第一，日间定向运动竞赛。首批运动员应在日出后 1 小时出发；最后一批运动员最迟应在日落前预计完成全赛程时间的 1.5 倍时刻出发。

第二，夜间定向运动竞赛。首批运动员应在日落后 1 小时出发；最后一批运动员最迟应在日出前预计完成全赛程时间的 2 倍时刻出发。

三、第三条竞赛项目

定向运动竞赛包括：定向越野竞赛、定向接力赛、定向自行车竞赛、定向划船赛、定向滑雪赛等。

第一，个人赛：运动员单个竞赛，成绩取决于个人技能。

第二，团体赛：运动员单个竞赛。运动队成绩为全队运动员个人成绩（时间、名次或得分）的总和，也可以计个人成绩。

第三，多日竞赛：在多日竞赛中，运动员的个人成绩是每日竞赛成绩（时间、名次或得分）的总和。

第四，接力赛：接力队须有 3 名或 3 名以上运动员，每名运动员像个人赛一样跑完一个赛程。

第五，小组赛：每组有 2 名或 2 名以上运动员，运动员一同或部分分散完成竞赛。

四、第四条竞赛分组

第一，根据性别和年龄划分组别。女子组代号为（W）；男子组代号为（M）。

第二，组别：按年龄段划分。

第三，运动员在同一场竞赛中，则只能参加一个组别的比赛。

第四，同一年龄组因参赛人员过多，可以划分为相同标准的几个小组，代号为 1、2、3 等。如：M12～1（男子 12 至 14 岁 1 组），W15～3（女子 15 至 17 岁 3 组）。

第五，不同年龄组可以合并，如：-W40～60（女子 40 至 60 岁）；也可细分，如：M45（男子 45 至 49 岁）。高级组的代号为 E，如：WE18～20、ME21-。

第六，小组赛的代号为 G，如 MG-12（男子 12 至 14 岁小组赛组）

第七，接力赛应列出每一赛段准许参加的年龄组。

第八，特殊情况下，W35-，M35- 或更大年龄组的运动员可以参加比他们年轻的 M21-、W21- 年龄组比赛。

五、第五条竞赛的参加者

1. 运动员

凡符合竞赛规程要求的选手均可参加竞赛。

运动员的义务和权利：

（1）熟悉并遵守定向运动竞赛规则、规程及有关规定

（2）尊重裁判员、服从裁判、积极支持和协助大会工作

（3）在竞赛中有权向裁判员询问急待解决的问题

（4）有权通过领队或教练员对竞赛、裁判工作提出建议和意见

2. 领队

领队是代表队的领导人，参加竞赛的单位应派领队一人（可由教练员或运动员兼任），其职责如下：

第一，熟悉并要求代表队全体人员遵守竞赛规则、规程和各种规定。

第二，负责运动员与主办者及组委会之间的联系，及时向本队传达组委会及裁判委员会等部门的通知和决议。

第三，对竞赛和裁判工作的意见，应以口头或书面形式提出。凡提出与成绩有关的意见，不得超过成绩公布后一小时。

3. 教练员

参加竞赛的单位应派教练员（可由领队或运动员兼任）在技术上指导运动员，并协助领队工作。

4. 竞赛期间，运动员的安全问题由本人负责。运动员不得使用任何违禁药物，裁判委员会有权在赛前及赛后进行检查

5. 运动员自备指北针、手表。禁止携带无线电台；步程计等其他辅助器材

6. 运动员应佩戴组委会分发的号码布，胸前、后背各戴一个，号码布尺寸为20厘米×24厘米，号码数字高度为12厘米

7. 参加竞赛的人员应爱护竞赛场地设施，以此来保护自然环境

六、第六条竞赛组织委员会

竞赛组织委员会（简称组委会）是竞赛的承办者。主要由主办单位会同有关单位协商组成。

1. 竞赛组委会负责竞赛的组织领导工作。组委会应根据竞赛规则，保证竞赛的公正。

2. 竞赛组委会应根据有关规则、规定制定本次赛事的竞赛规程。

3. 竞赛组委会，最迟应在竞赛前 2 个月发出竞赛邀请书竞赛邀请书应包括下列

内容：

  （1）竞赛名称、日期、形式和项目

  （2）竞赛的主办单位及竞赛组织委员会成员

  （3）竞赛组别、接力赛不同赛段允许的组别

  （4）各年龄组的竞赛距离，接力赛各赛段的距离（准确到公里）

  （5）地图比例尺、等高距

  （6）参赛队的组成

  （7）报名地址和截止日期

  （8）报名费和其他费用的支付方式

  （9）此次竞赛的规程

4. 组委会：由主任、副主任及委员若干人组成。组委会下设技术组、裁判委员会、秘书组、后勤组，并任命总裁判长一人。

5. 组委会负责与当地政府及比赛场地主管部门联系并协助主办单位筹措竞赛经费。

6. 技术组负责选择竞赛场地，路线设计、地图准备、安全保证等。

7. 裁判委员会负责竞赛实施和确定竞赛成绩并监督竞赛参加者遵守竞赛规则和规程。

8. 秘书组负责有关竞赛的文书工作，宣传工作，接待工作，组织参观，开幕、发奖仪式程序安排等。

9. 后勤组，负责竞赛的物质保障及临时设施的设置，交通运输等。

10. 组织竞赛的工作人员均应佩带明显的标志。

七、第七条竞赛区域

第一，竞赛地区应选择在地形比较复杂，植被较多的地区，应能为设计难度高的竞赛路线提供可能性。

第二，下列地区不适宜组织定向运动竞赛：地形变化少、行进参照物很少、道路网密集、高密度的森林、高差大的单面山坡、建筑群与大湖泊区、不可通行的悬崖、峭壁与沼泽地、自然保护区。

第三，竞赛区域不应具有使本地运动员获益的特点。

第四，竞赛区域应保密，并应在此次竞赛前尽可能长的时间内没有用于定向运动；以免有人因熟悉地形而获益。

第五，举办过定向运动竞赛的场地，在三年内不可再用于全国性竞赛。

八、第八条竞赛用图

1. 竞赛用地形图的绘制应以国际定联颁布的《国际定向运动地图制图规范》为依据

2. 地图比例尺为 1：10000 或 1：15000，等高距为 5 米

3. 竞赛用图应是时效性强的。使用现有地图，当地形变化较大，足以影响比赛时，

应在图上加印新内容或赛前向各领队说明情况

4. 竞赛地图所含区域的大小，不必大于运动员比赛的需要

5. 竞赛前不准出售、分发和展示竞赛用图

八、第九条竞赛路线的设计

第一，路线设计应充分体现公正比赛和定向运动的性质。竞赛路线的设计应能同时考验运动员定向和奔跑两种技能。

第二，路线设计应避开苗圃、播种地、有农作物的田地、铁道、汽车道内和标有"不准入内"的区域。

第三，竞赛路线的设计难度应与参赛者的技能水平相适应。设计路线时，应注意设置具有可选择性的路段，迫使运动员利用地图判断地形并由此做出抉择。路线设计应尽量避免运动员之间有互相参照的可能性。

第四，如有可能，竞赛中，男、女项目应使用各自的检查点。

第五，竞赛路线的起点和终点可以设在同一地点，也可分设在不同地点。

第六，寻找检查点的顺序由竞赛组织者规定，并监督执行，运动员应遵守该规定。

第七，检查点间的距离以 500～1000 米为宜。

十、第十条竞赛距离与爬高量

第一，确定竞赛距离时，除要考虑组别的因素外，还应考虑到比赛地区的复杂程度、季节、竞赛开始时间和其他对比赛可能产生影响的因素。

第二，竞赛距离，以运动员可能选取的最短路线为准，不顾及高差的影响。

第三，在确定竞赛距离时，下面提供的预计完成全赛程的时间，作为主要考虑因素，而用公里表示的距离只作辅助参考。

第四，各年龄组的竞赛距离和预计完成全赛程的时间。

第五，对于 W18～20，W21M18～20，年龄组可以组织竞赛距离和完成时间最多为上表规定 2 倍的长距离定向越野竞赛。

第六，夜间竞赛、接力赛的完成时间应减少约 20%；多日赛应比规定的完成时间减少 20%～40%。同一年龄组若分成多小组进行比赛，完成时间减少 10%～15%。

第七，路线设计应使最佳路线的总爬高量不超过其总长度的 4%。

第八，组委会可规定运动员跑完全赛程的时间，竞赛中超过该时间的个人和队不再排列名次。

十一、第十一条竞赛路线在地图上的表示

第一，起点用等边三角形（边长 7 毫米），检查点用圆圈（直径 5～6 毫米），终点用两个同心圆（直径 5～7 毫米），一般最后一个检查点至终点为必经路线，必经路线用虚线表本。

第二，三角形或圆圈的中心点表示某地物的准确位置，但中心不必绘出。

第三，检查点按规定顺序注记编号，编号数字要垂直于南图廓，编号数字应以不压盖图上重要目标为宜。

第四，除必经路线外，起点到检查点及检查点之间按编号顺序用直线连接；遇有重要目标又不能避开时，连线应断开或划得更细些。

第五，竞赛路线、起点、检查点、终点符号、检查点编号一律用红紫色套印或标绘。

第十二、第十二条检查点说明

第一，检查点说明的作用是具体描述地图上标示的检查点位置。检查点说明应用专门的符号表示，也可用文字说明。

第二，-检查点说明表，应在竞赛前随地图一同发给运动员。

第三，国际性比赛应使用国际定联制定的《检查点说明符号》。检查点说明表随图发给，也可在竞赛前一天发给参赛运动员。

十三、第十三条检查点标志

第一，每个检查点应安放检查点标志（简称点标）。检查点标志由三面标志旗连接成三棱体，每面标志旗的尺寸为30厘米×30厘米，沿正方形的对角线分开，左上部为白色，右下部为橙红色。

第二，检查点标志应悬挂在图上标明的地点，一般距地面80～100厘米，实际位置应与检查点说明表一致。

第三，检查点标志应有一代号，代号用一个拼音字母或两位数字表示，数字从31开始选用。字母或数字为黑色，字高6～10厘米，笔画粗6～10毫米。

第四，检查点标志的设置应使运动员在寻找时具有一定的难度，但无需隐藏。

第五，每个检查点备有打印器。

十四、第十四条检查卡片

第一，检查卡片最迟应在出发前10分钟发给运动员。

第二，在检查点处运动员使用该点的打印器，在卡片相应的空格内打上清楚的标记。检查卡片在终点处交还。若标记打错了位置，应在另一个格子中打上标记，并由裁判决定是否有效。

第三，运动员丢失检查卡片，则取消其比赛资格。

第四，检查卡片用耐用的卡片纸制成，大小不得超过10厘米×21厘米。检查卡上的内容也可印在定向越野地图图廓外空白处，以便取代检查卡片。

十五、第十五条出发顺序的编排

第一，出发顺序，赛前由裁判组织各队教练员抽签决定，出发的安排应使同一个单位的运动员尽可能分开，出发顺序表确定后，不得更改。出发时间表应在赛前公布。

第二，每场竞赛各代表队抽签获得一个序号。同队所有运动员的出发批次由裁判根据"等间隔编排法"和序号确定。

第三，等间隔编排方法如下：参赛队总数 T，每队同组别选手人数 G，同场竞赛不同组别数 I。总出发批次 P=T×G，同队同组别选手之间间隔批次 A=T，同队不同组别选手间隔批次 B=T/I（当有余数时 B 取整数再加 1）。根据 A、B、P 计算出发批次。

计算举例：某队抽签序号为 N，同场竞赛有三个组别，每组别有三名选手参赛。出发顺序的编排是：

男子组（M15-17）选手 1 第 N 批，选手 2 第（N+T）批，选手 3 第（N+2T）批；

女子组（W15-17）选手 1 第（N+B）批，选手 2 第（N+B+T）批，选手 3 第（N+B+2T）批；

男子青年组（M21-）选手 1 第（N+2B）批，选手 2 第（N+2B+T），选手 3 第（N+2B+2T）批。

当出发批次的计算结果大于 P 时，应取其与 P 的差值。计算举例：某场竞赛队总数 T=6，同组人数 G=3，不同组别 1=3，抽签号 N=6 时，P=T×G=18。此时，男子青年组选手 3 的出发批次应为 N+28+2T=22，大于 P，此时该选手正确的出发批次是 22-18=4。

十六、第十六条出发

第一，出发意味着计时开始。运动员分批出发，每批次运动员出发间隔时间为 2～3 分钟。出发前 2～3 分钟，运动员可在出发点领取各自的地图。

第二，出发地点的选择应使运动员在出发前看不到前一名运动员所选择的行进路线。出发点的选择也应使已到达终点的运动员无法与待出发的运动员取得联系。起点处悬挂起点横幅，上书"起点 START"字样。

第三，除有关裁判人员外，任何人不得进入运动员等候区，所有运动员至少应有 30 分钟的时间做准备活动。

第四，如果运动员由于个人原因迟到，下一批次运动员尚未出发，可在到达起点时立即出发，但计时仍以出发表上的出发时间为准。如果由于主办者的原因，运动员错过出发时间，则应重新给定一个出发时间，通知终点裁判。

十七、第十七条终点计时及名次排列

第一，通向终点的跑道，应用两条带彩旗的绳子引导，并向终点线逐渐收拢。绳长 50 至 100 米。终点线宽 3 米，并应与终点跑道方向垂直。

第二，终点横幅，长 5 米，宽 0.9 米，上书"终点 FINISH"字样。横幅设置在终点线的正上方 2.5 米高处。必须使运动员在远处就能看见终点线的位置。

第三，通过终点线后，运动员应上交检查卡片，如主办者需要，也应交出地图。通过终点的运动员，不得再次进入竞赛区。

第四，终点计时，以运动员胸部越过终点线时间为结束时间，计时准确到整秒，秒以下小数四舍五入。记录时间可用时、分、秒，也可用分、秒表示。

第五，依据运动员完成全赛程的时间先后，排列名次。如有一名以上的运动员取得相同的成绩，则他们的名次并列，空出下一个名次。在成绩单上排在同一位置，但姓名的前后顺序按出发表的顺序排列。

第六，团体成绩以竞赛中各队选手成绩相加评定。当各队参赛人员较多时，应事先确定参加统计团体赛成绩的计分队员人数和名单。各组别单项团体成绩，以本队二名最好运动员的成绩相加评定。

第七，接力赛中，竞赛名次取决于各队最后一段运动员到达终点的顺序。

第八，如运动员漏过检查点或找错检查点，则运动员的成绩无效。如果不是由于运动员本人的过错造成检查卡片少打标记（如检查点没有打印器或已损坏）并能证明他确已查寻到该检查点，经裁判认可，他的成绩仍有效。

第九，当最后一批运动员出发，预计完成全赛程所需时间的 1.5 至 2 倍时刻为终点关闭时刻，由组委会规定并应在竞赛开始前通告运动员。

第十，终点处应设置医疗站。

十八、第十八条接力赛

第一，进行接力赛每个接力队的运动员均应按预先定好的顺序，一个接一个地完成每一段个人路线，比赛成绩取决于全队所用的总时间。

第二，接力赛每个队由 3 名或 3 名以上同一级别或混合级别的人员组成。一个队所跑的全部路线必须与另一个队是同等的，但构成总路线的每段顺序应有所不同。

第四节　裁判职能

一、犯规与处罚

有下列行为之一者，裁判员将根据违例的性质和程度，并采取从降低成绩直至取消比赛资格的处罚。

1. 下列情况给予警告处罚

（1）代表队成员擅自出入预备区，但未造成后果的

（2）在出发区提前取图和抢先出发者

（3）接受别人帮助，如指路、寻找检查点等

（4）为别人提供帮助，如指路、寻找检查点等

（5）为从对手的技术获利，故意在竞赛中与对手同跑或跟进者

（6）故意不按比赛规定顺序行进者

（7）不按规定位置佩戴号码布者

（8）有其他违反比赛规则行为者

2. 下列情况，判罚运动员成绩无效

（1）冒名顶替参加竞赛者

（2）定向越野赛竞赛中使用交通工具者

（3）有证据表明在竞赛前勘察过路线者

（4）超过规定的完成竞赛时间者

（5）竞赛未结束，运动员到达终点后，再进入赛区者

（6）未通过全部检查点，又伪造点签图案者或检查卡片上打印器图案不全者

（7）打印器图案模糊不清，确实无法辨认者

（8）竞赛结束前（指终点关闭）不交回检查卡片者

3. 下列情况，判罚取消竞赛资格

（1）竞赛前如有运动员或运动队擅自进入竞赛场地。即在比赛前勘察过路线者

（2）不符合分组年龄标准或谎报年龄，弄虚作假者

（3）蓄意破坏点标、打卡器或其他竞赛设备者

（4）有意妨碍他人竞赛者（包括犯有同一性质的其他任何不良言行）

（5）丢失竞赛检查卡片者

（6）没有佩戴大会颁发的号码布者

4. 其他情况处理

第一，运动员途中因伤病不能继续完成竞赛时，均以弃权处理，退赛后应尽快向就近裁判员报告。

第二，出发前运动员因故退赛，领队或教练员应向起点裁判长递交书面报告。

第三，运动员迟到，且按竞赛顺序下批运动员已进入出发线时该运动员按弃权处理。

第四，超过比赛规定的终点关闭时间（检查点一般也在同一时间撤收）而尚未返回会场者。如确系迷失方向，应向附近任意一条大路或原检查点位置靠拢，等候工作人员的处置。

第五，运动员在竞赛中损害群众利益，有意无意地造成国家或他人的重大经济损失和破坏自然风景者。视情节给予处罚，造成的后果及经济损失由本队负责。

第六，在定向越野赛比赛中，某些特殊的情况是可能出现的，例如检查点被无关人员拿走或遭自然破坏；检查点的位置与图上的位置不符；比赛中出现个人或团体的成绩完全相等。对于这类问题，通常应在比赛前的准备阶段由筹备组长领导各委员仔细地预研，确定处置办法，形成文字，由技术委员在制定《比赛规程》时列入。如果这些问题是出现在比赛的过程中，则应由裁判长决定处置办法。当某个领导小组成员对裁判长的决定有异议时，应经比赛领导小组组长同意，召集全体成员，以举手表决的方式另行选择处置办法，但必须获得四分之三以上的多数通过。对于在比赛后提交到领导小组的诉讼，原则上应按此办法处理。

二、裁判职能简介

1. 裁判委员会

裁判委员会是定向运动的基本职能单位，构成相对复杂。通常是由裁判长、副总裁判长和各组裁判长组成，受竞赛委员会的直接领导。裁判委员会直接对竞赛工作负责，负责竞赛的实施以及成绩评定，要求各参与主体严格遵守竞赛的基本规则。

结合定向运动的竞赛情况，要结合实际情况，严格按照竞赛规则的基础之上需要来制定相关的规范和注意事项，在开展竞赛前，要协调好各个部门的关键职责，精准分工，做好人员的培训等工作，保证技术准备系统、完善。

如举办全国性的赛事活动，则需要在大区域、省级竞赛任命仲裁委员会，仲裁委员会由仲裁人员负责，人数多为3-5人。从职能的角度来看，多是以处理定向运动赛事当中的各项抗议为主，针对仲裁信息做出仲裁安排，完成最终的裁决，符合定向运动规则当中并未涉及到的内容进行裁决，保证赛事的顺利开展。

2. 裁判机构及相应职责

（1）总裁判长

总裁判长是整个裁判机构的主要负责人，也是主要的组织者和领导人，保证各项竞赛计划在有条不紊的环境中推进，总裁判长对各项基础性的裁判工作负责，并坚持以严肃、认真的态度来执行具体方案，对总裁判长的相关职责的确定，能够了解裁判长的工作范畴：

第一，严格遵循竞赛的基本流程，对竞赛的裁判工作负责，包括对裁判队伍的评判和必要的训练工作内容。

第二，接受组委会、竞赛小组的直接领导，执行委员会的相关规定，要协调好裁判工作的侧重点与要点，让各机构工作得以有序展开。

第三，根据情况与规范，召开裁判长和教练员的联席会议，说明和解答具体规范。

第四，赛前对场地的基本情况进行汇总处理，包括场地选择、路线设计以及实施计划等具体工作。

第五，对裁判工作中的具体问题进行总结与分析，并负责代表队的相关申诉工作的处理。

第六，审核与核定竞赛成绩。

（2）副总裁判长

副总裁判长需要协助裁判长的相关工作，并在分担工作的基础之上，要服从裁判委员会发布的具体任务信息，并在必要时可以兼任裁判组的裁判长职务。副总裁判长要协调好具体代表队以及运动员的资格审查，并负责组织代表队、工作人员以及参观人员按时到达赛区并完成转移，明确重点工作内容。

第六，直接领导起、终点裁判组，做好起、终点的裁判工作。

（3）起点裁判组

起点工作是竞赛工作的开始，也是保证竞赛顺利进行的重要环节。起点工作能顺利完成，给整个竞赛提供了良好的开端。它的主要职责如下：

在比赛开始之前，裁判组需要组织各个队伍当中的裁判进行抽签，并确定队员的出发顺序，交由裁判长审核之后印发。起点裁判主要是负责对于定向运动参与者的赛前组织工作，在起点位置组织好具体顺序，包括检查卡、地图以及相关用品等等，做好场地的完善。在竞赛开始之前做好相关的检录工作要点，围绕区域范围内的各起点，保证参与运动的运动员可以及时的检录，按照顺序出发，避免提前或者是延后，组织运动员可以按时出发，围绕起点的秩序有序展开，避免犯规行为的出现和发生，赛前的各项基础性的准备工作至关重要，要协调好全过程。

（4）检查点裁判组

在检查点的裁判组，主要是负责检查工作，这一群体的重要性毋庸置疑。要严格遵守相关的裁判规则，认真的履行自己的职责，对于运动员经常出现的犯规情况和基本问题，及时的制定具体方案，处理好整个过程的流程。检查点裁判组要做好隐蔽工作，避免穿着光鲜亮丽的服装，符合检查核定和赛事结束之后撤收点标的工作要点。

（5）终点裁判组

终点是整个裁判工作结束前重要的一环，其是保证比赛成绩公平、公正、准确的关键。终点裁判组的主要职责：

①准备终点所需各类竞赛器材，布置终点场地，维持终点秩序

②预告员要站在便于观察的位置上，及早通知终点裁判组做好准备；计时员提前观察运动员到达的顺序、号码，并准确记录运动员到达终点的时间

③审核检查卡，验证运动员是否按顺序经过规定的检查点

④收集运动员犯规情况，提出处理意见，报请总裁判长裁定

⑤统计并公布比赛成绩

⑥及时收回检查卡、号码布和地图

第十章　定向运动战术训练及赛后分析

第一节　定向运动战术概述

一、定向运动战术的定义

使用合理的战术是在定向运动比赛中获得胜利的必备条件。怎样正确使用战术、取得比赛胜利是所有定向教练员和运动员要考虑和探索的核心问题。战术就是在比赛中为了战胜对手或取得预期的比赛成绩而采取的策略和行动。定向运动战术是指运动员在定向运动比赛中根据比赛的规则、特点和项目固有规律而采取的策略和行动。这种策略和行动需要运动员对自己的体能、技能、心理和智能进行合理、有效的组合，充分发挥出自己的竞技水平，以取得预期的比赛结果。综观各种定向比赛，合理、有效的战术能在比赛中发挥巨大作用，它既能使自己的竞技能力得到充分发挥，又可有效抑制对手竞技能力的发挥，出其不意地战胜对手。

二、定向运动战术的分类及内容

（一）定向运动战术类型

定向运动战术，根据定向运动比赛过程、比赛场地适用性、比赛路段、比赛项目类别、体能和技能分配等不同特点，其分类方法也有所不同。

（二）定向运动战术的内容

定向运动比赛是对运动员定向技能全面、综合的考验。由于定向运动技术具有多样性，定向比赛具有复杂性和阶段性，因而在战术的运用上，运动员需要根据比赛技术信息及其他条件来合理安排战术。一般根据比赛过程、比赛场地适用性、比赛路段、比赛项目类别、体能和技能分配五个方面来安排战术。

1. 比赛过程

为了在比赛中取得优异的成绩，运动员应在赛前、赛中进行战术的安排。赛前战术安排应考虑的主要因素包括：

第一，根据比赛规模、对手情况、自身情况、训练程度和比赛经验制订合理的比赛目标；

第二，充分做好有关比赛的信息搜集工作，如比赛地点的地形特点、气候条件、比赛项目设置、赛事规模和日程、参赛对手情况等；

第三，根据赛前搜集的比赛信息进行综合分析，结合自身队伍的实际情况，合理、有针对性地制订详细的训练计划，以便在比赛中有效运用战术，从而达到既定的比赛目标。

赛中战术安排应考虑的主要因素有：

其一，根据比赛的规程、过程、结构，从开始路段、中间路段、结束路段分别进行战术安排；

其二，根据比赛适用性进行特殊战术和一般战术安排；

其三，根据比赛项目类别进行个人赛和团体赛战术安排；

其四，根据比赛路线的难易程度、距离、地形情况、技术要求等合理分配体能和技能。

2. 比赛场地适用性

（1）公园赛战术

在公园中一般进行的是短距离和中距离的比赛。由于公园的地形简单，地物丰富，通视程度较高，可跑性较好观众多，外界对运动员的影响较本。因此运动员在公园赛中宜采用"以我为主，认真仔细，快、准结合"的战术。路线选择以地物参照为主，地貌分析为辅。由于比赛距离短，运动员做出选择后不能犹豫不决，应果断执行。

（2）校园赛战术

校园地形简单、参照物明显、可跑性强、通视程度高、人员多、外界对运动员干扰较大，由于比赛距离短，运动员一旦做出选择后不能犹豫不决，应果断执行，路线选择以地物参照为主，因此，在校园赛中运动员宜采用"以我为主，快、准结合"的战术。

（3）野外赛战术

野外赛一般在森林中进行，主要进行中、长距离的比赛。森林中地形复杂，再加上路线的距离又较长，因此这对运动员的体力和技术有较高的要求。在野外赛中宜采用"合理分配体能，以稳为主，稳、快结合"的战术，路线选择以地貌分析、判断为主。

3. 比赛路段

（1）开始路段的战术

开始路段战术主要指在从比赛路线起点开始的第1～2个路段中所采用的战术。开始路段对定向比赛非常重要，在战术安排上主要考虑以下几个方面：

第一，选手出发前必须调整好心理状态，快速阅读组织者提供的比赛检查点说明表，在得到地图后准确、迅速地标定好地图，浏览全图，根据图上标出的定向路线，弄清基本走向，明确出发点与终点的关系，估计本场比赛胜出的时间．迅速进行图地对照，选准符合个人情况的从出发点到1号检查点的方向和具体运动路线；

第二，了解地图质量，适应制图员的制图风格，控制跑动速度，顺利找到1号检查点，建立比赛信心；

第三，在百米定向和校园、公园定向中要快速、准确，并迅速进入状态，在野外定向中，前1～2个点追求稳定、准确，之后根据赛况逐步调整比赛节奏。

（2）中间路段战术

中间路段战术主要指从比赛路线的第2个路段开始到最后1～2个路段前所采用的战术。中间路段战术的安排对运动员在定向比赛中胜出具有决定性作用，在战术安排上主要考虑以下几个方面：

第一，在整个中间路段随时标定地图，并明确站立点在地图上的位置，做到"人在实地行，心在图中移"。

第二，根据自身技术水平选择合适的攻击点，保证安全、快速地找到检查点。

第三，根据地形地貌的复杂程度合理控制跑动速度，处理好平行读图与超前读图、精确定向与概略定向之间的转换，控制好平行读图速度与奔跑速度，确保定向过程的流畅。

（3）结束路段战术

结束路段战术主要指在靠近比赛路线终点的1～2个路段中所采用的战术。结束路段战术的安排也很重要，在战术安排上应考虑以下几个方面：

第一，在接近比赛线路的终点的时候，运动员往往极度疲劳，注意力下降，各种干扰因素明显增多，此时，运动员应加强抗干扰意识，聚精会神；

第二，根据出发时明确的出发点与终点的关系和已选择的最佳运动路线或组织者规定的必经路线，结合自己的体力状况，加快速度向终点运动，接近终点时要做最后冲刺。

4. 比赛项目类型

（1）记分赛战术

正式的记分赛近几年在我国开展得相对较少。它是在比赛区域内预先设置很多检查点，并根据地形的复杂程度、路段距离远近、检查点位置的相互关系的不同赋予每个检查点不同的分值，选手在规定时间内自行寻找这些检查点，积分最高者胜出，积分相同时，用时少者名次列前。记分赛是比较经典的定向，对运动员综合技术和各方面能力的要求比较高，特别是逻辑分析能力。在记分赛中宜采用"统筹设计，合理分配，各个击破"的战术。

（2）百米定向战术

百米定向具有观赏性强、易参与等特点，一般在通视度较好、面积约为100米×100米、等高距为1～2米（或平地）的区域进行。百米定向地图的比例尺一般为（1：500）～（1：1000），标注非常细致。比赛路线一般为200～800米，设有8～20

个检查点。胜出时间一般为 1～5 分钟。由于比赛场地小、路线简单，比赛所用时间短，因此，运动员要有较快的反应能力和一定的奔跑速度。在百米定向比赛中宜采用"全力奔跑，认真仔细，灵活转向"的战术。

（3）接力赛战术

接力赛的参赛人数由比赛的组织者设定，目前，我国开展的定向接力赛的参赛队员一般为 2～3 名。为了充分发挥队伍的特点，获取好成绩，教练要熟悉队员的技术水平和心理状态，合理安排接力棒次。以三名参赛队员为例，通常情况下，第一棒和第三棒的运动员压力大，第二棒的运动员压力较小，因而在战术安排上应遵循原则是：技术水平相对较高、体能相对较好、心理素质稳定的运动员安排在第一或第三棒，抗压能力弱的运动员安排在第二棒。

（4）团队赛战术

团队定向比赛是我国近几年新兴起的一个项目，是以团队为单位，借助地图和指北针，按要求完成到访若干必打点和自由点，在最短时间内完成全赛程的运动。

参赛团队一般由 3 人以上（包括 3 人）组成。在团队赛中，每个队的选手同时出发，出发时间的规定和个人赛相同，各队的选手间隔相同的时间出发。每队根据本队队员的情况选择最佳路线和自由点的分配方法。必打检查点必须按规定的顺序到访（和个人赛一样）。其他分散的自由点可以穿插在其中到访。这样做的目的是使全队在尽可能少的时间内完成比赛。通常情况下，团队赛战术的分图方法有以下几种。

一是按比赛区域划分，即根据本队的人数将全点地图分成若干区域，每位队员负责一块区域内的自由点及所有必到点。按比赛区域划分是最安全的划分方法，这种方法既适合实力较弱的团队，也适合实力较强的团队，其最大的优点在于能保证每个点划分的安全性，避免因漏点而造成整个队的成绩无效。狭长形地图较方块状地图更适合采用按比赛区域划分的办法。

二是按路线划分，即将全点地图按照团队的人数划分为若干条独立路线，每条路线须包含指定的必到点，所有自由点则分布在各条路线中，每位队员负责完成一条路线。按路线划分具有一定的风险，但如果分配得合理，效果又很显著。这种划分方法适用于方块状地图和检查点分布较均匀的地图。

三是按比赛区域与路线相结合划分，即保证所有队员到访必到点的前提下，将场地中某块区域的所有自由点交给一位队员负责完成，其余自由点则根据按路线划分的方法分配给其他队员。

团队赛战术的安排应遵循以下几个原则：

第一，赛前充分了解团队中每名成员的技术水平、体能状况、心理特征，充分发挥每个队员的特点和优势，并尽量保证每个队员完成路线的用时相近，以同时到达为最好；

第二，充分考虑地形因素，自由点、必打点分布情况以及本队队员的定向技能水平；

第三，应让技术水平高、思维敏捷、表达清晰、勇于担责、沉着仔细的队员担任队长，负责分图。如果分图时间记入比赛成绩，则分图时要快速、精确；如果分图时间不记入比赛成绩，则要尽量用足分图时间。

5. 体能与技能分配

根据比赛场地情况，路线设计情况，路线、路段的长短与难度，比赛开始、中间、结束不同阶段，合理分配体能和技能是在比赛中胜出的关键。

在定向比赛中，即使是在大路上，也很少需要以最快的速度奔跑，因为体能过度消耗往往会影响后续的比赛。而且，定向读图也会影响跑动的速度。在定向体能与技能的分配上通常用"红绿灯战术"来实现对速度的控制。"红绿灯"战术主要是利用概略定向和精确定向技术、平行读图与超前读图技术来影响体能和技能的合理分配。

在"红绿灯"战术中，运动员可以把比赛的一个路段分为三段，即绿灯段、黄灯段和红灯段。在绿灯段中，运动员应采用超前读图、概略定向技术，发挥体能优势，快速接近攻击点；在黄灯段中，运动员应减慢奔跑速度，增加寻找攻击点的注意力，以保证顺利找到攻击点；红灯段是运动员在检查点与检查点间速度最慢的阶段，从攻击点开始要特别集中注意力，仔细分辨检查点附近的地物地貌细节，保证顺利找到检查点。

三、定向运动个人赛战术

按比赛进程可以将比赛战术划分为赛前、赛中和赛后战术。赛前战术主要涉及训练计划，赛中战术主要涉及各种竞技因素的组合运用，赛后战术主要涉及赛后的分析。

（一）赛前战术

定向比赛的战术能够得到合理运用和发挥，离不开前期战术的准备，赛前战术主要包括赛前比赛信息分析、比赛目标设置及制订合理的训练计划。

1. 比赛信息分析

对于一支队伍来说．赛前应充分掌握比赛信息，主要包括：

第一，制图员的基本信息：每个制图员都有其相应的制图风格，同时了解制图员的相关信息可安排相关训练以适应其制图风格。

第二，路线设计员的信息：每个路线设计员也有其路线设计风格和设计习惯，了解其相关信息可使训练更具针对性。

第三，比赛地点的地形特点、气候特点：比赛地地形特征和气候特点是制订比赛训练计划应考虑的主要因素，也是设置比赛目标应考虑的主要因素。

第四，参赛对手情况：参赛对手的情况是影响比赛目标设置的关键因素。

第五，比赛项目设置、赛事规模和日程：这些因素也是影响比赛训练计划制订的重要因素。

2. 设定合理的比赛目标

合理的比赛目标是影响运动员训练动机的重要因素，如果目标设置过低，运动员将没有训练的动力。如果目标设定过高，运动员可能会感到不安和恐惧，特别是预感到失败的可能性，使运动员在训练中因承受过大的压力而处于过度焦虑状态。只有设置合理的比赛目标，才能使运动员在训练中承受适当的压力，保持适当的觉醒和焦虑状态，激发出运动员强烈的训练欲望和求胜欲望。

设定比赛目标必须从两个方面考虑：

第一，运动员的经历、优势和弱点及比赛的地形和气候对运动员竞技水平发挥可能带来的影响：运动员的优势和弱点必须从两个角度来考虑．一是从一般的角度去考虑其技术、战术、体能及心理上的优势和弱点；二是从地形和气候依赖性的角度考虑其在技战术心理及体能上的优势和弱点。不同的运动员由于训练环境和比赛经历不同，其竞技能力的发挥都有较强的地形和气候依赖性。

第二，比赛对手的情况。

3. 制订赛前训练计划

为实现制订的目标，在比赛中有效运用战术，运动员应根据赛前收集的比赛信息进行综合分析，结合自身实际情况，合理的、有针对性地制订详细的训练计划。制订赛前训练计划应考虑的主要问题包括：

（1）制图员的风格及能否找到相应的地图和训练场地

（2）路线设计员的风格和习惯，能否找到相应的路线和场地

（3）比赛地形和气候，能否找到相应的训练地点

（4）在相应地形和气候条件下，运动员可能存在的优势和弱点

（5）各运动员的主项和副项及主项和副项的比赛日期，两个项目间的时间间隔等

根据对以上问题的回答制订整体的赛前训练计划，包括准备期、比赛期和比赛周的训练计划。

（二）赛中战术

赛中战术主要包括开始赛段战术、中间赛段战术和结束赛段战术。

1. 开始赛段战术

开始赛段的战术主要指比赛路线由起点开始第1、2个路段所运用的战术。

（1）出发前的战术

第一，取得地图后，应快速阅读地图，准确了解比赛路线的情况，判断第一点出发方向。在目前国内的部分比赛中，出发的位置与起点的位置是一致的，因此在比赛出发前可以留意同组中出发靠前运动员的出发方向，如果前几位跑的方向相同，拿到图后可按相同的方向跑，边跑边读图，特别是前进方向的路面情况较好时。如果方向不同，说明找寻第一个检查点可能有多条路线选择，这时出发不应太快，应小心做出正确的选择。当出发点与图上起点不一致时，运动员出发后需根据引导带向前跑一段距离才能到达出发点，后面的运动员看不到前面运动员的出发路线。因此，在这类比赛时，要特别注意拿到地图出发后快速阅读地图。

第二，在世界锦标赛上，所有队伍可以在前一天的领队教练员会议结束后拿到所有路线的检查点说明表，因而可以根据检查点说明对地形及植被有一个大概的了解。目前在国内的比赛中，有时提前1天发放检查点说明表，有时在出发前1分钟到2分

钟发放，因此都有时间判断地形及场地的大概情况，并结合自己的体能特点制订体能分配计划。

第三，阅读检查点说明表：检查点说明表是检查点具体设置位置的说明，也就是对我们需要找的检查点所在的地物加以说明。检查点说明对运动员的路线选择有一定的影响。一般运动员在捕捉一个点标前，应该先查看检查点的代码和地物，在找到检查点后也要查看检查点说明，以确认所找到的点标是否正确。

比赛要求我们找的是特征而不是点标旗，当检查点设置在点状或面状地物旁时，一般只需读检查点代码和检查点地物，不需要读检查点说明表中的其他内容，当检查点设置在一个石头或房子旁时，其位置通常会放在运动员前往该地物方向的后面。当检查点设置在较长的不可翻越的地物时，如悬崖，则要看点标旗的位置是在顶部还是在脚下，因为我们可能需要根据位置的不同而选择完全不同的路线。还有在森林的比赛中，有时也需要全部理解检查点说明表的全部内容。

（2）起点到第 1、2 个检查点

①控制跑动速度，顺利找到 1 号点标，建立比赛信心

比赛中开始路段是一场比赛的重点路段，这个路段对于所有运动员完成比赛来说至关重要。开始路段的发挥直接影响到完成后面路线的信心，若在比赛的开始路段中出现错误，不利于运动员对比赛信心的建立，甚至导致运动员放弃比赛，因而在开始路段跑动不要太快，主要目的是保证顺利找到检查点。

②了解地图质量，若地图质量差，减少穿越，减少走小路的机会，多选择明显的路

熟悉制图员的风格与水平有两个途径，一个是在比赛开始路段中对制图员的风格和水平做出判断，一个是在比赛前组委会提供的训练地图中了解。另外，不同的制图员对植被覆盖情况的可跑性判断可能会有一些理解上的偏差，因此，运动员在比赛时通过这两种途径了解制图员的风格是非常必要的．

2. 中间赛段战术

中间赛段战术主要指从比赛路线上第二个路段后开始到最后 1、2 个路段前所应用的战术。

（1）捕捉检查点战术

在找点过程中应注意的几个问题：第一，检查点中心是什么，应找的是什么；第二，攻击点选择的安全性问题；第三，从攻击点到检查点的过程应非常小心，特别是由攻击点到检查点的距离较远时。

攻击点对选择路线的影响较大，因为好的攻击点能保证我们安全、快速地找到点标。即使是到达攻击点的路线比较复杂时，也不应该放弃找攻击点而直接寻找检查点，这有可能花费更多的时间。

对于从攻击点到检查点需穿越复杂地带的情况，可首先标定前进方向，判断距离，然后通过慢跑或者使用步测技术，小心地接近检查点。如果距离较远，这时使用步测技术的误差可能较大，可通过分段使用步测技术的方法向点标前进，根据整个路段中

的一些小的不明显的地物或特征进行分段，一段段地使用步测技术，找到每个小特征处，通过这些小特征校正或减小使用步测技术进行距离判断可能导致的误差。

（2）控制奔跑速度的战术

在中间赛段，控制好速度，合理平衡体能和智能的分配是比赛成败的关键。对于定向运动参与者来说，最容易犯的错误是跑得太快以至于失去自己在地图上的位置。与其他奔跑运动项目不同，定向运动对速度的控制是非常精确的，速度的提升与很多因素有关。速度控制由超前地图、地图记忆、读图速度、路线选择等分解技能构成，同时又与概略定向和精确定向有紧密的联系。另外体能、技能、天气、季节、地面状况、导航难度、疲劳、紧张焦虑和自信程度等都可能影响速度控制。

在中间赛段，即便好跑的路段，也不能全速奔跑，而是应该适当降低速度。一方面避免因体能消耗过多而影响后续的比赛过程；另一方面可花一些精力研究一下技术问题，如提前研究下一路段的路线选择策略。在中间赛段控制奔跑速度应用得最多的战术是"红绿灯"战术。

"红绿灯"战术主要利用概略定向和精确定向战术对比赛过程中的体能和智力进行合理的分配。在红绿灯战术中，我们可以把一个路段（点与点之间的距离）分为三段，就像我们在街口遇到的红绿灯一样。首先是绿灯赛段，在这个赛段中，主要使用概略定向技术发挥体能，尽量快地接近攻击点；其次是黄灯赛段，当我们快接近攻击点时，黄灯开始闪烁，这时应适当降低奔跑速度，增加找寻攻击点的注意力，以保证顺利找到攻击点；然后是红灯赛段，到达攻击点后红灯开始闪烁，这时应把主要的精力用于仔细分辨检查点附近的地形细节以保证顺利找到检查点，而速度也应是点与点之间最慢的。

（3）绿色地带的穿越战术

穿越浓密林地的目的是为了节省比赛时间，若穿越时出现错误，那么反而会浪费时间。因此，只能在有十分把握的情况下才能穿越。在做出穿越决策时，不但要仔细读图来分析实地的情况，而且也要考虑地图的质量。通常绿色区域是地图上准确性相对较低的区域，如果地图的整体质量不佳，那么借助地图穿越绿色区域可能会遇到一些意外的情况。遇这种情况，最好的策略是放弃穿越计划。此外，还要根据实地情况及时调整穿越计划。例如从地图上看所需穿越的绿色地带距离较短，但到达实地时却发现实地灌木丛浓密，在这种情况下贸然进入林中，很可能走到半路时就无法继续前进。这时要迅速做出决定，是改变路线选择还是继续前进。

穿越绿色地带时，还要注意观察等高线，原则上只有在坡度不大的下坡路段才可以应用穿越战术，上坡路段不能应用穿越战术。

3. 结束赛段战术

结束赛段战术主要指在完成比赛路线中最后 1～2 个路段所应用的战术。

顺利完成结束赛段的关键是集中被分散的注意力。在比赛接近尾声，当运动员到达最后 1～2 个点位时，往往能听到终点传来的声音，这些声音对于体力消耗极大的运动员来说，很容易导致注意力分散而出现重大失误。

四、接力赛战术

接力赛战术对于每个运动员个人来说，主要参考比赛的一般战术和中、短距离比赛战术。在这里，主要介绍作为一支接力队，如何根据队伍中运动员的构成，结合比赛情况有效地组合和安排参加比赛的运动员。目前在国内的定向运动比赛中，要求接力队的人数为 3 名的情况较多，也有的比赛要求超过 3 名或者 2 名运动员的，为了结合国际定联和我国正式比赛的要求，我们以 3 名运动员组成接力队的组合安排为例来介绍接力赛对于队员的安排战术。

作为一名教练员都希望自己能有尽可能多的技术水平高的运动员供选择，但毕竟不可能每一个运动队都能拥有 3 名以上的高水平运动员。为了取得更好的成绩，要求教练员能够熟悉队伍中队员的技战术水平和心理状态，以合理地组合和安排接力赛战术。好的运动员尽量追随第一集团，后面技能较好的运动员以保证顺利完成比赛

五、比赛战术要领

定向比赛是运动员体力、智力和运动技术的完美结合，要想在比赛中发挥出好的水平，必须保持一个平和的心态，有自信心，积极上进。在比赛中，运动员要思维活跃，思路清晰，技术动作到位并有极强的针对性和变通性。同时体能分配要得当，快慢节奏分明，冲刺有力。由此可见，定向运动员在比赛中还要这些方面的战术运用，归结起来主要应做好以下三点。

（一）稳

1. 心态要稳

在定向运动比赛中通常会存在许多不确定的因素，因此，在比赛前要有一个充分的认识，对比赛的期望值不要太高。低调出战是保持稳定心态、避免紧张的一个好方法。在比赛中可以按下面方法去做：从起点出发后寻找前三个检查点不求快，只求稳；在技术动作上严格依照程序进行，宁可慢些，也应避免出错；跑动上也不求快，而应在确保技术动作准确无误的前提下，以不超过自己的中等速度奔跑。这样不仅可以保持头脑清晰．防止读图错误，减少失误，也可以省省体力。

2. 要选择稳妥的路线

稳妥的路线是指有较明显的标志或参照物，比较容易确定站立点，易奔跑，不易出错并且相对安全的路线。但是这样的路线往往不是最近的路线。实践证明，成绩好的选手往往较少越野，多选择了比较稳妥的前行路线。只有这样，比赛过程中大脑才会思维清晰，充分发挥体能水平。而许多比赛失败者在赛后分析时，多有提到跑错路、丢失站立点、被复杂的地貌所困的情况。究其原因就是思路不清，没有选择稳妥的行进路线。

（二）准

"准"要求在稳的基础上，尽可能看准图，记准图例和检查点说明书，对所选择

的路线进行准确的记忆。减少失误，发挥最佳智力水平。因为运动员在跑的过程中是要对所跑路线上的地貌地物不断进行验证，以保证行进过程中不出错。打卡时，一定要核实点签特征，避免错打、误打。记得准，可以减少看图次数，从而节省时间。记得准，是动作简洁，提高效率的前提。所以优秀运动员都会采取一次性记忆，记得准，记得牢。这样才找得准，找得快。而且，随着比赛的深入，运动员体力在下降，容易精力不集中，这时最重要的就是准。宁可适当降低奔跑速度，也要将地图看准，记准图例，记准前进方向和明显的标志物，避免出错。

（三）快

1. 动作要迅速

定向运动技术比较多，在比赛中诸如标定地图、读图、确定站立点等技术动作一般要做很多次。如果运动员的动作不熟练，在这方面就会消耗许多时间。因此，运动员平时应加强基本技术的训练，比赛时就可以在每个技术环节上节省一些时间，一整场就会节省 2～5 分钟左右，这在分秒必争的现代定向比赛中，足以决定名次的先后。所以，在保证稳、准的基础上，应逐渐追求高效率。

2. 处事要果断

在定向比赛过程中，运动员常常会为出现的地貌特征与自己对图的理解不相符而犹豫，又常常会对路线选择的两难而犹豫，遇上其他运动员，为跟不跟跑而犹豫。处理这类事没有绝对的好坏之分，原则是：抓大放小，处事果断；以稳为主，以我为中心；相信自己，按自己的思路和节奏去比赛。若发现错了，立即返回上一个站立点，重新分析。

3. 跑动要快速

运动员在出发后采取"稳"的战术后，可与比赛开始时相比精神会放松许多，肢体渐渐活动开，在这种稳扎稳打的战术下，其体力基本没有太多的消耗，并且可能处于最佳状态。此时，在选择了稳妥的行进路线后，就可以放开手脚大步向前，充分发挥自己的奔跑速度，快速跑向目标。但需注意此时仍要保持清醒的头脑，避免大脑缺氧而产生思维混乱，发生错误。

在比赛中，稳、准、快这三个战术要领是相互联系，相互促进而又互相制约的。稳是前提，没有稳则没有准和快。准是保障，要想比赛取得成功，就不允许犯错误。快是在稳和准基础上的外在表现形式。稳和准的目的是为快创造条件。只有建立在准的基础上的快才是真正的快。

第二节　定向运动战术训练

战术训练就是为了在比赛中合理、有效地运用各项技术，减少出错而采取的策略和行动的训练。一般情况下，进行战术训练时，运动员已经具备了较高的技术水平。战术只有在经过长期的训练后，才能成为运动员在比赛中的自觉行动。定向运动战术训练可分为个人赛战术训练和团体赛战术训练。训练的方法主要有模拟比赛实践战术训练和表象战术训练，其表象战术训练又可分为运动中表象战术训练和静止中表象战术训练。

一、模拟比赛实践战术训练

模拟比赛训练即根据所掌握的比赛创建近似比赛技术参数，包括地形、路线长度、检查点数量、气候等条件让运动员进行模拟比赛的训练。

在模拟比赛战术训练中应贯彻以下原则：

（1）循序渐进原则

在一次训练中不要训练太多战术内容，而要有个渐进的过程，首先在前几次的训练中，少安排一些战术的内容，在运动员已经掌握一定战术的情况下，在后面的模拟训练中逐渐增加战术训练的次数。

（2）重复性原则

对于训练过的战术要适当地增加重复训练次数．直到运动员能够在不同情况下潜意识地使用各类战术。

（3）系统性原则

战术训练的内容应该与技术训练结合在一起。

（4）区别对待原则

了解每一个运动员的情况，在训练中给每个运动员适当安排训练内容。

（一）野外短距离个人赛

野外短距离模拟比赛战术训练，在总体的战术安排上也应遵循"合理分配体能，以稳为主，稳、快结合"的原则，路线选择应以地貌分析判断为主。具体来说，应注意以下几个方面：一是在开始路段了解地图质量，适应制图员的制图风格，控制跑动速度，在前1～2个点追求稳定、准确，根据赛况逐步建立比赛节奏；二是重点使用指北针技术和攻击点技术；三是在概略定向技术与精确定向技术、平行读图与超前读图技术交替使用时．侧重精确定向技术和平行读图技术，熟练应用拇指辅行技术。

（二）在模拟比赛训练中应注意的问题

要求教练员在训练前给运动员讲解训练的目的和内容，在每一个赛段中如何使用战术，以及训练中可能会遇到的问题及解决办法，使运动员有目的地参加训练。在训练后还要注意训练效果的评价和运动员对训练的回顾和总结。

二、表象战术训练

表象战术训练是指运用各种感官在大脑中对训练和比赛过程中的一系列战术行动形成一种视觉表象，围绕该表象进行一系列加工的心理训练方法。在进行表象战术训练时，运动员要手持地图，边读图边想象自己正在进行训练或比赛，想象在完成路线的过程中运用各种战术的细节，尽量做到不遗漏任何细节。如果表象战术训练是在实地训练和比赛前进行，则教练员可以把路线中所要使用的具体战术告知运动员，强化训练的目的性和针对性。若表象战术训练是在实地训练或比赛后进行，那么运动员主要是回忆训练或比赛的情景。

表象战术训练可以分为运动中表象战术训练和静止中表象战术训练两类。运动中表象战术训练，强调的是运动员在跑动中进行表象战术训练，训练时间的长度和运动强度与实际比赛相同。如一场比赛路线长度为4千米，大约需要25分钟，那么在进行表象战术训练时，运动员也应该在25分钟内跑完不少于4千米的距离以完成训练。静止中表象战术训练强调的是运动员在安静状态下进行表象战术训练，训练时间的长度和实际比赛相同。

第三节 定向运动赛后分析

一、赛后分析的原则

赛后分析应遵循的基本原则主要有客观性原则、及时性原则和全面性原则。

（一）客观性原则

在做分析时，应该持客观的态度，既肯定成绩，又看到不足，对比赛中表现好的方面，通过表象训练多次在脑海中重现回放，加以强化和巩固，形成习惯，在以后训练、比赛中发挥作用。对不足处要勇于面对，敢于承认。在比赛中哪些做得好．哪些可以做得更好，为什么好，通过什么途径，哪些做得不好．为什么不好，应该注意什么，怎样加以改进等这些问题，都应该实事求是，客观对待。

（二）及时性原则

赛后分析应注重时效性。当天的感受是最直接也是最准确的。随着时间的推移，记忆会逐渐消退。当天所跑路线应及时标绘于地图，最好是用两种不同颜色的笔标绘，一种颜色标绘自己实际所跑路线，另一种颜色标绘理想的路线。因定向地图有太多的细微地形，运动员又是在高速度、高压力下完成比赛，如果不在当天消化，会在很大程度上影响路线分析效果。所以，赛后分析技术最好是在对比赛的过程还能清晰详细地记忆时完成，这对第二天的比赛也是一个很好的帮助。

（三）全面性原则

赛后分析应注意全面，要从技术、战术、体能、心理等各个方面进行分析。第一，各路段的表现，包括路线选择、路线执行、心理状态、途中耽误时间、满意程度。第二，检查点表现，包括简化检查点、攻击点选择、在检查点上耽误时间、满意程度。第三，整体表现，包括整体满意程度、个人分段时间、最快的分段时间等。

二、赛后分析的方法

定向运动是一项竞技体育项目，运动员要通过训练和比赛，不断总结、分析，找出自己的优点和不足，在训练和比赛中强化和改善，从而提高定向运动水平。

（1）自我分析

自我分析的方法可按是否借助相关工具进行分析分为两类，如借助工具的赛后分析有比赛分析表分析和赛后软件分析，非借助工具赛后分析有表象分析、复跑分析、比赛训练日记分析等。

（2）小组讨论

小组讨论是指与其他选手、教练一起讨论交流。小组讨论的优势是可以听取不同的意见，获取更多的信息，得到更多的指导，使分析更准确、更切合实际。

讨论是最便捷、最有效的方法，随时随地可以进行。通过与其他选手的讨论，尤其是与比自己水平高的选手讨论，这样可以学习别人长处，发现自己的差距。高水平的选手都有自己宝贵的经验，这些经验是他们多次成功与失败后总结的精髓。通过他们的指导可以避免重蹈覆辙。

运动员与教练员的有效交流和沟通依旧尤为重要，在比赛之后的情况分析时，运动员要充分意识到自身存在的不足之处，并愿意在与教练员的主动配合当中去克服困难，以此来保证运动能力与运动水平的全面强化与效果的提升。

从教练员的角度出发，教练员作为引导者也需要充分意识到运动员的心理调节的重要作用，并可以根据运动员的自身特征来完成个性分析，制定个性化的策略。对于高水平的运动员而言，因这一群体并不愿意成人自身的失误与不足，则需要了解背后的真正原因，从而提供可行方案，将失误的原因进行归纳。教练员要关注运动员的成长，做好错误的纠正与正确引导。

（3）比赛成绩数据分析

比赛成绩数据分析法是目前国内外运动员比较常用的方法。比赛结束后，利用从赛事组织方获得的比赛成绩数据进行统计处理和分析对比，分析运动员的优点和弱点。

比赛成绩数据分析经常采用的是分段成绩分析：将整个比赛路线的各个路段分为七种技术类型来进行分析，包括起点路段、开始路段、短路段、长路段、观赏路段、终点路段，通过成绩统计分析来了解运动员的表现，了解其各个路段的体能情况、注意力集中情况和技术运用情况，找出与优秀运动员之间的差距。

三、赛后分析的意义

赛后分析是定向运动员在完成定向赛事后，对自己完成的路线进行技战术发挥情况的综合评估与分析。

在定向运动比赛中，运动员很难有机会了解其他运动员的技战术情况，教练员也无法为比赛中的运动员提供现场指导。因此，与教练员、队友及其他参赛者一起进行赛后的分析同等重要，赛后分析作为竞赛后不可或缺的内容，也是赛后战术制定与安排需要第一时间去考虑到的问题。

赛后分析不仅指比赛之后，还包括训练后的分析，通过赛后分析的方式运动员对于自身的综合情况有一个相对充分的认知与了解，使得运动员可以全面的掌握技术及战术，对定向运动的认知更充分，不断地强化自身运动能力与运动水平。

赛后分析还是读图记图和实地记忆及图地关联训练的有效练习方法；也是学习改进实战技巧的方法。教练员通过赛后分析可以发现队员存在的是体能问题、定向技能问题、心理问题，还是战术问题。因赛后分析是发现运动员存在问题的一个重要手段，因此无论是运动员自己还是教练员都应该重视这个环节。

四、定向运动赛后分析的内容

从定向运动的赛后分析的基本情况进行分析，可以发现其主要分为四个方面的内容，表现为身体、心理、战术以及技术等四个层面。这四个方面的内容是赛后分析的主要内容，直接影响运动员的综合表现和整体情况。在开展赛后分析的过程中，要对运动员的路线选择、路线执行、心理状态以及满意程度等等作为考核的要点，并对各个检查点的情况进行深层次的分析。

第四节　运动中的常见损伤与疾病

一、踝关节扭伤

动向运动的常见损伤当中，踝关节的损伤是最常见的损伤之一，主要是踝关节属于最先与地面接触的负重关节，所以运动损伤问题极容易发生。踝关节之所以能够始终保持稳定性，其中内侧韧带、外侧韧带以及下胫腓韧带都发挥重要作用，这也是要重点保护踝关节的主要原因。从一项调查数据显示，运动员的所有运动损伤当中，踝关节的损伤占比达到40%，在急诊科的就诊率达到了10%。从这一项数据就可以看到，踝关节是运动员最为常见的损伤。

（一）病因

踝关节的外侧韧带相对薄弱，且外踝比内踝长，距骨前宽后窄，最窄的部位位于踝穴内，导致骨性的稳定性降低，且踝关节内翻的肌肉力量大于外翻肌肉力量，上述的解剖和生理因素都直接影响扭伤问题的发生，外侧韧带在运动中受损最为常见。对于踝关节的损伤程度进行调查，大致可以分为三个程度：Ⅰ度，运动员轻度的韧带拉伤，会出现轻微的疼痛与肿胀感，扭伤较轻，通常运动员不会受到影响；Ⅱ度，指的是韧带在运动中出现部分撕裂的情况，肿胀感和压痛的问题较为明显，表现为稳定度不足；Ⅲ度，韧带处于完全的断裂状态，运动的基本功能丧失。对并引导额分析，方面我们进一步了解扭伤的发生，从而制定规避方案。

（二）症状

定向运动实践过程中，在出现扭伤之后会出现扭伤部位的疼痛，并且很快会伴有肿胀和皮肤瘀斑的情况。严重者的患足会因为疼痛肿胀而无法活动。在外踝扭伤时，患者子啊尝试行走和脚步内翻时会出现疼痛症状加剧的情况。在诊断的过程中，会出现明确的压痛点。上述试验评价时均需与对侧未受累踝关节进行对比，且在扭伤急性期尤其是踝关节肿痛明显时，这些查体往往难以完成。行踝关节正位、侧位、踝穴位X光片可有助于排除骨折。应力位 X 光片可有助于间接判断踝关节韧带损伤，但往往因加剧患者症状或加重损伤而在急性期难以实现。当扭伤严重怀疑有关节软骨损伤时可进行 CT 或 MRI 检查，以除外骨软骨损伤。

（三）治疗

急性踝关节扭伤通常采用保守治疗，原则为 RICE（Rest，休息；Ice，冰敷Compression，加压包扎；Elevation，抬高患肢）。于损伤初期严格遵守这一原则，并辅以理疗以促进消肿。3 周内采用支具或护具进行相对制动和保护，尽量避免负重，可在非负重情况下积极活动足趾及行小腿肌肉的等长收缩，以促进消肿。急性期过去后，可逐步开始主动全范围活动度锻炼、负重，在斜行板上锻炼本体感觉，加强腓骨肌力量，以增强踝关节的稳定性，避免今后再次发生扭伤。关于 m 度损伤的治疗存在一些争议，目前仍推荐采用保持治疗。虽然一些专家强调一期修复撕裂的韧带可以获得更好的效果，但针对手术和保守治疗效果的大量比较研究表明，手术治疗效果并不比保守治疗更好。

（四）预防

预防措施包括下肢柔韧性、平衡能力、本体感觉和肌肉力量的练习，以增强稳定性和灵敏度。同时运动前要做好充分的热身准备活动，运动时可佩戴护具限制关节的过度活动。踝关节不稳者平日行走于不平路面或参加运动时可穿高帮鞋，以提供对踝关节的保护。

二、急性腰扭伤

急性腰扭伤是腰部肌肉、筋膜、韧带等软组织因外力作用突然受到过度牵拉而引起的急性撕裂伤，常发生于搬抬重物、腰部肌肉强力收缩时。

（一）病因

本病主要有以下两种原因引起腰部软组织损伤。

1. 腰扭伤

腰扭伤多因行走滑倒、跳跃、闪扭身躯、跑步而引起，多为肌肉、韧带遭受牵制所致，故损伤较轻。

2. 腰挫裂伤

腰挫裂伤是较为严重的损伤，如攀高，提拉、扛抬重物的过程中用力过猛或姿势不正、配合不当，造成腰部的肌肉筋膜、韧带、椎间小关节与关节囊的损伤和撕裂。

（二）症状

患者伤后立即出现腰部疼痛，呈持续性剧痛，次日因局部出血、肿胀、腰痛更为严重；也有的只是轻微扭转一下腰部，当时并无明显痛感，但休息后次日感到腰部疼痛。腰部活动受限，不能挺直，俯、仰、扭转感困难，咳嗽、喷嚏、大小便时可使疼痛加剧。腰肌扭伤后一侧或两侧当即发生疼痛；有时可以受伤后半天或隔夜才出现疼痛、腰部活动受阻，静止时疼痛稍轻、活动或咳嗽时疼痛较甚。检查时局部肌肉紧张、压痛及牵引痛明显，但无明显淤血现象。

（三）治疗

急性期应卧床休息。压痛点明显者可用 1% 普鲁卡因（或加入醋酸氢化可的松 1 毫升）做痛点封闭，并辅以物理治疗；也可局部敷贴活血、散瘀、止痛膏药。症状减轻后，逐渐开始腰背肌锻炼。

（四）预防

预防急性腰扭伤主要有以下几点种方法。

（1）掌握正确的体育运动姿势，如背杠铃时要尽量挺胸、腰部挺直，起身应以下肢用力为主，站稳后再迈步。搬、提重物时应采取半蹲位，使物体尽量贴近身体。

（2）若在寒冷潮湿环境中工作后，应洗热水澡以祛除寒湿，消除疲劳。尽量避免弯腰性强迫姿势工作时间过长。

三、肌肉痉挛

肌肉痉挛是指肌肉突然、不自主的强直收缩的现象，会造成肌肉僵硬、难忍。肌肉痉挛的真正原因目前尚未被确知，大多数的研究结果认为，肌肉抽筋起因于神经或神经肌应激阈值的降低，使得肌肉的神经行动频率突然增加，造成肌肉强直收缩。

（一）病因

痉挛即肌肉抽筋。腿常抽筋大多是缺钙、受凉、局部神经血管受压引起的。平时可适量补钙，多晒太阳，注意局部保暖，也要注意体位的变化，如坐姿睡姿，避免神经血管受压，也可做局部肌肉的热敷、按摩，加强局部的血液循环，如果仍无改善，就应到医院检查治疗。

（二）分类

第一，夜间肌肉痉挛（Night Cramp），包括在任何静态的情况下所发生的抽筋，如睡觉时或静坐时。

第二，不动时发生的抽筋。此种抽筋常发生的部位为腓肠肌和足部的一些小肌肉。此种抽筋有些是因为神经肌的自主性活动使患者的脚产生活动。

第三，中暑性肌肉痉挛（Heat Cramp），此种类型的抽筋与脱水和体内电解质的平衡失调有关。此种抽筋最常发生在运动员的身上，尤其在炎热的天气下运动最易发生。典型的中暑性痉挛是于炎热的环境下工作一或两小时后发生；中暑性痉挛甚至在活动结束后的 18 小时之内皆可能发生，且可能在持续几天内肌肉皆有不正常的现象。中暑性痉挛多发生在手掌、手臂及腿部的大肌肉上，一些女性短跑选手也会在腹壁发生中暑性痉挛。

（三）症状

第一，全身强直性抽筋：全身肌肉强直，一阵阵抽动，呈角弓反张（头后仰，全身向后弯呈弓形），双眼上翻或凝视，神志不清。

第二，局限性抽筋：仅局部肌肉抽动，如仅一侧肢体抽动，或面肌抽动，或手指、脚趾抽动，或眼球转动，眼球震颤、眨眼动作、凝视等。大多神志不清。以上抽风的时间可为几秒钟或数分钟，严重者达数分钟或反复发作，抽风发作持续 30 分钟以上者称惊厥的持续状态。

（四）应急办法

1. 防止患者在剧烈抽搐时与周围硬物碰撞致伤，但绝不可用强力把抽搐的肢体压住，以免引起骨折。

2. 腓肠肌抽筋的处理有以下几种方法。

（1）急剧运动时腓肠肌突然觉得疼痛、抽筋时，要马上抓紧拇趾，慢慢地伸直腿部，待疼痛消失时进行按摩

（2）游泳时抽筋的处理方法有以下几种。

第一，手指、手掌抽筋：将手握成拳头，之后用力张开，又迅速握拳，如此反复进行，并用力向手背侧摆动手掌。

第二，上臂抽筋：将手握成拳头并尽量屈肘，然后再用力伸开，如此反复进行。

第三，小腿或脚趾抽筋：用抽筋小腿对侧的手．握住抽筋腿的脚趾，用力向上拉，同时用同侧的手掌压在抽筋小腿的膝盖上，帮助小腿伸直。

第四，大腿抽筋：弯曲抽筋的大腿，与身体成直角，弯曲膝关节，之后用两手抱着小腿，用力使它贴在大腿上，并做震荡动作，随即向前伸直，如此反复进行。

（3）如果半夜出现腓肠肌抽筋时，可以利用墙壁压挡脚趾，将腿部用力伸直，直到疼痛、抽筋缓解，然后进行按摩。

四、延迟性肌肉酸痛

一般在锻炼后 24 小时后出现的肌肉酸痛在运动医学上称为"延迟性肌肉酸痛症"。

（一）原因

多数人认为，肌肉的过度使用可造成肌肉酸痛症，其原因有以下几点。

（1）肌肉的张力和弹性的急剧增加，可引起肌肉结构成分的物理性损伤

（2）新陈代谢的增加，代谢废物对组织的毒性增加

（3）肌肉的神经调节发生改变，导致肌肉发生痉挛而致疼

（二）症状

锻炼后 24～72 小时酸痛达到顶点，5～7 天后的疼痛基本消失。除酸痛外，还有肌肉僵硬，轻者仅有压疼，重者肌肉肿胀，妨碍活动。任何骨骼肌在激烈运动后均可发生延迟性肌肉酸痛，尤其长距离跑后更易出现。长跑者可出现髋部、大腿部和小腿部前侧伸肌和后侧屈肌的疼痛，在肌肉远端和肌腱连接处症状更显。在炎热夏天进行极量运动后，除肌肉疼痛外，还可出现脱水、低钙、低蛋白等症状。

（三）处理方法

营养疗法，因为此病伴有糖原的消耗及磷酸肌酸无机磷酸值的减少，维生素 C 能改善此病的症状，另外，超声波处理有一定的效果。

（四）预防

第一，锻炼安排要合理。经过一段时间锻炼后，原先出现的肌肉酸痛症的运动量，就较少出现症状，并且表现有特异性。如下坡运动锻炼一段时间后能减轻下坡锻炼带来的肌肉酸痛症。

第二，局部温热和涂搽药物。锻炼后用温热水泡洗可减轻肌肉酸痛。局部涂搽油剂、糊剂或按摩擦剂也可减轻疼痛。

第三，牵伸肌肉的运动可减轻酸疼。牵伸肌肉可以加速肌肉的放松和拮抗肌的缓解，有助于紧张肌肉的恢复。这种肌肉牵伸练习也为预防锻炼时的拉伤打下基础。

（4）做好准备活动和整理活动。准备活动做得充分和整理运动做得合理有助于防止或减轻肌肉酸痛。

五、肌肉拉伤

肌肉拉伤，是肌肉在运动中急剧收缩或过度牵拉引起的损伤。这在引体向上和仰卧起坐练习时容易发生。

（一）原因

在体育运动中，由于准备活动不当，某部肌肉的生理机能尚未达到适应运动所需的状态；训练水平不够，肌肉的弹性和力量较差；疲劳或超负荷运动，使肌肉的机能下降，力量减弱，协调性降低；错误的技术动作或运动时注意力不集中，动作过猛或

粗暴；气温过低，湿度太大，场地或器械的质量不良等都可以引起肌肉拉伤。

在完成各种动作时，肌肉主动猛烈地收缩超过了肌肉本身的负担能力，或突然被动地过度拉长，超过了它的伸展性，都可发生拉伤。如举重运动弯腰抓提杠铃时，竖脊肌由于强烈收缩而拉伤。在做前压腿、纵劈叉等练习时，突然用力过猛，可使大腿后群肌肉过度被动拉长而发生损伤；横劈叉练习可使大腿内侧群肉过度被动拉长而发生拉伤。在体育运动中，大腿后群肌肉的拉伤最为常见，大腿内收肌、腰背肌、腹直肌、小腿三头肌、上臂肌等都是肌肉拉伤的易发部位。

（二）症状

局部疼痛、压痛；肿胀、肌肉紧张、发硬、痉挛；功能障碍。在受伤肌肉主动收缩或被动拉长时疼痛加重，肌肉收缩抗阻力试验阳性，即疼痛加剧或有断裂的凹陷出现。有些伤员伤时有撕裂样感，肿胀明显及皮下淤血严重，触摸局部有凹陷或见一端异常隆起者，可能为肌肉断裂。

（三）处理

用一块布包着冰块或是用一个冰袋对伤处冰敷，以防进一步肿胀，并减少疼痛。设法在几天内不要使用受伤的肌肉，或是在疼痛消失之前，不要使用受伤的肌肉，用绷带或布条将受伤区包扎起来，给它支撑力量，但是要注意的是不要扎得太紧。如果扎得太紧，肌肉会进一步肿胀，妨碍血液循环。治疗的方式要视损伤严重程度而定，医生可能会给你服用止痛剂或肌肉松弛药物，或是两者一起使用。当然也可以外敷膏药，膏药功效全面，适用范围广，既可用于肢体外伤及伤筋的后期，也可用于肢体明显肿胀或新伤初期，对受损皮下组织可起到消肿止痛、祛腐生肌的作用。如果是腿肌受伤，医生可能会建议你使用拐杖，如果是手臂受伤，他会叫你使用吊带，他甚至会叫你卧床静养三四天。医生还会建议做理疗，在急性疼痛及肿胀消退时，医生会给你拟订一个循序渐进的运动计划让你开始实施，以便恢复活动及力量。

体育课有时会出现肌肉拉伤的情况，但同学们对于肌肉拉伤时的最佳处理方法却不一定十分清楚。下面就慢性肌腱炎和滑囊炎（两种影响肌肉的疼痛状态）的区分以及处理技巧做一简单的介绍。慢性肌腱炎和滑囊炎是两种常见的发生在肌肉和骨骼之间的疾病。慢性肌腱炎是一种肌腱的炎症，肌腱位于肌肉的末端，连接着骨骼。如果肌腱发炎了，随着肌肉或关节的运动就会伴有急性或慢性的疼痛。滑囊炎是黏液囊的炎症，滑囊中充满了液体，其环绕着关节或肌腱，引导和润滑着肌肉和关节。滑囊炎症的特征为剧烈的疼痛，运动时更为突出，关节活动受限，如果慢性肌腱炎或滑囊炎不很严重，痊愈后不会有后遗症。根据受伤的严重程度，痊愈的时间为 2～6 周，休息或正确的关节运动，恢复性的伸展运动和关节康复锻炼以及物理治疗都是非常有效的。这些治疗方法可减轻疼痛，避免组织结疤，并尽可能地使受伤处恢复原来的功能。

肌肉拉伤分主动拉伤和被动拉伤两种。主动拉伤是肌肉做主动的猛烈收缩时，其力量超过了肌肉本身所能承担的能力而引发的；被动拉伤主要是肌肉用力牵伸时超过了肌肉本身特有的伸展程度，从而引起拉伤。

（四）预防

肌肉拉伤预防，主要是针对发生原因进行预防。如剧烈运动前做好准备活动，尤其是易拉伤部位的准备活动；体质较弱、训练水平不高的，运动时要量力而行，防止过度疲劳和负荷太重；要提高运动技术及动作的协调性，不要用力过猛，改善训练条件，注意运动场所的温度。冬季在野外运动时要注意保暖，不可穿得太薄，要注意观察肌肉的反应，如肌肉的硬度、韧性、弹力、疲劳程度。肌肉拉伤后重新参加训练时要循序渐进，勿操之过急，并要加强局部保护，防止再度拉伤。

六、运动性猝死

对运动性猝死（SCD）的定义是在运动中或运动后即刻出现症状，6 小时内发生的非创伤性死亡。

（一）案例

人类历史上第一例有据可查的运动性猝死可追溯到公元前 490 年。那一年，希腊军队在雅典附近的军事重镇——马拉松与入侵的波斯军队展开了一场决定希腊命运的激战。希腊军队大获全胜后，青年士兵菲迪皮德斯奉命跑回雅典报告胜利的喜讯。但是，当他跑到雅典时，他只喊了一声"我们胜利了"，便倒地死去。为纪念菲迪皮德斯，"马拉松"运动诞生。

历史上在运动中猝死的运动员屡见不鲜，近年来有一些曾在运动场上创造过辉煌的运动员的运动性猝死引起过轰动。

（二）病理

1. 总述

对于年轻运动员来说，其潜在的心脏病多为与动脉粥样硬化无关的结构性心脏病：最常见的为肥厚型心肌病，占所有 SCD 的 36%；其次为先天性冠状动脉畸形，占 17%～19%；再次为特发性左心室肥厚，占 9%～10%；其他比较少见的病因包括主动脉破裂、致心律失常性右室心肌病、主动脉瓣狭窄、长 QT 综合征、二尖瓣脱垂、心脏震荡、预激综征和冠心病等。而在年龄大于 35 岁的较年长运动员中，冠心病是 SCD 的最常见原因，所占比例高达 73%～95%。

2. 分述

（1）肥厚型心肌病

如前所述，肥厚型心肌病（HCM）是年轻运动员 SCD 的主要原因，占 1/3 以上。据估计，一般人群的 HCM 患病率为 1/500，但许多 HCM 患者终身都没有被诊断。

第一，HCM 的主要诊断依据为：无其他引起左心室肥大的心脏病或全身性疾病的左心室肥厚且无扩张。这种病理性肥厚可导致心室顺应性减低和舒张充盈功能受损。左室流出道梗阻和可能存在的心肌壁内小血管可导致心肌缺血。心肌细胞的破坏、替代性纤维变性或心肌缺血可造成心肌电节律的不稳定，从而引发心律失常。

第二，HCM病因未明。目前认为遗传因素是其主要病因。家族性病例以常染色体显性遗传方式传递，表现形式多样，很多病例到青春期或成人早期才发病。如果已经证实有HCM家族史的存在，则所有一级亲属皆应接受超声心动图检查。但是，要非常明确地对轻症HCM和受过高强度训练的运动员的正常心脏肥厚相区分，也并非易事。

第三，HCM经常以猝死为首发症状。这对该病的预防和治疗都非常不利。

第四，对于任何在心脏听诊时可闻及粗糙的收缩期杂音的患者，都应考虑到HCMO该特征性杂音在做某些减少静脉回流的动作（如Valsalva动作）时可增强。如果临床上怀疑患者患上HCM，则应进行超声心动图检查以确诊之。如果是在急诊室怀疑患者患上HCM，则患者在接受超声心动图查和接受心脏科会诊前均应避免劳累或运动。

（1）动脉畸形

①先天性冠状动脉畸形

先天性冠状动脉畸形是年轻运动员SCD的第二位原因。与HCM一样，这类先天性畸形的漏诊率也很高。在运动员中，与SCD相关的最常见冠状动脉畸形是左主干起源于右Valsalva窦。从理论上来说，在运动时，冠状动脉畸形可导致心肌灌注不足，但其确切机制却不甚清楚，可能原因包括因运动时主动脉扩张而造成左主干狭窄，左主干起始部位为锐角，主动脉和肺动脉干对运行于两者之间的左主干造成压迫等。其他冠状动脉畸形还包括右冠状动脉起源于左Valsalva窦或肺动脉、单支冠状动脉和冠状动脉瘤。

一些冠状动脉畸形患者在发生猝死之前可表现出晕厥或心绞痛等症状。Maron等报告，在死于该原因的运动员中，31%死前曾表现出相关症状。由于大多数冠状动脉畸形可以借手术来矫正，因此在患者出现临床可疑症状时，应尽早进行超声心动图检查和血管造影检查以确诊，这将非常有益于患者的预后。近来的研究还显示，影像学（MRI和CT）冠状动脉血管造影也被证实可以有效检出冠状动脉畸形。

②特发性左心室肥厚

特发性左心室肥厚（ILVH）约占年轻运动员SCD的10%。ILVH是一种匀称的向心型肥厚。与HCM不同的是，ILVH与遗传无关，并无细胞排列紊乱的病理学表现。但是，现在还不确定，是否有些ILVH病例实际上就是下列几种疾病：

①形态学表现较轻微的HCM

②罕见的转归较差的运动诱导的心脏肥厚（即所谓"运动员心脏综合征"）

③伴左心室肥厚的右室心肌病。至于ILVH致死的确切机制，目前还所知甚少，估计与HCM相似。

（3）其他少见病因

①心肌炎

在心肌炎的急性期和康复期皆可发生SCD，因此罹患心肌炎的运动员需至少康复6个月以上方能重新返回运动场。

②二尖瓣脱垂

特发性二尖瓣脱垂（MVP）在普通人群中的发病率高达5%左右。虽然已有MVP导致猝死的报告，但这非常少见，大多数存在 MVP 的运动员可以完全没有症状。MVP 患者心脏听诊时可有收缩中期喀喇音和收缩晚期杂音。已知罹患 MVP 的运动员如果出现晕厥、劳力性胸痛或中重度二尖瓣返流，应限制其运动。

③主动脉破裂

主动脉破裂占年轻运动员 SCD 的 5%～7%，其中一半发生在马方综合征运动员中。马方综合征是一种常染色体显性单基因遗传性结缔组织病，其诊断依赖于临床表现（骨、眼及心血管系统）和家族史。

④致心律失常性右室心肌病

致心律失常性右室心肌病是意大利北部威内托大区年轻运动员的最常见猝死原因。但其在美国的发病率要低得多，约占年轻运动员 SCD 的 3%。右室心肌病是一种常染色体显性遗传病，以右心室的纤维化和脂肪浸润为特征，可导致右心室壁的变薄和扩张，从而引发复发性和难治性室性快速型心律失常。该病的诊断比较困难，若超声心动图检查未能证实右心室扩张和功能障碍，磁共振成像所示心肌层脂肪浸润具有诊断价值。

⑤预激综合征

预激综合征（WPW 综合征）在普通人群中的发病率仅为 0.15%～0.2%，其导致猝死的危险也很小（＜0.1%）。WPW 综合征患者可出现包括心悸、晕厥和头晕在内的各种症状。其引发 SCD 的机制为，旁路途径所介导的快速房室传导引起房颤，再引起快速心室应答，最终引起室颤。

⑥长 QT 综合征

长 QT 综合征以心室复极延长为特征，因此有导致 SCD 的危险。长 QT 综合征可为先天性、药物性或代谢性。其引起 SCD 的机制为发生尖端扭转型室性心动过速。尖端扭转型室性心动过速可以由运动相关性心动过速所诱发，由此长 QT 综合征患者应被限制进行竞技性体育运动。

⑦心脏震荡

心脏震荡是指无结构性心脏病的个体因心前区受到撞击而引起的电生理事件。其引起 SCD 的机制为心前区撞击落在心动周期的"易损期"而产生室颤。若心肺复苏和除颤及时，这类患者有生还的可能。美国心脏震荡登记处的一项研究显示，这类患者的生存率和完全康复率分别为 10% 和 2.8%。

⑧Brugada 综合征

Brugada 综合征发生在结构正常且无冠心病的个体，可反复发作不可预测的室性心动过速或猝死，其心电图表现为完全或不完全性右束支传导阻滞伴 V1～V3 导联的 ST 段抬高。目前抗心律失常药物尚未获得可靠证据，置入式心脏复律除颤器（ICD）是治疗该综合征的最佳选择。冠心病仅占年轻运动员 SCD 的 2%，但却是绝大多数 35 岁以上运动员 SCD 的绝对主要原因。

总之，SCD 很少发生在心脏结构正常的运动员身上，由此可见，在对出现心脏症状或体征的运动员进行评估时，判断结构性心脏病的有无具有非常重要的意义。由于某些 SCD 患者死前可以不表现出任何心脏症状，体检时也可以没有任何异常体征，因此要想检出所有具有潜在 SCD 危险的患者是不可能的。但是，通过对上述 SCD 病因的了解，学会如何去询问病史和进行体检，则可借助潜在性的诊断线索来检出大多数 SCD 高危患者。

第十一章　定向运动安全防范与遇险处理

第一节　定向运动中常见损伤的预防

一、擦伤、刺伤、划伤

1. 受伤原因

在运动中摔倒，身体皮肤与地面摩擦，或身体在攀爬、穿越中与地物摩擦，或被带刺的植物刺伤、划伤等。

2. 处理方法

对于面积不大、较干净的伤口，只需用红药水或紫药水涂擦，不包扎，让伤口暴露在空气中，这样可以减少渗出液，加速伤口的愈合；伤口面积较大、创面有异物污染时，则要用生理盐水或凉开水冲洗伤口，必要时可使用医用消毒的小刷子或镊子把异物刷掉或取出，用消毒棉擦干，以75%的酒精棉沿伤口周围从内到外进行消毒，然后用凡士林纱布块覆盖，或涂上消炎软膏后再用无菌敷料覆盖，并包扎；关节及面部擦伤不宜用紫药水，关节擦伤最好涂上软膏后再加以包扎，这样既能预防伤口发生感染而波及关节，又不会妨碍关节的活动。

3. 预防

根据定向运动场地的地形地貌和植被情况穿戴运动装备，提高自我保护的意识和能力。

二、挫伤

挫伤是指由钝力直接作用于身体的某部位而引起的闭合性损伤。

1. 受伤原因

定向运动中身体撞在地物上容易发生挫伤，多发生在股头肌和小腿前面。

2. 症状与体征

单纯性挫伤仅在受伤部位出现疼痛、肿胀、局部皮肤青紫、压痛和功能障碍，但当头、胸、腹严重挫伤时，除上述症状加重外，还可能出现脑震荡．肋骨骨折，肝、脾破裂和休克等合并症。

此外，股四头肌严重挫伤时，可在局部形成大血肿，由于血肿的压迫，可使疼痛加剧、膝关节活动受阻，如处理不当，常会继发骨化性肌炎（发生肌肉纤维化或骨化），并影响局部的功能。

3. 处理方法

单纯性挫伤的处理一般可分为早期、中期、后期三个时期进行。（1）早期

早期是指伤后 24～48 小时内。此时的处理原则是止血、防肿、制动和止痛，可采取冷敷、敷新伤药的方法。

（2）中期

中期是指受伤 48 小时后。此时的处理原则是改善伤部的血液和淋巴液循环，促进淤血及渗出血液的吸收和坏死组织的清除，加速组织修复，防止粘连的形成，可采取理疗、按摩、热疗等方法。

（3）后期

后期是指损伤组织基本修复，炎症基本消除后。此时的处理原则是加强功能锻炼，以恢复和增强损伤部位的活动功能。如果挫伤较轻，可将中后期合并处理。如果重要部位受到严重挫伤或怀疑有合并症及休克者，应首先进行抗休克处理，并速送往医院进行救治。

4. 预防

在进行定向运动训练和比赛时，应穿戴好保护装置，如定向帽、护腿等，同时要提高自我保护的意识和能力。

三、痤疮

痤疮常见于自行车定向中。痤疮是一种脓疮，很痛，多发生在双腿之间，是由皮肤和自行车鞍座之间相互摩擦、相互挤压造成的皮肤表皮破损发展而来的，有时是由内生的毛发引起的。这些痤疮被汗水浸泡后，很容易感染化脓。

处理：

（1）运动出汗后，脱掉被汗水浸湿的短裤，淋浴后立即换上洁净、干爽的衣服

（2）等痤疮成熟之后，将它切开，挤出脓水，然后消毒。同时，用热蜡把感染

部位的汗毛除掉，以免痤疮恶化

四、肌肉痉挛

在复杂的场地和路线上快速跑动，体能消耗比较大，尤其是小腿部位一直处于运动状态。因此，在定向运动中最容易出现小腿肌肉痉挛，俗称抽筋。

1. 受伤原因

引起肌肉痉挛的原因很多，常起因于肌肉运动时间过长，长时间重复一个动作，引起肌肉过度疲劳，或是肌肉受到冷刺激，或是在运动前没有足够热身动作而突然剧烈运动。暑天因气温高引起大量出汗导致体内丢失钠盐过多，也常引起小腿肌肉痉挛。

2. 症状与体征

一块肌肉特别是腿部的肌肉剧烈而突然发生的痉挛性或紧张性疼痛。受累肌肉触硬。有些病例中，可以见到肌肉于皮下变形或抽动。另外一些上臂和大腿的极其严重的痉挛，开始前无预兆，有时同样可影响到腹肌。这些是典型的剧烈痉挛症状。在背部疾病期、月经期可伴发持续的下腹部肌肉痉挛性疼痛。

3. 处理方法

对身体各部位肌肉痉挛的处理原则有共同之处，其中之一便为主动伸展或被动拉直痉挛的肌肉，并可作按摩松懈痉挛或作热敷松懈肌肉紧张。对小腿肌肉痉挛，自己可努力伸直腿站起来，身体可稍向前倾，使小腿肌肉伸展；也可以坐在地上，伸直膝关节，使小腿肌肉努力伸展，并按压足趾使其背屈，同时按摩小腿肌肉。如因大量出汗引起小腿痉挛，及时喝下大量淡盐水。

五、踝关节外侧韧带的损伤

踝关节韧带的损伤，在关节韧带损伤中占首位，在定向运动中，踝关节韧带的损伤是发生率最高的运动损伤，可称为"定向踝"，尤以距腓前韧带的损伤最为常见。踝关节外侧韧带主要有三条，即：跟腓韧带、距腓前韧带和距腓后韧带。

1. 受伤原因

在定向运动中，由于训练和比赛场地处于野外，地形地貌复杂、地物众多、地面不平，运动中跑、跳、攀、爬综合运用，都会使踝关节发生过度内翻，引起外侧韧带损伤。踝关节损伤以距屈位内翻最为常见。踝关节多次反复受伤，或长期过度屈、伸都可导致创伤性骨关节病（出现关节软骨磨损、骨质增生，形成骨唇及骨刺，引起滑膜、腱鞘的慢性炎症等病理改变）。

2. 症状与体征

受伤后踝关节外侧疼痛并迅速肿胀，逐渐延至足背，压痛点明显。若距腓前韧带撕裂，则关节肿胀和皮下撤血较明显。由于踝关节外侧有丰富的血管网，且距腓前韧带的部分纤维参与组成关节囊，韧带撕裂时往往引起关节囊与滑膜损伤。如果关节内积血或撕裂的韧带嵌入关节间隙内，则会导致疼痛加剧，走路时，脚不敢着地，或只能以脚外侧着地，出现跛行。如果外侧韧带完全断裂，则外侧关节间隙增宽，出现超常范围的内翻活动。

3. 处理方法

当踝关节扭伤或部分韧带撕裂时，应尽早进行冷敷、加压包扎（包扎时使踝关节保持在轻度外翻位，使受伤韧带相对松弛），并抬高伤肢。24 小时之后，根据伤情可选用新伤药外敷，适当进行理疗、针刺或按摩，使用保护支持带，尽早下地活动。如果韧带完全断裂，经冷敷、加压包扎之后，迅速送往医院做进一步处理。

4. 伤后训练

一般认为，在支持带保护的辅助下及早下地活动是促进踝关节和韧带功能恢复的最好方法。当踝关节扭伤或韧带部分撕裂时，先用黏膏支持带固定，再用绷带包扎，于伤后第 2 ～ 3 天后开始下地活动或扶拐行走，1 ～ 2 周之后可进行肌肉力量和协调性练习，负荷应由小到大逐渐增加。如提踵、负重提踵、踝关节抗阻力活动、在沙地上慢跑、在凹凸不平的斜面上行走、原地跳跃练习，直至逐步进入正规的训练。踝关节或韧带严重损伤者，用石膏管型固定 1 ～ 2 周之后，也可带着石膏进行练习。

5. 预防

提高足踝部的肌肉力量和踝关节的稳定性与协调性，应充分做好下肢的准备活动，在复杂、易扭的地貌上小心前进；提高自我保护能力，易受伤人员在训练或比赛时应戴好保护支持带。

五、胫腓骨疲劳性骨膜炎

1. 受伤原因

胫腓骨疲劳性骨膜炎多发生于刚刚参加定向运动训练的人。由于训练方法不当，跑跳练习过多，或强度太大，在短期内过多地进行跑台阶、后蹬跑、高抬腿跑和跳跃练习，尤其是跑跳动作不正确，落地时不会缓冲，或在野外硬地上反复进行跑跳练习，训练后又不及时放松小腿，使小腿肌肉过度疲劳等，都可导致胫腓骨疲劳性骨膜炎的发生。

对本病发生的原理有两种看法：一是肌肉牵扯学说，认为过多的跑跳和后蹬，使小腿屈肌群反复收缩，对小腿骨膜反复牵扯，导致骨膜组织松弛或分离。二是应力学说。由于胫骨本身形态、结构的特点，身体的重力作用线与胫骨的中心轴线不重叠，在跑跳运动中，身体的重力和地面的反作用力反复作用于胫骨，使胫骨弯曲度大，受拉力（胫骨凸面）和压力（胫骨凹面）也最大，这一部位的组织内部产生的应力受到破坏而引起应力性损伤。

2. 症状与体征

在胫骨内侧与侧面中下段及腓骨外侧缘下端出现疼痛及肿胀，初期症状较轻，后期加重，严重者出现跛行，后蹬痛是此病的特殊症状。病程长者可在胫骨内侧面触及小结节或硬肿块，压之疼痛。

3. 处理方法

早期症状轻的患者，无需特殊治疗，只要用绷带包扎小腿，适当减少下肢的跑跳练习，经 2～3 周调整，多可痊愈。症状严重者应停止跑跳活动，要用热水烫洗小腿，进行按摩、理疗，在患处外敷药物，休息时抬高患肢等，并用弹力绷带裹扎小腿。

4. 预防

避免长时间在硬地上做过多的跑跳练习（特别是初次参加训练的人），训练前要做好充分的准备活动，训练后要适当按摩（以揉捏、抖动为主）小腿，用温水浸泡小腿，以消除小腿肌肉的疲劳。

六、脑震荡

脑震荡是指脑部受到外力的作用后．脑的神经细胞和神经纤维因受震荡而引起意识和功能的一时性障碍，它是闭合性脑部损伤中最轻的一种，脑组织没有明显的结构上的改变。

1. 受伤原因

在定向运动中，因运动场地的地物地貌复杂，运动员在越野过程中经常会出现因跌倒、摔倒、滑倒、绊倒而头部撞击地面的情况，这些都会引发脑震荡。

2. 症状与体征

人的头部受撞击后，立即发生意识丧失，意识丧失的时间从数秒钟至 30 分钟不等。此时呼吸表浅、脉搏缓慢、肌肉松弛、瞳孔稍放大但对称。清醒后在短期内反应迟钝，出现"逆行性健忘"（即不能回忆受伤当时的情况，但对受伤以前的事情能清楚地回忆）。此外，还伴有头晕、头痛、恶心或呕吐等症状，这些症状多在数天内消失。

3. 处理方法

第一，使伤员安静平卧，冷敷头部，做好身体的保暖工作。如伤员昏迷，可刺激其人中、内关、涌泉等穴；如伤员存在呼吸障碍，可对其进行口对口的人工呼吸。

第二，伤员昏迷时间超过 4 分钟，瞳孔扩大且不对称，耳、鼻、口出血，眼球青紫，伤员清醒后有剧烈头痛、喷射式呕吐或再次出现昏迷等情况者，说明是脑组织损伤或继发性颅内压增高，应立即送医院进行抢救。

第三，患者清醒后仍要卧床休息，直到头痛、恶心等症状完全消失为止；过早起床活动常会导致脑震荡复发，留下后遗症。

第四，伤员康复之后，可用"闭目举臂单足站立平衡试验"来判断是否能参加体育活动，如果能保持平衡，则表示可以参加体育活动。

4. 预防

注意加强野外跑跳训练，提高自身的平衡性、协调性、灵敏性，尽量避免穿越危险地带，提高自我保护能力。

第二节　定向运动常见的运动损伤问题

因定向运动通常在野外进行，要完成穿越丛林、跨越河沟、翻越山岭等实践活动，因其自身的特点使运动损伤的发生与其他项目有所不同，虽然相对于对抗性强或身体接触多的运动项目来说定向运动的损伤风险较低，但损伤仍然会发生。因此，运动员要能够在定向运动的实践过程中，对突发事件有一定的处理能力，保证自身和同伴安全。

一、定向运动损伤的预防和救助措施

定向运动的实践过程中运动损伤的产生，主要是因为运动员普遍缺少科学的锻炼方和经验，造成技术要点的表现不够准确，从而出现运动损伤问题。如对于初学者而言，由于在运动的过程中缺乏对识图和指北针的正确使用，造成方向迷失，从而发生危险。又或者是在定向运动的实践过程中，缺乏对科学方法的把握，全力跑的方式导致关节压力增加，扭伤和肌肉损伤时有发生，以上种种，都是定向运动中普遍存在的问题。

1. 运动前的预防

运动之前的预防是保证在运动中出现损伤的情况，也称之为热身环节。运动前的预防工作，要从以下几个方面着手：其一，运动员要保持良好的体育锻炼，从而具备充足的体能；其二，运动员要充分热身，进行大量的深圳运动；其三，参加定向运动特别是定向越野，需要在赛前的两个小时保证液体的补充，从而使得机体处于良好的状态下，避免出现运动脱水的情况；其四，为了保证运动安全，可以配套相应的护具，保证关节的安全，减少运动损伤的出现和发生；其五，穿着长裤长袖，减少运动划伤；其六，穿着适当的衣物和装备，为比赛的有序推进打好基础，如果运动的过程阳光强烈，则需要涂抹防晒霜，避免其出现晒伤的问题。

2. 运动中的预防

在定向运动的实践中，由于路线的不同，自然在过程中会遇到诸多潜在的危险，仔细的观察地图来最终选定与自身体能与技能相契合的路线，显得尤为重要。运动员在定向运动中涉及到的路线包括茂密的森林、复杂的地段，特别是定向越野更是面临极大的风险，如果在该过程中无法确定最佳路线，并针对遇到的问题做出快速的决策，则很容易造成运动损伤的发生，在这种情况下则需要针对可能出现的损伤做好预防性的工作，如在地图当中出现陡坡、水塘或者是需要攀升的高山等，则需要对整体地形进行综合性的考量，提前做好绕行准备，以避免损伤的出现与发生。

（1）科学的奔跑速度

定向运动主要是根据地图当中的指示方向和目标来选择路径，定向运动的长度较长，科学的奔跑速度的选择显得尤为重要。运动员要结合自身的基本情况，做好对体能的协调，避免由于前期阶段奔跑速度过快而造成后续无法完成定向运动的实践，在奔跑的过程中保证各方面的协调配合，至关重要。

（2）按不同的路况地形采用不同的跑跳方法

定向运动面临的环境复杂，路线可选择性较多。针对定向运动的参与者而言，则需要按照不同的路线来选择与采取不同的跑跳方法，尽可能去选择平坦的地方行进，减少和规避运动损伤的发生。

二、常见运动损伤及处理

1. 关节扭伤

在日常的定向运动损伤的处理中，关节损伤是最为常见的损伤之一。定向运动的开展空间和开展环境地形相对复杂，环境的差异性显著存在，在不规则的场地环境中，显然会出现不同的运动环境，上坡、下坡、障碍物、点标站等等，没有规律可循，所以在开展训练的过程中则需要保证针对性的训练，让运动员可以适应不同的场景，避免因为对场景的把控不够具体而出现相应的问题。如在上坡跑步时，保持上体前倾，用前脚掌距离身体重心投影较近的地方着地，适当加大后蹬用力和大腿高抬的程度。在下坡时，上体保持直立或者是后仰，步伐适当放大，步频需要减缓，用全脚掌或者是后脚跟着地。由此可见，不同的训练方法的针对性不同，自然锻炼效果也更有效。

针对不同扭伤的处理有不同的方法，但最为关键的应急处理如下。一是现场急救。在出现关节扭伤之后，第一时间保持足部的高抬，尽可能的将冰袋放置在踝部扭伤处进行冷敷处理，大概时间控制在 20 分钟左右，而后将受伤的踝关节交使用绷带进行固定，然后送往医院处理；二是在受伤之后的处理方面，在伤后的 24 小时，需要结合伤情的情况来选择不同的处理方式，包括药物的外敷、理疗、按摩等等，采取推拿与揉筋的多元方法，达到按摩目标。

2. 肌肉痉挛

在相对复杂的场地环境中，由于竞速的要求下运动员需要以最快的速度跑动，既要保持速度，也要保持方向的准确性，一旦因为方向的把控不够具体，也将导致运动量由此增加。肌肉痉挛指的是在高强度的运动状态下，由于肌肉的单纯重复，极容易出现过度疲劳的情况和问题，出现肌肉痉挛的问题。除此之外，如果天气炎热大量出汗也极容易导致体内的钠盐丢失，肌肉痉挛现象产生。

对于运动员出现的肌肉痉挛的情况，在处置的过程中都有一个共同之处，主要是子主动伸展或者是被拉直痉挛部位站起来，保证肌肉的放松按摩，以此来环节肌肉的紧张感。对于小腿的肌肉痉挛问题，则可以通过站立的方式，保证小腿肌肉可以伸展。如果是因为大量出汗而造成的肌肉痉挛的情况，则需要及时的喝下大量的淡盐水，以此来环节肌肉痉挛问题的产生。

3. 摔伤

除了运动员在运动实践中出现扭伤之外，摔伤也是常见损伤之一。在定向运动的实践中，由于地理位置的相对复杂，如果对于地图的把握不够充分，则势必造成和出现问你题。如果对摔伤按照类型划分，包括一般摔伤和严重摔伤两种。其中一般摔伤是以表皮损伤和软组织的挫伤为主，是开放性的伤口。如果是严重摔伤，会出现骨折、内部脏器受伤等情况，最常见是骨折。

但在定向运动的过程中如果出现损伤问题，无论是是否出现出血或者是疼痛的问题，对于摔伤者而言不能采取移动，并且不要乱揉，否则可能造成伤情加重。首先，要针对摔伤的发声位置进行判断与观察，把控好情景与部位，判断摔伤程度。其次，要根据摔伤问题及时采取处置措施，对于开放性的伤口要及时的清理污物，再结合实际情况使用药物进行处理。如果没有出现开放性的伤口，则需要避免使用绑带，以减少对患处的压迫而造成的再一次的损伤；最后，根据不同的摔伤情形来及时送医治疗。

4. 运动中腹痛

在开展运动的过程中，由于活动较为剧烈，极容易出现运动中的腹痛情况，主要包括胃肠的痉挛、肝脾区疼痛、腹直肌痉挛等问题。针对这些问题，首先应明确原因，做好预防，提出处理方案。

原因：

运动员缺少足够的锻炼，导致训练水平偏低

运动开始之前的热身与准备活动不足

身体状态欠佳，精神过度紧张

运动节奏的把控不理想，在参与实践中出现速度过快和突然的情况，严重会影运动效果

预防：

定向运动的运动员要严格遵守训练的基本规则，循序渐进的开展训练，保持运动负荷的合理性。通过科学的锻炼来强化心肺功能，减少腹痛的发生。

在准备活动的过程中，应不断地加快体内代谢的过程，让神经系统的兴奋性得到调动，保证各个器官系统之间保持高度的协调性，使得肌肉活动本身更加协调，使得运动员可以快速的进入到运动状态当中，避免了因为运动而导致的相关问题。

运动中的腹痛问题诱发原因较多，为了有效预防腹痛的产生，需要在开展运动之前合理的安排好饮食，避免在运动之前出现过饱的情况，在饭后要保持充足的休息时间，减少剧烈活动。

在运动的过程中运动员要保持良好的呼吸节奏，尤其是对于越野跑的过程中对速度要合理调控，避免呼吸疲劳。

夏季运动的过程中要适当补充盐分，避免水盐代谢失调。

要时刻对自身的运动状态和基本情况有所了解，保证可以及时就医，在治愈前避免出现高强度的体育运动。

处理：

运动过程中如果出现腹痛的情况运动员要保持镇定，适当的减速，通过调整呼吸和节奏来做好内容调控。

可以自行检查，用手按压腹痛位置，或是保持弯腰的状态，通常轻度的腹痛会自行缓解。

如果出现剧烈疼痛的情况，如果简单的处理方式无法缓解，则可以口服阿托品片0.3毫克或者口服十滴水2-5毫升，腹痛则会有所减缓。

如果无药或者是药品无效，则需要就别一定的穴位相关知识，以此来达到疼痛的环节。

可以通过局部的按摩等方式，拉伸腹肌，环节疼痛的出现和产生。

如果出现腹痛的情况，则需要自行检查，如果出现呈"木板状"的情况，则需要及时就医

第三节　疲劳的产生及消除

一、运动性疲劳的概念

运动性的疲劳指的是由运动造成和引发的机体工作能力降低的情况，需要经过适当地调整和休息的方式来环节，属于一种生理现象，看似简单但确实一种复杂的身体变化的综合反应过程。如果在疲劳的状态下出现能力下降的情况，则需要经过一段时间的修整来做好调节，避免高强度的运动，减少过度疲劳的情况。需要注意，如果长期处于一种疲劳的状态下，且得不到及时的环节和处理，则势必导致运动员的身体健康水平与综合的运动嫩鼓励受到影响，久而久之造成过度疲劳情况的产生。需要采取一定的必要措施，用于去缓解疲劳问题的产生。在运动员消耗的能力得到及时的补充之后，则有助于训练水平的不断天生。对于运动疲劳的现象的解析，会出现心动过速、运动后的血压、脉搏回复缓慢，内脏不适以及血尿等多种情况。

二、分类及表现形式

运动疲劳如何按照类型的划分，还包括躯体性的疲劳和心理性的疲劳，不同的疲劳类型的侧重点不同，所表现出的特点也有所差异。通常在躯体的疲劳方面，多是以动作迟缓、不灵敏等情况为主，动作的协调性下降，极容易出现失眠、烦躁等情绪。而对于心理性的疲劳问题，则是心理层面的一种疲劳现象，表现为注意力不集中，记忆力障碍，脑力活动相对迟缓等。对其内容细分，方便我们更好地了解运动性疲劳。

1. 躯体性疲劳

对于躯体性的疲劳问题，主要是由身体活动和肌肉活动引起的疲劳，如果细分还可分为全身的、局部的、中枢的和外围等诸多类型。如果按照疲劳程度，还分为轻度、中度和重度疲劳。不同的疲劳表现为不同的状态，轻度疲劳简单的休息即可，属于常见现象。中度疲劳则会表现为疲乏、心悸等问题；重度疲劳则包含了胸痛、心悸、头痛和恶心等现象，甚至会出现呕吐。

2．心理性疲劳

心理性的疲劳是运动员面临的常见问题，通常在产生疲劳问题之后，轻度的心理方面的疲劳可以经过休息之后得到缓解。中度疲劳则需要良好的休息。如果是重度的心理疲劳的产生，则需要通过多途径来缓解，包括心理辅导等等。作为一名教练，需要在思想和生活上高度关注运动员，让运动员的心理状态得到有效的调节，确保运动员的综合素养和综合水平得到提升，让传统的训练空间得到强化，特别是出现一些与心理层面相关的问题之后，则更需要不同的恢复手段快速达成恢复的目标。

三、消除疲劳的途径

定向运动的过程中，一旦运动疲劳出现，则需要寻求消除疲劳的途径和基本方法。第一，教练员可以通过多种途径来帮助学生可以放松，以此来改善运动员的血液循环，如水浴、汗蒸、理疗等多种方法都十分有效；第二，可尝试通过调节神经系统的机能来消除疲劳感，睡眠、心理恢复以及放松训练等等都十分有效；第三，需要及时的补充机体失去的物质，以此来缓解疲劳问题的发生，吸氧和补充营养物质都是重要的一项，显得尤为重要。

四、消除疲劳的方法

在消除疲劳的具体方法当中，涉及到的内容较多，只要保证内容能够有效缓解运动员的疲劳，则就可以证明方法的有效性。下面提出多种缓解运动员疲劳的具体方法，对其展开深度分析。

1．整理活动

整理活动属于博弈中简单有效的方法，该方法可以消除疲劳情况，达到体力的有效恢复的目标，无论是教练员还是对运动员而言都显得尤为重要。定向运动本身相对剧烈，科学的整理活动的有效安排，可以帮助运动员的综合能力不断提升，达到肌肉的放松目标。在整理活动的内容方面，包括了慢跑、呼吸体操和各种肌群的伸展练习活动，在通过整理活动之后来改善运动员的肌肉血液循环，减轻运动中出现的肌肉的酸痛感觉，消除运动疲劳的发生，是一种良好的运动损伤的控制方法。

2．物理疗法

物理疗法相较于整理活动则更为专业，内容本身也更为具体，特别是按摩作为一种有效的物理疗法，能够加速疲劳的消除速度，让运动员的身体机能得到回复。通过运动按摩的方式，让运动员可以始终保持良好的竞技状态，充分挖掘运动员的自身潜能，保持运动员的成绩的不断提升。

第一，运动前按摩体育运动通常分为运动训练和运动竞技两种，在运动前的按摩则称之为运动前按摩，通过这种按摩的方式，可以使得人的神经、肌肉、关节以及内等等有效动员，以此来适应运动中面临的负担和心理上的压力，最大限度上的减少伤病对于运动员的消极影响。

　　第二，训练前的按摩，主要目的是保证通过按摩的方式可以提高运动员的训练作业的基础能力，让运动员的身体素质得到有效改善，为运动员的各系统器官的动员打好基础，适应运动员参与定向运动。在具体操作方面，可以结合运动员的基本特点进行分析。定向运动属于一种高耗能的运动，可采取按摩的方式能够取得事半功倍的效果，为运动本身可以提供更多的能量。

　　第三，赛前按摩运动竞赛前的按摩为赛前按摩。通常在比赛前 15～30 分钟完成。有时，运动员在接到竞赛的通知时，就出现了赛前状态，有的人会出现不良情况，需要进行医学处理，这就是说，需要在竞赛前若干天就进行按摩。例如，竞赛前，运动员过分紧张，晚上不易入睡、入睡后多梦易醒或恶梦不安等，影响运动员的睡眠休息。由于夜不得眠，出现白昼精神不振、烦躁不安、食欲不佳等症状。这将影响运动员参加竞赛时的良好竞技状态。出现这种情况时，就应该进行镇静安眠的按摩。若失眠的时间较长，症状更剧的运动员，在用上法按摩之外，还要按摩气冲穴，掐、揉神门穴，掐行间穴等。所有这些刺激，用力都不要过重，以有轻微酸胀感为度。通常要进行 20 分钟，或更长的时间。起赛前状态，运动员在比赛前过度兴奋，坐立不安，情绪激动，脉搏升高，呼吸急促，甚至出现多尿，动作的准确性和协调性会受到不良影响，其结果是妨碍运动技术水平的充分发挥。出现上述情况，可选择揉、捏、捋、点穴等舒缓神经的按摩手法。按摩时间约为 5～10 分钟，宜在比赛前 15 分钟内进行。

　　第四，运动后按摩激烈的运动训练或竞赛之后，运动员的神经、体液、循环、呼吸、消化、代谢和酸碱平衡等方面，都要发生巨大的变化，这些变化一时破坏了机体内环境的平衡，但它很快又达到新的平衡。这个新的平衡，通常都标志着机体工作能力的提高。但是，在内环境各机能系统达到平衡的过程中，出现迟缓环节，一般的表现有：精神过度紧张，失眠，肌肉紧张，疲劳等。运动后的按摩，可以促使这些现象消除，加速内环境达到新的平衡，加速提高对运动负荷的能力，加速完成对后面运动负荷的准备。

　　运动后按摩所采用的手法、用力的大小、时间的长短等，均要根据运动员的体质、性别、运动项目的特点，特别是要求根据运动后反应出来的情况（如头昏脑胀、干呕、四肢乏力、肌肉紧张、失眠等）来决定，需要遵守个别对待的原则，不可千篇一律。我们通常采用的手法，有抚摩、揉捏、推压、振动和抖动等。对体质强壮、肌肉丰满者，按摩力量应当重些，时间应当长些；反之，用力则要轻些，时间应当短些。运动员在十分疲劳的情况下，常采用经穴按摩，其手法是按、压、分、揉、掐、推等，以疏通气血，内外通达，平衡阴阳，使运动能力得到较快的恢复并有所提高。

　　运动后的全身按摩通常是一周进行一次，在训练后休息 1～2 小时或更长的时间后进行。最好是在温水浴后，在温暖、清静的室内进行。运动员舒适地躺在床上，裸露被按摩的部位，依照胸、腹、上肢、下肢的次序，顺血液和淋巴回流的方向进行按摩，使用揉捏、推压、摇晃、抖动等手法，用力是由重到轻。同时根据各个部位的疲劳情况，循经取穴，施行揉、捻、推、掐等手法，以调和气血，更快地消除疲劳。如按摩进行到运动员快要入睡，应停止按摩，给被按摩者轻轻盖上被子，防止感冒。运动员睡醒之后，便会精神饱满，全身舒适。

按摩是有效的恢复手段，负担量最大的部位应是按摩的重点。肌肉部位以揉捏为主，交替使用按压、抖动、扣打等手法；在肌肉发达的部位可用肘顶、脚踩；关节部位不仅是运动的着力点，也是运动的枢纽，应全面进行，以擦摩为主，穿插使用按压、搓和远拉。按摩应先全身后局部，全身性按摩一般取俯卧位。根据专项不同，如某部位运动负担过重，需重点按摩，应在全身按摩之后再进行。在按摩肢体时，先按摩大肌肉群后按摩小肌肉群。如按摩下肢，先按摩大腿肌肉后按摩小腿肌肉，以提高肌肉韧带的工作能力，加速疲劳时的肌僵硬紧缩和酸胀痛的代谢产物的排除，以此来改善血液循环和心脏收缩功能。

3. 睡眠

睡眠是消除疲劳、恢复体力的好方式。睡眠时大脑皮层的兴奋过程降低，体内分解代谢处于最低水平，而合成代谢过程则相对较高，有利于体内能量的蓄积。

成年运动员在平时训练期间，每天应有 8～9 小时的睡眠。在大运动量和比赛期间，睡眠时间应适当延长。青少年运动员的睡眠时间比成年运动员长，必须保证每天有 10 小时的睡眠。

注意事项：

（1）就寝前尽量使精神状态趋于平静

（2）避免外界刺激

（3）室内空气保持新鲜

（4）就寝前应洗脚，使大脑得以休息，有助于尽快入睡，使疲劳能快速消除

4. 温水浴

训练后进行温水淋浴是最简单易行的消除疲劳方法。温水浴可促进全身的血液循环，调节血流，加强新陈代谢，有利于机体内营养物质的运输和疲劳物质的排除。水温以 42℃左右为宜。时间为 10～15 分钟，勿超过 20 分钟。训练结束半小时后，还可进行冷热水浴。冷水温为 15℃，热水温为 40℃。冷水淋浴 1 分钟，热水淋浴 2 分钟，交替 3 次。

5. 营养

指人体吸收、利用食物或营养物质的过程，也是人类通过摄取食物以满足机体生理需要的生物学过程。运动中产生疲劳的重要因素之一，即能量供应不足。运动中各种营养物质消耗增加，运动后及时补充，有助于消除疲劳，恢复体力。疲劳时，注意补充能量和维生素，尤其是糖、维生素 C 及维生素 B1，夏季或出汗较多时，应补充盐分与水。食品应富有营养和易于消化，并尽量多吃些新鲜蔬菜、水果等碱性食物，但不同性质的运动项目需要不同营养。速度性的项目应含较多易吸收的糖、维生素 B1、维生素 C 和磷；耐力性的项目要多供给糖以增加糖元储备，同时还要增加维生素 B1、维生素 C 和磷；力量性的项目需要增加蛋白质和维生素 B2。定向运动属于比较复杂多变的混合性运动（超短项目除外），既要求运动员在最短时间内发挥最大的力量和速度，也要求运动员能够进行持久的有氧耐力运动，营养供给不仅需要多供给糖还要多供给

蛋白质，同时还要增加维生素 B1、维生素 C 和磷的供给量。因此在运动中适时地补充有关营养物质，既能提高身体的抗疲劳能力，又能帮助运动疲劳的消除。

食物种类平衡并多样化，应含有粗粮、谷类、蔬菜、水果、奶、蛋、豆类及其制品、肉类以及脂肪和糖等纯热量物质。能量供给是依靠充足的营养物质，如碳水化合物（糖）、脂肪和蛋白质的合理搭配组成的。不同训练方法有不同的能量要求。运动员营养需求较高，应以高蛋白质、高维生素、高矿物质和适宜的脂肪和糖类组成。他们营养物质的比例：碳水化合物（糖）50%、脂肪 27%、蛋白质 23%。这就是说，为了发展肌肉、增加力量，运动员需要较常人高得多的蛋白质，同时也可提高了碳水化合物和脂肪的比重。

第一，蛋白质运动员的蛋白质需要量应高于正常人：一是要增加肌肉力量；二是预防运动性贫血；三是运动时，一部分蛋白质被用作能量。

第二，碳水化合物它是神经系统必需的营养物质，也是运动中重要的功能物质。运动时，肌肉摄入的糖可为安静时的 20 倍，但也不宜过多，过多会导致肌肉强直、笨拙；不足时，又会引起头昏、眼花、步态不稳等。在紧张的力量负荷时，除需要充足的磷酸盐外，还有糖无氧酵解过程。因此，力量训练应增加糖原成分（如食用果糖、巧克力、葡萄糖、点心等），以便加速恢复和重建过程。

第三。脂肪它是最高能源的营养物质，在体内储备量高。日常食谱中可多安排一些脂肪含量高的食物，确保整体负荷必要的能量储备。脂肪中含有有机体生命中必不可少的不饱和脂肪酸，其是激素调节、物质交换过程形成的重要条件。为了确保食物内必要的脂肪成分，运动员应在饮食中加黄油、动物油、奶酪、奶油和香肠等，但也要有植物性脂肪，像葵花油等。

6. 意念活动

恢复主要是意念活动，通过一定的套语暗示进行导引，使肌肉放松，心里平静，从而调节植物性神经系统的机能，然后再运用带有一定愿望的套语进行自我动员。如暗示性的睡眠休息、肌肉松弛、心理调节训练。实践证明，采用上述方法能促进身体疲劳的尽快消除，加快身体的恢复过程。另外，舒适幽雅的环境听音乐等可以减弱田径训练的枯燥单调，消除疲劳。

7. 药物

使用中药，如黄芪、刺五加、参三七等，都有调节中枢神经系统、扩张冠状动脉和补气壮筋的作用，对促进疲劳的消除有较好的效果。对疲劳很明显、时间又长的运动员也可用维生素 B12、三磷酸腺苷等。

总之，在运动中加强医务监督、及时了解自己或运动员的身体状况、掌握其疲劳程度，其对消除疲劳、提高运动成绩，有着重要的作用。

第十二章 定向运动课程安全问题

第一节 定向运动课程中的安全问题

一、迷失方向

（一）定向运动中常见迷失方向原因

在定向运动中，就算已掌握了在实地使用地图的各种方法，但是，在野外很可能遇上各种不良天气，或进入地形地貌特别细碎、复杂的地带，速度把握不准、技术失误、方法不当、心理状态不稳定等，都很可能导致迷路甚至迷失方向，找不到自己站立点的位置。

1. 因速度把握不准而迷失方向

我们可以根据所选路线上的地物地貌情况决定跑进速度。一般情况下，当在长距离路段或正在使用简化读图技巧时，除非你很清楚前进的路线，否则千万不要跑得过快；当在短距离路段或正在使用细读地图技巧时，除非你对自己的位置十分肯定，否则也不要跑得过快；当遇到可以引导你跑进的线形地物地貌时，可以加快跑进的速度，但必须判断好前进的距离。

2. 沿线形地物地貌行进时迷失方向

在开展定向运动的实践过程中，运动员容易在沿线形地物地貌行进时迷失方向，为有效应对这种情况，则需要在地图当中来标定和快速搜索自身所处位置，对照地形，明确站立点。而后对行进路线进行回忆，判断与目标点之间的位置关系，从而来判定自己的迷失方向，之后根据地形的特征和地图当中的指示点，应快速的定位目标点，重新筛选正确路线。

3. 越野行进时迷失方向

如果在定向越野中迷失方向，应该迅速停止，保持在原地站立。对地图进行分析，包括地形地貌、周边环境等等，并适当减速，在明确方向之后小心的前进，尽量按照捷径回到正确的路线上去。越野的过程本身面临的环境复杂，要在持续保持安全的情况下，可以在正确线路中发挥作用，根据地图来确定前进方向。

4. 在林地行进时迷失方向

在这种情况下，应先确定自己行走的大致方向，测算距离，找出最近的那个发生偏差的点，并以此为基础，确定站立点的大致位置。如果偏离得太远，确定不了站立点，又不能原路返回，就要在图上看一看，当前自己所在的区域附近是否有较大的或特征较明显的地物地貌（最好是线状的），如果有，就要果断放弃原来的行进方向，并向它靠拢，利用它重新确定站立点。如果没有，那么就继续按原来的方向前进，控制速度、测算前进距离，注意千万别跑出地图，在途中找到可以判别自己位置的地物地貌，搞清楚自己站立点的位置后，再重新选择路线，迅速奔向攻击点或目的地。在林地中行进时，最忌讳神经紧张、意识混乱，在没有查明出错的程度或搞不清楚正确的行进方向的情况下，匆忙而轻率地左冲右突找"捷径"，只会使错误加剧，甚至变成在原地兜圈子。

（二）在没有指北针的情况下判别方位

1. 利用太阳判定方位

（1）利用太阳的位置判定方位

在白天进行定向运动时，可以根据太阳东升西落的规律即时判定方向，这是白天判定方位最便利的方法。严格来讲，一年中只有在春分和秋分这两天太阳才是从正东方升起，正西方落下。在我国，大体上将，春、秋两季，太阳出于东方，落于西方；夏季，太阳出于东偏北，落于西偏北；冬季太阳出于东偏南而落于西偏南。据此，就能概略地判定东、西、南、北方。

（2）利用太阳和带刻度的手表判定方位

利用太阳和带刻度的手表判定方位是白天常用的判定方位的方法。这种方法在前文已经做过介绍，此处不再赘述。

（3）利用阴影方向的变化判定方位

一天中，随着时间的推移，地面某一直立物的阴影会渐渐东移。因此，我们可以通过观察直立物阴影的方向和变动轨迹来判定方位。

2. 夜间利用北极星判定方位

利用北极星判定方位是晴朗的夜间概略判定方位的简便方法，适用范围很广。北极星大约位于地轴向北的延伸线上，在北方的星空，它的位置可认为是不变的，故可用来判定方位。

识别北极星的方法有以下三种。

（1）根据大熊星座识别

在我国古代，人们把大熊星座中的七颗亮星称为"北斗七星"。它像是一把勺子，顺着勺子口外缘的 α 星（天枢星）和 β 星（天璇星）的连线方向延伸大约 5 倍于 α 星与 β 星之间的距离处有一颗亮星，这就是北极星。

（2）根据小熊星座识别

把小熊星座中的七颗亮星依次连接起来也像一把勺子，勺柄的柄端那颗星就是北极星。

（3）根据仙后星座识别

仙后星座中较亮的五颗星构成了英文字母"W"的形状，故仙后星座也称"W 星座"。连接最外侧的两星，向 W 字头（即缺口）方向延伸 2 倍外的那颗星，就是北极星。

在北半球不同纬度地区的不同季节，能见到的星空是不同的。有的地区能看到上述三个星座（北纬 40°以上的地区），有的地区只能看到其中的某个星座。但只要掌握了以上三种识别北极星的方法，便能很容易地找到北极星。找到北极星后，面向北极星的正前方就是正北方向。

3. 夜间利用南十字星座判定方位

在北纬 23°30′以南地区，夜间看不到北极星，上半年可以利用南十字星座判定方位。南十字星座由四颗较亮的星组成，形同"十"字。

连接 γ 星、α 星，由 γ 星向 α 星方向延伸的 4 倍半长度外，就是南天极，即正南方向。面向南天极，背后即正北方。

二、应对自然灾害

大自然气象万千，且大自然本身是无法预测的。有时，大自然是按照自己的发展规律，保持安静、安宁、慈祥。有时大自然又异常的动荡，发怒、暴风骤雨、火烧水淹、雷劈电打、移山倒海等等，这些都让人防不胜防，甚至会带来巨大灾难。近年来，我国的山区地区经常爆发山洪和泥石流等气象灾害，在导致生态环境受到影响的同时，也出现了人员和经济方面的损失。在与大自然的接触中，要始终保持敬畏之心，提前做好准备工作，在遇到灾难之后可以沉着冷静的应对，以多元的方法采取不同的措施来预防。

（一）水灾、泥石流

作为我国常见的气候灾害之一，洪涝灾害十分普遍。对于野外运动而言，洪涝灾害是主要的灾害之一，特别是暴雨所形成的突发洪灾，会在短时间之内产生巨大的影响，造成洪水泛滥、溪涧水量暴涨、山体滑坡以及泥石流等等，轻则会导致野外活动受阻，重则会影响运动员的生命安全。应对洪涝灾害，则需要防患未然，以安全意识提升为主。

面对洪水袭击时，则可搭建预防处置举措：

1. 离开河床和低洼地

水往低处走，定向运动参与者在遇到短时间的强降雨时，需要根据地图当中的指示点，快速的远离低洼区域，避免在这些地方过多的停留或者是宿营。

2. 离开海湾

海湾的洪水经常与大风大潮一起，大风大潮会使得水位升高，从而造成危险系数的增加，为此要原理海湾，快速撤走，远离危险地带。

3. 不要待在山脚、山谷中

山脚和山谷当中极容易会造成洪水的汇聚，且容易在受到洪水的冲刷与影响下导致泥石流的发生几率明显增加，要处理好这一问题，在遇到灾害之后快速的撤离，尽可能按照地图朝着山顶和山脊处转移。

4. 往高处跑

在洪水来临时，最为直接的解决方法是向高处转移，当在紧急情况下也可以依托大树来暂时躲避。

5. 抓住漂浮物

当运动员在无法躲避遇到危险时，则需要避免大喊大叫，减少水进入呼吸道而造成阻塞的情况出现，需要结合情况抓住漂浮物或者是树木，以保证可以尽快放松，脱离困境，保证头部可以露出洪水表面，等待救援。

（二）崩塌

作为大自然灾害的主要一项，崩塌的情况时有发生。崩塌包括在悬崖、峭壁或者是陡峭的岩石之上，由于重力压力的存在而脱离母体坠落或者是倾斜，崩裂滚动，大大小小的岩石碎块堆积在山谷当中的情况。当然崩塌还包括不同的类型，包括山崩、岸崩等等。

对于发生崩塌的内在成因进行分析，主要是岩土体存在裂缝、断层和坡度的情况，这些都是发生崩塌的条件，外在原因暴雨、地震以及人类活动导致。坍塌的发生通常是突发性的，难以有效预测，特别是对于风化的岩石而言，如果从山顶滚落，多是以跳跃为主，爆发性的情况很难有效规避，造成问题的出现，严重威胁和影响安全。定向运动的运动员可以结合崩塌的情况，灵活的选择应对方法，做好科学处理。

1. 注意异常声响

在定向运动的实践过程中，如果路过山谷等路线时，需要高度重视异常的响声，当石头滚落时遇到数目和岩石会出现阻碍，从而产生较大的响声，当运动员听到这些响声时，则需要立即采取措施，制定方案，快速的离开山谷，到隐蔽处。

2. 选择逃离方向

在出现崩塌时，避免向着山谷和山脚等方向逃离，要尽量向山坡的两边或者是高地逃离。

3. 选择有利地形躲避

如果出现大面积的崩塌时，需要快速的找到和定位掩体，保证自身安全，灵活应对。如找到山洞、凹进去的巨石或者山崖等，爬大树躲避等等。以保证自身安全为主，避免受到伤害。

（三）雷电

夏天雷电较多，在野外进行定向运动时要注意对雷电的防护，主要把握以下两个原则：一不上最高点；二不靠近最高的物体。在定向运动过程中，当遇到乌云和雷电时，切忌使自己成为最高点。应观察周围的地形，迅速离开山顶、丘顶等地势高的地方，转向地势低的地方；也不要在大树、旗杆、塔形建筑等的附近停留；更不能在高压输电线附近逗留。

如果有人遭到雷击应及时加以施救，常见以下一些方法：

第一，人体在遭受到雷击之后，通常会出现"假死"状态，这时则需要采取一些应急措施进行抢救，人工呼吸是最为有效方法。当然，人工呼吸做的越早，对于伤者的身体恢复也就越好，为此在遇到雷击之后，如果是和同伴一起，则需要快速的采取措施进行强求，并通过心肺复苏等方式达成目标。

第二，如果伤者在遭受到雷击之后出现衣服着火的情况，则应立马躺下，通过滚动的方式避免火焰烧伤面部。

三、遇到水域

在定向运动中，经常会遇到水库、池塘、河流、沟渠等水域。如果在前进过程中遇到水域，运动员不要涉水，即使是捷径或者运动员水性好也不能涉水，这是保证定向运动安全的基本原则。因为野外水情复杂，运动员在运动中全身发热、血管膨胀，如果突然进入水中，血管迅速收缩，肌肉极易抽搐，容易发生危险。另外，当路过长有水生植物（如芦苇、荷叶）的区域时，也不要进入，这些地方往往是沼泽地，即便天气晴好，看到湿地也不要轻易进入，以防陷入泥潭中。

如果在定向运动中意外落水时，应根据自己的水性游向离自己最近的岸边。一般来说，能见到土质或石质的堤坝、高地的地方为实岸，是理想的上岸之处；而长着茂盛的草、芦苇等水生植物的地方则不是实岸，接近这些水生植物时，一方面容易被这些植物缠住而陷入更大的危险。另一方面这些地方寄生虫较多，人体易受侵害，因此在可能的情况下尽量不要接近。如果不会游泳，应立即大声呼救，以引起别人的注意。

四、预防被动物咬伤

在山地场所的定向运动中，最常见的野生动物伤害是蛇咬伤和野蜂蜇伤。如果所选择的场所要经过蛇类栖息的草丛、石缝、枯木、竹林、溪畔或其他比较阴暗潮湿处，往往出现被蛇咬伤的情况。如果在密林、草丛或灌木中穿行，而这些地方往往是野蜂的巢穴，一旦野蜂受到惊扰就会向人发起攻击，容易引起伤害事故发生。

1. 防蛇咬

在定向运动中，一般情况下不需要特别关注这一点，但在林地行进或越野行进时，应适当注意。防蛇咬，主要是防止被毒蛇咬伤。要预防被蛇咬伤，就要做到以下三点：一是了解有毒蛇与无毒蛇的区别及它们各自的习性；二是掌握必要的有毒蛇与无毒蛇咬伤后的处理方法；三是学会用棍"打草惊蛇"，从而确保安全。

（1）毒蛇与无毒蛇的鉴别方法

外形上，毒蛇一般头大颈细，头呈三角形，尾短而细，身上体纹色彩比较明显。无毒蛇一般头部钝圆，颈不细，尾部细长，身上色彩斑纹多不明显。但这些并不是绝对的，有些毒蛇如金环蛇、银环蛇和眼镜蛇的头部均不呈三角形。如果被毒蛇咬到，也可以从牙印上加以辨别

（2）蛇毒咬伤的症状

不同的蛇毒表现出不同的症状：被金环蛇、银环蛇和海蛇等咬伤后出现神经毒症状；被竹叶青、五步蛇、蝰蛇等咬伤后出现血液毒症状；有些毒蛇。如眼镜蛇等咬伤后可同时出现以上两种症状，被称为混合毒。

第一，神经毒：咬伤处牙痕小无红肿，疼痛较轻往往只有麻木感。毒素吸收较快，肢体软弱无力，呼吸微弱。伴有头痛、头晕、恶心、呕吐等症状。因窒息和心力衰竭而危及生命。

第二，血液毒：咬伤后剧烈刺痛，流血不止，肿胀明显，并迅速向近侧扩散。皮肤呈青紫并有皮下出血、瘀斑、起水泡、血泡，常发生淋巴结炎、淋巴管炎等。严重时出现伤处软组织坏死。有的伤病员还可发生局部或全身出血现象。

第三，混合毒：咬伤后局部有红肿疼痛，出现神经毒、血液毒症状。危害人体生命的，仍以神经毒为主。

（3）毒蛇咬伤急救方法

争分夺秒地抢救是保护伤员生命的关键，被咬伤后切忌惊慌失措，避免奔跑大叫。首先就地进行处置，防止毒液扩散、吸收，并使其迅速排出体外。如伤人的蛇无法鉴别有毒或无毒时，应按毒蛇咬伤处理。

第一，扎：咬伤后立即就地取材，用手帕、毛巾、裤带、鞋带、小绳或藤条等紧扎距伤口5厘米左右近心端，以阻止毒素随血液、淋巴回流，每隔15分钟左右放松数秒钟，将伤肢放低。

第二，洗：用冷茶水、凉开水、溪水等（勿用酒精）反复冲洗伤口，洗掉伤口表面上的毒素。

第三，切：用锋利的小刀在伤口处以牙痕为中心作"+"或"++"形切口，但不易太深，以免损伤血管。如手或足被咬伤，还可用烧过的粗针或刀尖在八邪穴或八风穴处刺破排毒，向近心端皮下刺入1厘米左右，山近心端向远心端轻轻按摩排除毒液。

第四，吸：用吸筒或拔火罐从切口处吸出毒液，直至吸出血呈鲜红色为止。在口腔、牙龈、口唇等无破溃的情况下亦可用口直接吸吮，吸完毒液后用清水反复漱口，避免中毒。

第五，口服季德胜蛇药片，首服 20 片，每隔 6 小时服 10 片，并用温水将药片调成糊状，涂敷在伤口四周 2 厘米以上（伤口不涂）。

受伤的当地应有许多有效草药，如七叶一枝花、滴水珠等，可随当地条件来选用。严重的受伤人员及时到医院，对各种不同的毒蛇进行不同的抗毒血清注射治疗。

2. 防昆虫咬伤

在定向运动中很容易被昆虫咬伤，为预防昆虫的叮咬，在进行定向活动时应注穿长袖的衣服和长裤，扎紧袖口，在皮肤暴露部位涂搽防蚊药。适当留意阴湿地带和林地的昆虫活动，不要在潮湿的树荫和草地上坐卧。掌握必要的昆虫习性知识及被昆虫咬伤后的处理方法。

蜂类喜欢在草丛和灌木中。发现蜂巢应绕行，最好穿戴浅色光滑的衣物，因为蜂类的视觉系统对深色物体在浅色背景下的移动非常敏感。如果有人误惹了蜂群，而招致攻击，唯一的办法是用衣物保护好自己的头颈，反向逃跑或原地趴下。如果被蜂蜇，可用针或撮子挑出蜂刺，但不要挤压，避免剩余的毒素进入体内。然后用氨水、苏打水甚至尿液涂抹被蜇伤处，中和毒性。可用冷水浸透毛巾敷在伤处，减轻肿痛。之后送到医院进一步治疗。

3. 防狗咬伤

在定向运动中，经常会遇到狗，这是进行定向运动时的一大安全隐患。一般来说，农家养的狗不会主动攻击人，即使它叫得很凶，也不会真正对人发动攻击。当你遇到吠的狗时，不要惊慌，照常走路，但不可以跑，因为此时跑动反而易遭到攻击。在野外进行定向运动时，在水域较大的鱼塘、小型水库、养殖场、瓜地等的附近很可能会遇到看护的狼狗，这类狗有可能会攻击人，因此在经过这些地带时，应特别注意，并提早防范，尽量绕道而行，若必须经过狗屋旁，也应与其保持一定的距离，注视着它慢行通过，不要做任何不正常的动作。

五、休克的预防和救治

休克是指由于有效循环血量锐减、全身微循环障碍导致重要生命器官（脑、心、肺、肾、肝）严重缺血、缺氧所引起的综合征。引发休克的原因很多，包括大失血、严重感染、剧痛、中毒和过敏反应等，运动损伤伴发休克往往是由于严重失水（暑天剧烈运动大量出汗而又没有及时补充水分）、严重创伤引起大出血或剧烈疼痛引起，因此，运动中如出现脊柱、骨盆骨折或重要脏器损伤时，要警惕休克的发生。

及时判断休克并进行有效的处理，针对防止休克的发展、挽救生命具有重要意义。一般来说，在发生严重的运动创伤后（骨折、剧烈撞击）存在大量失水、大出血、剧烈疼痛等情况，且受伤者出现精神兴奋、烦躁不安、出冷汗、心跳加快、尿量减少时，即应认为已发生休克。

定向运动场地的地形复杂，运动员在运动过程中体力消耗大，由于受各方面因素的影响，组织者也很难对比赛过程实施全程监控，如果运动员出现休克，就很危险。

因此，在定向运动过程中，必须重视休克的防治。

运动过程中一旦出现休克征象，需要立即给予急救并以最快的速度安排伤者入院治疗。但注意急救时尽量不要移动伤员，因不当的移动可能带来更多的伤害。

急救措施包括：

第一，立即平卧于空气流通处，下肢抬高30°，头部放低，并用冷水打湿毛巾敷头，以利静脉血液回流。

第二，止血、止痛。止血可抑制休克发展，如果伤者有出m要迅速用临时方法止住。骨折，脱位及严重的软组织损伤会引起剧烈疼痛，可以用止痛剂、镇静剂帮助减少疼痛。

第三，保暖和防暑。盖毛毯保暖。不可用热水袋保温，以免血液流向皮肤，使器官缺血更严重。天气炎热时注意防暑降温。

第四，保持呼吸道通惕。保持呼吸通畅，松解腰带、领带及衣扣，及时清除口鼻中呕吐物。

第五，饮水和吸氧。方便时立即吸氧，伤者如果口渴，用湿棉球轻拭口唇，不要直接给他喝饮料。

第六，针刺或指掐人中、涌泉、足三里和内关。

六、中暑的预防和救治

中暑主要是由于人在高温环境中，体温调节失去平衡，肌体大量蓄热，水盐代谢紊乱造成的。

定向运动一般在户外进行，运动强度大，运动员的体能消耗大，在闷热的夏季，在山区或密林中开展定向运动很容易引起中暑。

（一）症状

1. 热失神

该病通常在直射日光长时间照射的情况下发生，往往是由于大量流汗造成脱水和末端血管扩张，全身血液循环变慢而导致的。具体症状为突然失去意识，体温比平常高，出汗明显，脉搏呈现徐脉。

2. 热疲劳

该病往往在大量流汗，而水分和盐分补充不足，出现脱水症状的时候发生。具体症状为直肠温度上升到39℃，皮肤凉，出汗明显等特征。

3. 热痉挛

该病往往在大量流汗后只补充水分，盐分和矿物质不足时发生。具体症状为有突发性的痛性痉挛和硬直产生，体温比平常高，出汗明显。

4. 热射病

该病往往在下视丘的温热中枢产生障碍，体温调节机能丧失时发生。如果该病的发生与阳光直接照射有关，则又称为日射病。具体症状为产生高度的意识障碍，体温上升至 42℃以上，出汗不明显，皮肤干燥。

（二）中暑的处理方法

如果只是轻度中暑，要多喝含盐的清凉饮料，若有头晕恶心呕吐等症状，可以服用人丹或蕾香正气水，而对重症中暑患者，应抬到阴凉处就地抢救，并立即送往医院。

预防中暑，除了在烈日下做好防晒外，还应该保证充足的睡眠，减少中暑机会。此外，多洗温水澡帮助体温散发，多吃蔬菜瓜果，适量饮用盐开水、绿豆汤、酸梅汤等清凉饮料，也可以达到消暑作用。在体育运动时，为了避免中暑，则要及时补充体内水分和盐分的消耗。

当运动员在定向运动中中暑时，应急处理，采取以下措施：

第一，迅速将病人移到阴凉、通风的地方，使其脱离高温环境，置于通风阴凉处，解开其衣扣，让其安静休息．重者迅速送医院抢救治疗。

第二，迅速降温，放置冰块（袋），或置于空调房间，头、颈、腋下、腹股沟处放冰袋降温，全身酒精或冷水擦浴。

第三，保持呼吸道通畅，舒展体位。

第四，可能给病人喝一些淡盐水或清凉饮料，可让病人服用人丹等解暑药。

第五，如果病人昏迷，则应掐刺其人中、十宣穴，并立即送往医院救治。

（三）预防中暑的方法

在定向运动中，尽量穿透气性好的运动服，运动前和出汗多时要多喝果汁、糖水或淡盐水，以保证身体水、电解质平衡；当发生头痛、心慌等症状时，应立即到阴凉处休息、饮水；如果症状没有得到缓解，可以针刺人中、合谷、曲池、内关等穴位。

第二节　运动损伤的处理原则与方法

在进行体育运动中，运动损伤是经常会发生的事情，但是绝大多数同学却因为不懂如何处理，而造成二次损伤，不仅身体受到了巨大伤害，同时极大影响了学习和生活。因此，我们必须掌握常见运动损伤的处理原则与方法。

一、运动损伤的急救

运动损伤的急救是指对运动现场的意外或者是突发伤害事故进行紧急、临时性的处理。迅速而正确的急救，不仅可抢救伤员的生命、减轻痛苦和预防并发症，还能为下一步治疗创造良好条件。

现场急救遵循的原则首先是要以挽救生命为第一目的，如因骨折疼痛而引起休克，应先处理危及生命的休克而后做骨折的固定。其次，进行急救要有时间概念，即要争分夺秒地进行抢救。再次，抢救人员要有高度的责任心、正确的急救技术、沉着冷静的头脑。

（一）心跳、呼吸骤停的急救

心跳、呼吸骤停是指心脏突然衰竭，不能搏出足够的血液保证大脑及其他重要器官的需要；呼吸突然停止，机体不能进行有效的气体交换。一般在心跳呼吸停止 5 至 8 分钟内称临床死亡期，处于此期的患者是有可能被抢救过来的。但如果超过 8 分钟，则进入生物学死亡期，患者无法被抢救过来；因此，抢救必须争分夺秒。

1. 呼吸骤停症状

（1）神志完全消失

（2）颈动脉和股动脉搏动消失

（3）呼吸停止

（4）心音听不到

（5）瞳孔散大、各种生理反射消失

2. 现场抢救步骤

（1）通畅呼吸道

抢救者一手使患者头后仰，另一手把患者下颏向前提起或使颈抬升、舌根上移而不影响呼吸道通畅，并用手或器具去除口腔内的异物。若异物在气管内，则可用腹部按压法，即使患者仰卧，抢救者一手掌根部放在患者上腹部剑突下方，另一手重叠在前一手掌背上，双手用力向胸部方向推压，使腹压剧增，把气管内异物迫出。

（2）口对口（或口对鼻）人工呼吸

患者仰卧于硬地或硬床板上，抢救者一手使患者头后仰、口张开，另一手拇指和食指紧捏患者鼻孔，抢救者深吸气后对患者口内猛吹气至患者胸部抬起；随后开放鼻孔，使患者被动呼气，这时可见胸部回缩；且吹气频率为每分钟 14 ～ 16 次。

（3）胸外心脏按压

患者仰卧在硬地或硬床板上，双腿稍抬高以利静脉血回流。抢救者位于患者一侧，把一手掌根部置于患者胸骨中、下 1/3 交界处（手掌与患者胸骨纵轴一致），另一手掌根部重叠于该掌背，双肘关节伸直，借助双上肢和自身体重垂直下压，使患者胸骨下沉 3 ～ 4cm，然后迅速放松，使胸骨弹起（这时抢救者手掌要始终轻贴患者胸壁），如此反复。

3. 抢救注意事项

第一，人工呼吸和心脏按压应交替进行。

第二，操作次序：如两人同时进行抢救，每按压心脏 5 次，吹气 1 次；如果仅一人抢救，则按压心脏 15 次，吹气 2 次。

第三，胸外心脏按压的有效指标：出现颈动脉和股动脉搏动；如能测到血压和发现散大的瞳孔缩小、发绀消失、皮肤转红，则表明大脑血流灌注已经建立。

第四，胸外心脏按压常见的并发症有肋骨骨折，偶可致肝、脾破裂。故抢救者应根据患者年龄和胸廓弹性灵活按压，对胸部损伤者不可施术。

第五，心跳呼吸骤停恢复后的处理：抢救者要尽快向附近医院求援，或火速将患者送往有条件的医院继续抢救。

（二）休克的急救

休克是指人体遭受体内外强烈刺激后发生的一种严重的病理状态或全身综合征。由于人体有效循环血量锐减、组织血液灌流量不足引起机体代谢障碍和细胞受损，是临床常见的危重状态之一。

1. 休克的症状

第一，皮肤冷而黏湿。同时皮肤可能会显得惨白或者灰沉。

第二，脉搏乏力而急促。患者的呼吸可能缓慢而微弱，或者出现强力呼吸（不正常的快呼吸或深呼吸，其结果是血液中损失二氧化碳，从而导致血压降低，手脚颤动，有时还会晕倒），其血压也会低于正常值。

第三，眼神无光且凝滞。有时甚至瞳孔也会扩大。

第四，休克的人也可能有所知觉。这时患者可能感到晕眩甚至非常虚弱或者神志恍惚。休克有时还会使人过度兴奋或者焦躁。

2. 急救措施

如果有人疑似休克或者受伤以后表面上仍然正常，请根据以下急救步骤进行急救。

第一，拨打120急救电话。

第二，使病者仰卧平躺，如果在搬动其腿部时不会引起疼痛或引起其他损伤，请将其双腿抬起并高过头部。

第三，检查患者的生理循环功能（呼吸、咳嗽或者胸部起伏）。如果循环功能消失，请赶紧为其做心肺复苏急救。

第四，使患者保持温暖与舒适。请解开患者的腰带，脱去比较紧身的衣物并给他盖上一块毯子保暖。即使患者抱怨饥渴，也不要给他进食饮水。

第五，如果患者呕吐或者口中咯血，应保持侧卧的姿势以避免噎塞。

第六，如果患者流血或者骨折，请立即采取相应的急救措施。

二、运动损伤的常规处理原则与方法

（一）运动损伤处理原则

运动损伤由于其本身特点和发病规律，故在损伤的处理过程中需要遵循以下原则。

（1）急性期。抑制肿胀，减轻疼痛

（2）中期。消除肿胀，加速组织的愈合，恢复功能

（3）晚期。恢复功能为主

（二）运动损伤处理方法

运动损伤有多种有效的处理方法，比较理想是将各种处理方法有机地组合，以期获得最佳治疗效果。目前采用的处理方法可分为以下几类：初期处理、运动或固定、

药物治疗、冷疗、热疗、电疗、手法治疗等。

1. 初期处理

伤后 24 小时是急性软组织损伤处理最关键的时期。损伤早期应尽量减少损伤部位的出血。适当的处理方法可概括为：保护、休息、冰疗、加压包扎和抬高患肢。

2. 运动和固定

对大多数中、重度软组织损伤的传统处理方法是固定，时间一般不超过 6 天。完全固定主要用于骨骼损伤，尤其是急性骨折。但长时间固定会带来一系列的组织损害，如关节僵硬、关节软骨变形，肌肉萎缩、无力、僵硬等。故需做一些保护性的运动，即运动时使用保护支持带，以防止损伤肢体，避免使损伤组织承受过大的应力刺激。

3. 冷热疗法

冷热疗法是运用低于或高于人体温度进行治疗的一种物理疗法。

（1）冷敷法（Cold Compress）

能降低局部组织温度，使血管收缩，减轻局部充血，抑制神经的感觉，具有止血、镇痛、防止或减轻肿胀的作用。常用于急性闭合性软组织损伤的早期，伤后立即使用，冷敷后应加压包扎并抬高伤肢。

冷敷时一般使用冰袋或寒冷气雾剂。冰袋或用冰块装入塑料袋内做伤部冷敷约 20 分钟；若用寒冷气雾剂做局部喷布冷敷时（面部不宜采用），喷射出的细流应与皮肤垂直，瓶口距皮肤 20～30cm，每次约 10 s，不可喷射过多，以防发生冻伤。如条件，也可用冷水毛巾置于伤部，2～3 分钟更换一次。

（2）热疗热疗包括热敷（Heat Compress）、红外线照射等

它能扩张局部血管，增强血液和淋巴循环，提高组织的新陈代谢，解除肌肉痉挛，加速淤血和渗出液的吸收，促进损伤组织的修复，具有消肿、解痉、减少粘连和促进愈合的作用。常用于急性闭合性软组织损伤的中、后期和慢性损伤的治疗。

热敷时采用热水袋或热水毛巾，每天 1～2 次，每次 20-30 分钟。毛巾无热感时要立即更换，热敷的温度要适当，以防发生烫伤。红外线照射治疗时，先把红外线灯预热 2～5 分钟，然后把红外线灯移向伤部的上方或侧方，灯距一般为 30～50 cm，照射剂量以伤员有舒适热感、皮肤出现桃红色均匀红斑为度。例如伤员自觉温度过高时要适当增大灯距，汗液应擦去。每天 1～2 次，每次 15～30 分钟。